W0034317

VASSULA

Das wahre Leben in Gott

Vassula Ryden

Das wahre Leben in Gott

Vassulas Gespräche mit Jesus

Vorwort von Patrick de Laubier
Interview: Vassula und René Laurentin
Einführung von Pater James Fannan
Nachwort von Vladimir Zielinski

MIRIAM-VERLAG

Seine Heiligkeit Papst Paul VI. hat am 14. Oktober 1966 das Dekret der Heiligen Kongregation für die Verbreitung des Glaubens bestätigt (No 58/59 A.A.S.), das die Erlaubnis zur Veröffentlichung von Schriften erteilt, die sich auf übernatürliche Erscheinungen beziehen, auch wenn das »Nihil obstat« der kirchlichen Autorität nicht vorhanden ist.

Cip-Titelaufnahme der Deutschen Bibliothek
Ryden, Vassula
Das wahre Leben in Gott
1. Auflage, 1. - 5. Tausend
Jestetten: Miriam-Verlag, 1992
ISBN 3-87449-225-7

Erste Auflage 1992: 1. - 5. Tausend
© MIRIAM - VERLAG
D-7893 JESTETTEN
Alle Rechte der deutschen Ausgabe liegen beim Miriam-Verlag
Druck: Miriam-Verlag, D-7893 Jestetten
Printed in Germany
ISBN 3-87449-225-7

Inhaltsverzeichnis

ANHANG

Ich suche eure Herzen. *(Jesus am 9. Juni 1989)*

Die Liebe verlangt nach Liebe. Die Liebe dürstet nach Liebe. Die Liebe fleht euch an, zur Liebe zurückzukehren.

(Jesus am 14. Juli 1989)

Ich komme nicht als Richter — noch nicht. Ich komme zu euch wie ein armer Bettler, barfuß, mit trockenen Lippen, um ein wenig Liebe und die Rückkehr zur Liebe zu erbitten und zu erflehen. *(Jesus am 1. Mai 1989)*

Ich flehe euch an, kommt zu Mir zurück und liebt Mich. Lernt wieder zu lieben. Macht Frieden mit Mir. Ich werde euch nicht zurückweisen. Ich bin die Liebe, und Ich liebe euch auf ewig.

(Jesus am 1. Mai 1989)

Vorwort

In den Gärten Gottes bringt uns die Flora in ihrer wunderbaren Vielfalt immer wieder Überraschungen, die uns unglaubwürdig erscheinen können. Und doch ist die Geschichte der christlichen Mystik reich an außerordentlichen Fällen. Diese wurden zuerst zurückgewiesen im Namen einer alten Tradition, die mehr menschlich als göttlich war. Erst viel später wurden sie als echt anerkannt.

Es scheint, daß man sogar von einem Wachstum in der Fülle der geistigen Gaben sprechen kann, und zwar nicht aufgrund der Antwort des Geschöpfes, sondern im Einklang mit einem geheimnisvollen Plan, den die Kirchenväter den »ewigen Heilsplan Gottes« nannten.

Bei Vassula ist es nicht die Antwort des Geschöpfes, sondern die Frage des Schöpfers, die uns aufhorchen läßt. In den hier vorliegenden Texten handelt es sich nicht um die »Geschichte einer Seele«, sondern um die Geschichte einer liebevollen Initiative, die von Gott ausgeht. Wir entdecken darin eine Lehre, eine Botschaft, mehr noch: eine Erklärung und eine Erwartung, fast möchte ich sagen, eine flehentliche Bitte Gottes an sein Geschöpf. Dieser Anruf ist nicht neu. Er hallt wider durch alle Jahrhunderte, und sein Echo kommt bei offenen und aufmerksamen Seelen an. Der Ton und die Art jedoch sind ganz neu.

Es handelt sich hier um eine Frau, die während 30 Jahren sich kaum um Gott kümmert. Plötzlich wird sie von Gott angesprochen, während sie ihr weltliches Glück noch voll genießt. Drei Monate lang bereitet sie ein Engel auf das direkte Eingreifen Gottes vor, während sie die Botschaften niederschreibt. Diese Zeit ist von Visionen und fast ständigen übernatürlichen Erscheinungen begleitet.

Viele Beispiele dieser Art kommen uns in den Sinn — so etwa die hl. Franziska von Rom im 15. Jahrhundert, Anna-Maria Taigi im 19. Jahrhundert, Maria Conception de Armida, Gabriele Bossis und Maria Sevray im 20. Jahrhundert. In all diesen Fällen handelt es sich meistens um verheiratete Frauen, die in einer offensichtlich geistigen inneren Verbundenheit, ohne Verzückung, mit Christus, mit Maria und den Engeln leben. Nicht alle haben Visionen, aber alle sind aufgefordert, die von Gott eingegebenen Botschaften aufzuzeichnen. Das macht sie zu privilegierten Zeugen, sagen wir zu auserwählten Propheten des geistigen, inneren Lebens — und das mitten in den Aufgaben und Sorgen des Alltags.

Bei Vassula geschieht dieses Eingreifen Gottes bis in die Einzelheiten des täglichen Lebens, genau wie bei der hl. Franziska von Rom. Dabei werden Belehrungen gegeben über das Schicksal der Welt, begleitet von erstaunlichen Visionen über den Himmel, das Fegefeuer und die Hölle.

Wir erleben fast greifbar und unerwartet die ständig auf einander folgenden Offenbarungen des Göttlichen und Menschlichen eines Gesprächspartners, der seinen Namen und seine Botschaft mitteilt und dabei dennoch die Freiheit derer nicht beeinträchtigt, die er auserwählt hat. Vassula ist nicht dispensiert zu glauben, indem sie diese so nahe und intensive Gegenwart sieht und erfährt. Wir schauen Szenen aus dem Alltag, die durch eine unbegreifliche und doch konkrete Gegenwart Gottes zu einem wunderbaren Erlebnis werden. Vassula wird von Gott angenommen, so wie sie ist, als Familienmutter mit »sportlicher« Allüre. Und genau innerhalb dieses normalen Rahmens wird der Welt eine prophetische Botschaft übermittelt.

Jede Seele ist zu dieser innigen Vereinigung und die Welt zur Bekehrung eingeladen, damit das Reich Gottes sich verwirklichen kann.

Christus hat uns im Evangelium ein Kriterium gegeben zur Unterscheidung der Geister: Man muß den Baum an seinen Früchten erkennen. Das Lesen der Botschaften hat jetzt schon bei vielen eine Umkehr bewirkt, und zwar gerade bei denjenigen, die am wenigsten darauf vorbereitet schienen, auf dem normalen Weg die Botschaft Jesu aufzunehmen. Auch Gläubige schöpfen neue Kraft aus diesem Ruf zur Bekehrung.

Diese Botschaft ist nur aus einer Haltung des Glaubens zu verstehen, die dahin führt, zu begreifen, daß die Liebe erfindungsreicher ist, als wir es uns vorstellen. Eine noch genauer durchdachte Argumentation würde die Skeptiker auch nicht überzeugen und wäre eher ein Hindernis beim Lesen des Textes.

Man möge uns hier noch ein persönliches Zeugnis gestatten. Das Lesen eines Textes ist nicht zu vergleichen mit der Begegnung der Person, die diesen Text niedergeschrieben hat. Wir haben die Erfahrung gemacht, daß die Gnade die Natur nicht aufhebt, wenn sie einen Auftrag erteilt, der ihre Möglichkeiten auf so eindeutige Weise übersteigt. Vassula bleibt eine Frau unserer Zeit und jeder kann sich mit ihr unterhalten und von ihr lernen, daß die Liebe Gottes sich an alle richtet und daß wir weit mehr von Ihm geliebt werden, als wir es uns vorstellen können. Der hl. Paulus bezeichnet diese Wirklichkeit mit dem Wort: die Torheit des Kreuzes.

Patrick de Laubier

Begegnung mit Vassula

Bei zufälligen Begegnungen erzählten mir mehrere Personen von Vassula, einer orthodoxen Frau mit starkem Hang zur Mystik, die in der Schweiz lebt. Sie ist verheiratet und Mutter von zwei Kindern. Der Kontakt mit ihr und das Lesen ihrer Botschaften haben ihr Leben verändert. Diese Früchte haben mich beeindruckt.

Ich habe Patrick de Laubier davon erzählt. Er wohnt in der Schweiz, in Genf. Er hat sie aufgesucht. Dann hat er eine Woche Urlaub genommen, um ihre Niederschriften zu lesen. Durch diese Lektüre überzeugt, nahm er sie kurz darauf mit nach Evry. Es war am 26. August 1989: Ich habe mich lange mit ihr unterhalten. Sie hat mir Antwort gegeben in einer maßvollen und vernünftigen Art und Weise, die mich voll befriedigt hat.

Der schmale Weg der Unterscheidung der Geister

Ich bin nicht befugt, um über ihre Gottesbeziehungen ein Urteil zu fällen. Ich habe lediglich versucht, ihr die richtigen Fragen zu stellen und in aller Ehrlichkeit ihre Antworten aufzunehmen. Das Urteil überlasse ich jedem einzelnen.

Ich mache diese Untersuchung nach vielen anderen. Ich bin erstaunt, überrascht, ja verblüfft über diese Vielfalt an Erscheinungen, Gottesbeziehungen und außergewöhnlichen Charismen. Vor sieben Jahren noch kannte ich keinen Seher oder Propheten, dessen Charisma ich hätte »erleben« können. Heute kenne ich deren Dutzende. Ich kannte keine Stigmatisierte. Heute kenne ich ein Dutzend von ihnen. Ich stelle mir mit größtem Ernst die Frage: Was bedeutet diese Vielfalt? Ist es Blendwerk oder überschwengliche Gnade? Das kirchliche Verständnis neigt eher zu einer kritischen Haltung, d. h. es hält die negative Haltung für die gebotene Position. Die richtige Erkenntnis aber kann sich nur auf Tatsachen stützen. Und diese überraschen uns oft zugunsten eines übernatürlichen Eingreifens.

Es gilt, beide Fälle zu meiden: einerseits, sich der Gnade zu verschließen, was den Geist auslöschen würde; andererseits, fälschlich zu glauben, von oben erleuchtet zu sein, und sich so zur Karikatur des Geistes zu machen. Wir müssen also sowohl den sturen Säkularismus (Weltgeist) als auch den genüßlichen Pietismus (Frömmelei) vermeiden, die beide in die verkehrte Richtung gehen. Wichtig ist das Unterscheidungsvermögen, was oft mißachtet wird. Dieses sollte normalerweise wie das tägliche Brot sein für jeden Seher oder Propheten, zumal für die, die sich berufen fühlen, ihre Charismen anderen mitzuteilen.

Wer ist Vassula?

Vassula Ryden, die ich vor mir habe, ist am 18. Januar 1942 von griechischen Eltern in Ägypten geboren. Im Jahre 1966 heiratete sie einen Studenten, der zwei Jahre später Beamter der F.A.O. wurde. Von da an reiste sie aufgrund des Berufes ihres Mannes von Land zu Land. So war sie zunächst lange Jahre in verschiedenen Ländern Afrikas (Sierra Leone, Äthiopien, Sudan, Mozambique, Lezoto). Anschließend, vom März 1984 an, lebten sie einige Jahre in Bangladesh (Asien). Durch eine Neuberufung ihres Mannes kam sie im August 1987 wie durch göttliche Vorsehung in die Schweiz, wo sie bessere Möglichkeiten hat, ihre Botschaft zu verbreiten.

Mit ihrem blonden nordischen Aussehen könnte man sie für eine Schwedin halten, ebenso ihren Mann. Aber ihr Vater war Grieche, obschon er blond war. Ja, beide Elternteile waren griechischer Herkunft, obwohl sie seit zwei Generationen in Ägypten lebten. Sie strahlt Ausgeglichenheit aus, die einem tiefen Frieden entspringt. Sie ist bescheiden, aber ohne Ängstlichkeit. Ihr maßvolles Verhalten geht Hand in Hand mit einer großen inneren Sicherheit. Sie erhält ihre Botschaften auf Englisch: die Sprache, die sie am besten beherrscht. Sie spricht aber auch Griechisch, Französisch, Schwedisch usw.

Lange war sie in den höheren Kreisen der Gesellschaft angesehen. Als Mannequin in der Hauptstadt von Bangladesh sowie als begabte Kunstmalerin hatte sie viele weltliche Beziehungen und Erfolg. Das alles ist jetzt vorbei. Wohl hat sie ihre imponierende Haltung beibehalten, dies aber in einer sehr großen Bescheidenheit, die ihr heute eigen ist. Während 30 Jahren (1955-1985) war sie nie in der Kirche gewesen, außer bei weltlichen Verpflichtungen wie Trauungen oder Beerdigungen.

Trotz all dem waren ihr in ihrer Kindheit zwei Träume beschieden, die sie stark beeindruckt hatten: Mit zehn Jahren war ihr im Traum Christus erschienen, der sie mit unwiderstehlicher Kraft an sich zog. Nur ein Jahr später, mit elf Jahren, sah sie im Traum ihre geistige Vermählung mit Jesus. Maria, die heilige Jungfrau, die sie mit offenen Armen erwartete, hatte ihr für diese Vermählung eigene Kleider und Kopfbedeckung zubereitet. Vassula war vom Geschauten so berührt, daß sie ihrer Mutter davon erzählte. Aber auch dieser Traum hatte ihr Leben nicht verändert.

Heute ist ihr dieser in Vergessenheit geratene Traum wieder lebhaft und eindringlich vor Augen wie ein erfülltes Versprechen. Sie erinnert sich, daß auch Maria Magdalena bei dieser geistigen Vermählung zugegen war: Damals war es nur ein Traum, der wie ein Schatten an ihr vorbeigegangen war. So blieb sie ohne jede religiöse Praxis, wie so viele Katholiken nach dem Konzil. Seit ihrer Kindheit war sie höchstens zehnmal in der Kirche gewesen.

Die bescheidene Aufmachung ihrer Kleidung und ihrer blonden Haare, die ihr Gesicht wie gewisse klassische Gemälde von Jesus umrahmen, sind ein gutes Zeichen. Ebenso ist ihr Haus immer in bester Ordnung, wie ich es auch bei anderen Seherinnen bemerkt habe, die Gebet und praktischen Sinn, Gottesliebe und Liebe zu den Familienangehörigen sinnvoll verbinden. Alle, die sie in ihrem Haus besucht haben, können das ohne weiteres bestätigen.

L (Laurentin:) Aber Ihr Mann, wie hat er Ihr neues Gebetsleben empfunden?

V (Vassula:) Er akzeptiert es, ohne jedoch selbst Anteil zu nehmen. Mein jüngerer Sohn hingegen macht mit. (*Sie hat zwei Kinder: Jan und Fabian, 18 und 13 Jahre*). Letzterer unterstützt und verteidigt mich, wenn ich in Schwierigkeiten gerate.

L Als Sie in Bangladesh ankamen, hatten Sie noch keine derartigen übernatürlichen Beziehungen, gingen Sie nicht in die Kirche?

V Ich bin nicht einmal in die Mitternachtsmesse an Weihnachten gegangen.

Der Engel der Läuterung

L Und wann haben diese Beziehungen mit Christus begonnen?

V Im Laufe der letzten Novemberwoche 1985 hat alles begonnen, aber noch nicht mit Christus.

L Was hat sich an diesem Tage zugetragen?

V Ich habe in meinem Körper eine Art übernatürlicher Spannung (oder Vibration) gespürt, die aus meinen Händen hervorging. Ich schrieb gerade eine Bestelliste, meine Hand zitterte, und der Bleistift war stärker als ich. Er begann geistige Botschaften zu schreiben. — Es war mein Schutzengel.

L Wie konnten Sie wissen, daß es Ihr Schutzengel war?

V Weil er (durch meine Hand) geschrieben hat: „Ich bin dein Schutzengel." Er heißt Daniel. Er hat eine Zeichnung gemacht, die ihn darstellte.

L Aber wenn Sie schreiben, sind es doch Ihre Muskeln, die sich bewegen!

V Ja, natürlich, aber wenn ich Widerstand leiste, hört es doch nicht auf. Und so ist es auch mit Jesus. Einmal begann ich zu zweifeln. Ich sagte mir: „Das ist doch nicht möglich, daß so was mir passiert". Ich wollte den Bleistift beiseite legen, aber Jesus, wie um mich zu ermutigen, hat den Bleistift ganz in Seinen Besitz genommen: Er schrieb schneller, als wollte Er mir sagen, ich solle keine Zweifel haben.

L Aber vorläufig sind wir noch beim Engel.

V Der Engel hatte die Aufgabe, mich vorzubereiten. Es war wie eine Läuterung. Er hat mir meine Sünden gezeigt, wie man sie im Fegefeuer erkennen kann. Die kleinen Sünden, die für mich nichts bedeuteten, sah ich mit anderen Augen: gewaltig, und dergestalt, daß ich mich selber haßte. Wie konnte ich solche Sünden geschehen lassen? Es war eine große Läuterung.

Nach Jesu Diktat

L Wie lange hat das gedauert? — Zwei Jahre?

V Nein, auf den Engel bezogen nur drei Monate.

L Und nach diesen drei Monaten, wer trat in Erscheinung: die Jungfrau Maria? — Christus?

V Jesus kam, und Er stellte mir folgende Frage: „Welches Haus ist das wichtigste: dein Haus oder das Meine?"

L Haben Sie Ihn in jenem Augenblick gesehen?

V Ja, innerlich! Ich kann Ihn beschreiben, so, daß ich Ihm sagen konnte: „Du bist oft traurig" — worauf Er mir zur Antwort gab: „Nein, Ich bin nicht traurig, wenn Ich mit demütigen Seelen bin, mit Seelen, die sich aufopfern und Mich lieben."

L Aber, erscheint Er immer traurig?

V Er hat so eine Art Grübchen im Gesicht, wenn Er lächelt.

L In diesen Botschaften gibt es einen Punkt, der zu bedenken gibt: Christus hat mehrmals gesagt, daß Er leide. Aber jetzt ist Er doch auferstanden. Leidet Er dennoch?

V Auch mein geistlicher Vater hat diesen Einwand gemacht: „Wie kann Er leiden, da Er verherrlicht ist?" Jesus hat mir geantwortet: „Ich leide, weil Ich mit euch innig verbunden bin, und Ich empfinde es, wenn man sich gegen Mich auflehnt."

L Nach den drei Monaten Vorbereitung durch den Engel hat die Erkenntnis von Jesus eingesetzt, also im Februar 1986. Wie hat sich das zugetragen?

V Bis zu diesem Zeitpunkt war ich »eingeschüchtert« von Jesus. An jenem Tag aber, als Jesus selbst die Stelle des Engels einnahm, und zwar ohne daß ich es merkte, hat Er mir am Schluß der Botschaft gesagt: „Siehst du, so sollst du sein, innig mit Mir vereint." — Er dringt auf diese innige Vertrautheit!

L Bitte, erklären Sie das ausführlicher.

Transzendent und familiär zugleich

V Eines Tages, während Jesus mir diktierte — es war zu Beginn der Botschaften, in Bangladesh —, kommt mir plötzlich in den Sinn: Mein Ofen ist angezündet. Ich sage nur: „Oh!" Sofort fragt mich Jesus: „Was ist los?" — „Ich glaube, es brennt in meinem Ofen." — „Dann gehen wir schnell hinunter." — Und gleichzeitig offenbart Er Seine Heiligkeit. Vertraulichkeit und Heiligkeit!

L Heiligkeit — was bedeutet das für Sie?

V Gott anbeten!

L Ja! Heiligkeit im biblischen Sinn des Wortes heißt Erhabenheit (Transzendenz). — Sind Sie in Verzückung während dieses Diktates? Sind Sie der Außenwelt entrückt, wie die Seher von Medjugorje? Es scheint nicht so zu sein.

V Nein, ich sehe, was um mich herum vorgeht, aber ich bin von Jesus und seiner Botschaft ganz in Anspruch genommen, etwa so, wie wenn Sie an Ihrem Arbeitstisch schreiben: Sie denken kaum an den äußeren Rahmen, der dennoch da ist und den Sie am Rande wahrnehmen.

L Sie sind aber sehr abhängig! Bei den Sehern von Medjugorje wecken die Erscheinungen mehr den Eindruck von Freiheit.

V Er hat von mir verlangt, keinen Schritt zu tun, ohne Ihn zu fragen.

L Sind Sie nicht gewissermaßen zu einer Art Roboter geworden? Es ist ja nicht mehr Ihre Schrift, es ist die Schrift eines anderen. Obwohl es Ihre Handschrift ist, könnte ein Graphologe nicht behaupten, daß es sich um dieselbe Person handelt *(siehe Anhang 1: Graphologische Interpretation der Schrift)*.

V Ja, aber Jesus hat mir gesagt und es mir deutlich gezeigt, daß diese Schrift keine automatische Schrift ist, wie es gewisse Leute glauben. Eines Tages sagte Er mir: „Heute wirst du Meine Botschaft mit deiner eigenen Schrift schreiben, damit jene, die die Gnade, die Ich in dir wirke, noch nicht begriffen haben, sie erkennen können. Ich habe dir auch die Gnade gegeben, Meine Stimme zu hören. Heute will Ich dir nur diktieren. Höre Mir zu und schreibe."

Hier zeigt mir Vassula ihr Heft, worin der Wechsel in der Schrift aufgezeigt ist. Ihre kleine, zarte Schrift beginnt mit den Worten: „Vassula, die Tage sind jetzt gezählt." Und diese Botschaft von zwei Seiten schließt mit den Worten (es ist die persönliche Schrift von Vassula): „Das ist für diejenigen bestimmt, die glauben, daß deine Hand von Mir geführt wird, ohne daß du hörst und verstehst, daß Ich, der Herr, dich inspiriere. Nun aber fahren wir in der gewohnten Weise fort, Meine Vassula." Gleich darauf erscheint wieder die »geführte« große Handschrift: „Empfange Meinen Frieden, sei gelassen."

Nein, Vassula ist nicht wie ein Roboter mechanisch abhängig. Sie ist inspiriert, nicht manipuliert. Sie äußert sich in perfekter Spontaneität. Sie fühlt sich frei, ruhig und glücklich. Es ist weniger Abhängigkeit als Aufnahmefähigkeit. Es ist nichts von einem Zwang zu merken, es ist vielmehr ein Empfangen in Liebe. Ich lasse sie das etwas näher erläutern.

L Werden diese Botschaften von Ihrer Hand geschrieben oder von Ihrem Gehörsinn aufgenommen?

V Sie werden über den Gehörsinn diktiert.

L Aber Sie sagten doch, daß Ihre Hand gewissermaßen bewegt wird.

V Ja, das geschieht gleichzeitig. Am Anfang führte Er meine Hand, ohne zu diktieren. Eines Tages sagte Er mir: „Ich möchte, daß du lernst, Meine Stimme zu hören: die innere Stimme." So habe ich in sechs Wochen gelernt, Seine Stimme zu hören. Es ist ein Diktat, Wort für Wort. Manchmal gibt es Wörter, die ich nicht verstehe. Ich muß sie im Wörterbuch suchen.

L Bereiten selbst englische Wörter Ihnen Schwierigkeiten?

V Ja, es gibt Wörter, die ich nicht verstehe. Manchmal diktiert Er mir den ganzen Abschnitt auf einmal, dann muß ich mich beeilen, um ihn niederzuschreiben, bevor ich ihn vergessen habe. Wenn ich aber etwas vergesse, erinnert Er mich an das Wort, daß ich übersprungen habe. Eines Tages bat Er mich, zu beichten, aber ich wollte nicht. Ich wollte den begonnenen Satz auslöschen, aber Er hat meine Hand blockiert. Es war, wie wenn der Bleistift in ein Loch gefallen wäre. Ich wollte darauf mit der anderen Hand, die frei war, nachhelfen. Aber der Bleistift drehte sich in meiner Hand, er entschlüpfte mir und meine Hand wurde zurückgeworfen.

Der Unterschied in den Schriftbildern ist offensichtlich. Wenn Vassula unter Diktat schreibt, ist es eine große Schrift mit hohen Buchstaben. Wenn sie frei schreibt, um einen Kommentar oder eine Erläuterung zu geben, ist es ihre eigene, kleine, zierliche und sensible Handschrift. Vassula schreibt übrigens zweimal: Zunächst wird alles schnell aufnotiert, später schreibt sie das Ganze noch einmal, diesmal sorgfältiger und indem sie alles Private wegläßt.

V Wenn ich das zweite Mal schreibe, korrigiert Er mich,
fügt sie ergänzend hinzu.

L Zwischen den Wörtern zeichnen Sie manchmal Herzen, viele Herzen.

V Es handelt sich um das Herz Jesu.

L Wird diese Zeichnung Ihrer Hand auch aufgedrängt?

V Ja, ich lasse mich einfach führen. — Manchmal ist es auch ein Fisch (Symbol für Christus).

L Sie sagten vorher, daß er transzendent (erhaben) und zugleich nahe ist, anbetungswürdig und von großer Vertraulichkeit. Wie verbinden Sie diese Vertraulichkeit mit der Anbetung?

V Am Anfang schrieb ich am Tisch sitzend. Heute schreibe ich kniend vor einem kleinen Tisch in meinem Zimmer, wo auch einige Ikonen sind. Zu Beginn kniete ich nicht nieder. Als ich aber begann, die Botschaft wirklich zu verstehen, begriff ich auch die Größe Jesu. Er sagte zu mir: „Vassula, verdiene Ich nicht mehr als das?" Seither knie ich immer nieder, wenn ich schreibe.

L Und das dauert wie lange?

V Vier, fünf, manchmal sechs Stunden: vier am Morgen und zwei am Nachmittag.

L Das heißt also, daß Sie nicht nur schreiben, sondern auch beten und bitten?

V Ja, ich beziehe alles auf Ihn. Er hat mir ja gesagt, daß ich keinen Schritt machen solle, ohne Ihn zu fragen: „Komm zu Mir, frage Mich um Rat und Ich werde dir Antwort geben."

L Haben Sie Ihn gefragt, ob Sie hierher kommen sollten?

V Ja, ich habe Ihn gefragt und Er hat mir geantwortet: „Hab Vertrauen, stütze dich auf Mich."

Versuchungen

L Eines Tages ist Ihnen auch der Teufel erschienen?

V Ja, ich habe viele Angriffe durch ihn erleiden müssen. Es ist ihm sogar gelungen, vier richtige Zeilen zu schreiben, also solche wie diese.

L Und Ihre Hand hat geschrieben?

V Ja, aber Jesus hat mir gezeigt, wie ich ihn (den Teufel) erkennen kann. Wenn es nicht Jesus selbst ist, läßt es mich völlig kalt. Sobald ich den Teufel erkenne, verschwindet er auch schon. Eines Tages hatte er die Frechheit, zu kommen während Jesus mir diktierte. Da wandte sich Jesus ihm zu und sagte: „Schweig!" Und er schwieg.

L Also, sobald Sie den Teufel erkennen, läßt er von Ihnen ab?

V Ja, sofort, aber er beschimpft mich, bevor er mich losläßt.

L Was sagt er zum Beispiel?

V Schimpfworte, wie »bitch« (Hündin) und ähnliche Worte. Aber das geschah vor allem letztes Jahr.

L Es handelt sich also nur um Beschimpfungen, nicht um Angriffe oder Mißhandlungen?

V Angriffe? Ja, einmal sogar physisch spürbar. Eines Abends kam er in der Gestalt eines Raubvogels, eines Adlers, und faßte mich so am Gürtel, daß ich dem Ersticken nahe war. Ich konnte nicht mehr atmen. Aber ich rief laut den Namen Jesus, worauf mich das Ungeheuer losließ.

Warum veröffentlichen?

L Warum wollen Sie diese Hefte veröffentlichen?

V Drei Jahre nach Beginn (der Aufzeichnungen) hat Jesus von mir verlangt, die Botschaften zu veröffentlichen. Im November 1988 verlangte Er dringend, daß einmal im Monat Gebetsversammlungen stattfinden.

L Und vorher? War alles ganz privat?

V Ja, mit Ihm und mir waren da höchstens vier oder fünf Personen.

In der Familie

L Bleibt Ihr Mann außerhalb des Geschehens?

V Ja, er ist Lutheraner.

L Und Ihre Kinder?

V Sie glauben an die Botschaften und verteidigen mich auch, besonders der Kleine, er gebärdet sich wie ein kleiner Löwe. Wenn ich eine etwas lautere Diskussion habe, lauscht er in seinem Zimmer, dann kommt er sofort herein, um mir beizustehen, und fragt: „Was ist denn los?" Einmal sagte mir Jesus: „Maria ist die Mutter Gottes." Für mich war das ganz neu. Als ich an jenem Abend in meinem Zimmer darüber nachdachte, kam mein Sohn in mein Zimmer, es war 21.30 Uhr. Er hielt ein Heft »Asterix« in der Hand und fragte mich auf Englisch: „Mary is the mother of God, isn't she?" (Maria ist die Mutter Gottes, nicht wahr?)

L Aber wie kam er darauf?

V Ich weiß es nicht. Ich war sehr erstaunt darüber. Als ich ihn am nächsten Tag zur Schule führte, erinnerte ich ihn daran: „Du bist gestern abend in mein Zimmer gekommen, du hast mich das gefragt." Er erinnerte sich nicht mehr an das, war er gesagt hatte.

L Er wußte also nicht mehr, was das bedeutete?

V Nein.

L Dann ist er von Innen her sehr stark mit Ihnen verbunden?

V Ja, an jenem Tag hat Jesus durch ihn gesprochen.

L Und was verlangt Jesus von Ihnen?

V Daß ich heilig werde. Das hat mir Angst gemacht. Ich meinte, Er wolle damit sagen: „Geh in ein Kloster, verlaß deine Familie." Ich ging Ihm aus dem Weg. Später bin ich zu Ihm zurückgekehrt und habe Ihn angesprochen: „Darf ich ganz aufrichtig mit Dir sein?" Er sagte zu mir: „Ja." Darauf habe ich zu Ihm gesagt: „Darf ich Dich nicht lieben, so wie ich bin?" — „Gewiß! Das gerade will Ich von dir, denn nur das Herz zählt. Bleibe, wie du bist." Dann fügte er hinzu: „Wenn das Salz schal wird, zu was nützt es denn? Nicht das Kleid, sondern das Herz ist wichtig."

Die Gottesverehrung und das Kreuz

L Worin besteht die Heiligkeit, die Er von Ihnen erwartet?

V Alles mit Ihm zu teilen, Sein Kreuz mit Ihm zu tragen, Seinem Gesetz zu folgen.

L Hat er Ihnen einen Auftrag gegeben?

V Gewiß.

L Worin besteht er?

V Er hat zu mir gesagt: „Du mußt schreiben, Mich lieben und Meine Botschaft verbreiten. Alles andere übernehme Ich."

L Und wie lange werden Sie so schreiben?

V Er hat mir gesagt: „Bis ans Ende deines Lebens. Bis ans Ende." Ich habe Ihm gesagt: „Beeile Dich."

L Haben Sie es eilig, diese Welt zu verlassen, um dem Herrn zu begegnen?

V Oh! Sicher!

L Haben Sie keine Angst vor dem Tod? Gar nicht?

V Nein, gar nicht. Er läßt mich jetzt schon ein wenig vom Paradies verkosten. Was kann man sich denn mehr wünschen?

L Das hindert Sie jedoch nicht, hie und da müde und entmutigt zu sein?

V Gewiß nicht. Nach dem dritten Jahr habe ich Ihm gesagt: „Mein Gott, es ist schön, Dein Wort aufzunehmen, aber allein ist dies alles nur schwer zu tragen". Ich war sehr entmutigt. Am gleichen Abend habe ich eine große Leiter gesehen, die bis zum Himmel hinaufreichte, und vor mir standen Padre Pio und Franz von Assisi.

L Stigmatisierte!

V Ich weiß es nicht.

L Sie haben ihre Wundmale nicht gesehen?

V Nein. Padre Pio sprach italienisch mit mir. Ich verstand ihn nicht recht, aber er gab mir doch zu verstehen, daß ich nicht aufgeben, sondern weitermachen solle. Um mir Mut zu machen, zeigte mir der hl. Franziskus die Leiter, auf der ich ganz oben schemenhaft alle Heiligen sah. Sie gaben mir ein Zeichen mit der Hand, wie um zu sagen: „Steig hinauf, steig hinauf!"

L Was wollten sie sagen?

V Daß ich nicht aufgeben, sondern weitermachen solle, ohne mich zu entmutigen.

L Einmal haben Sie den Herrn gebeten, diesen Weg aufgeben und zu einem normalen Leben zurückkehren zu dürfen.

V Ja, ich habe Ihn inständig angefleht. Ich habe Ihm gesagt: „Ich kann nicht so fortfahren. Laß mich. Ich werde Dich weiter lieben, wie die anderen es tun, aber so leben, das kann ich nicht mehr."

L Trotz allem, Sie haben ja keine Angst vor dem Tod. Ist denn dieser Auftrag so schwer?

V Ja, aber dann hat Er mir Sein Herz eröffnet. Ich habe Ihn gesehen, Er war zu Tode verwundet. Er zeigte mir all Seine Wunden und begann, mir eine sehr erschütternde Botschaft zu diktieren: „Ich werde täglich gegeißelt ..." Ich sagte mir: „Nein, ich darf Ihn nicht verlassen." Es war der 24. August, ein Donnerstag. Es war spät am Abend. Ich schrieb gerade einen Brief an einen Priester in Kanada, der alle Kassetten haben wollte. Ich fragte Jesus, was ich noch hinzufügen sollte. Er gab mir zur Antwort: „Sag ihm, daß Ich ihn segne." Ich hab es getan. Dann sagte ich zu Jesus (auf Englisch): „Können wir uns nun zur Ruhe legen, Herr?" Er sagte zu mir: „Gut, wir wollen uns zur Ruhe legen, aber unter der Bedingung, daß Ich in deinem Herzen bleibe und du in Meinem heiligen Herzen."

Erste Verbreitung der Botschaft

L Sie haben die Botschaften bereits in Griechenland verbreitet?

V Ja, auf Rhodos hat die orthodoxe Charismatische Erneuerung sie angenommen. Ich habe ihnen das Rosenkranzgebet beigebracht. Sie haben den Rosenkranz angenommen und ihn um ihren Hals gehängt.

L Geschah das in einer Pfarrgemeinde oder in einem Kloster?

V Nein, in einer sehr offenen Gruppe der Charismatischen Erneuerung. Viele darunter sprechen Englisch und lesen die Botschaften.

L Ihre Sendung für die Kirche ist die Einheit. In Ihren Botschaften nimmt Jesus oft Bezug auf Papst Johannes Paul II., dem Nachfolger von Petrus. Was sagt denn Ihre orthodoxe Kirche dazu?

V Ich habe meine Botschaften dem orthodoxen Metropoliten Damaskinos unterbreitet. Er hat davon Kenntnis genommen und untersucht sie. Es ist schon möglich, daß die Botschaften über den Papst ihm Probleme bereiten, da die Botschaften dessen Primat bestätigen.

L Primat oder Jurisdiktion? Der Primat wird von den Orthodoxen anerkannt. Die Jurisdiktion hingegen bereitet Schwierigkeiten.

Vassula ist mit dieser Terminologie nicht vertraut. Sie sagte mir:

V Der Papst ist das Fundament der Kirche. Er ist der Nachfolger von Petrus. Jesus sagt: „Ich habe ihn auserwählt, man muß ihn anerkennen." Einige Personen haben auch den katholischen Bischof von Freiburg / Schweiz, Mgr. Mamie, gebeten, eine Kirche zur Verfügung zu stellen, in der ich die Botschaften mitteilen kann. Er hat zwar keine Einwände erhoben, hat aber auch nicht Stellung bezogen.

Die Auferstehung Rußlands

Sie fährt weiter:

V Jesus spricht mit mir auch über Rußland. Das erste Mal, am 4. Januar 1988, hat Er mir gesagt: „Deine Schwester ist tot." Ich sah eine Frau, die am Boden lag, erschöpft und zum Skelett abgemagert. Es war Rußland. Am 1. Februar 1988 zeigte Er sie mir wiederum: „Ich werde sie auferwecken wie Lazarus. Ich habe Meine Hand auf ihr kaltes Herz gelegt." Ein drittes Mal, am 11. März 1988, sagte Er zu mir: „Rußland wird Mich verherrlichen." —

Dazu kommt eine neue Botschaft, diktiert am 24. Dezember 1989: „Ich will Meine Herrlichkeit und Meinen Ruhm allen Völkern zeigen, die auf der Erde leben, und zwar durch eure Schwester Rußland. Ich werde sie mit Meiner Schönheit und Meiner Unversehrtheit bekleiden. Ich werde sie euren Brüdern offenbaren, so daß sie durch sie und in ihr Meine Schönheit und Meine Unversehrtheit sehen. Die Hochzeit der Bekehrung eurer Schwester wird bald stattfinden. Ich bin euer Erlöser, der euch vor dem roten Drachen retten wird. Meine Tauben, Ich bin euer Jesus, der eure Käfige sprengen und euch die Freiheit schenken wird ... Mein Licht wird eure Schwester Rußland und alle Völker ringsherum wieder auferwecken. Ich werde eure Käfige sprengen und euch befreien. Begreift doch, daß diese Rettung und Befreiung einzig und allein von Mir kommt. Betet für eure Schwester und ihre Nachbarn."

L Das stimmt ja alles überein mit den Botschaften von Fatima und Medjugorje. Kannten Sie diese Botschaften? Hat Er Ihnen vom Unbefleckten Herzen Mariens gesprochen wie Maria seinerzeit in Fatima?

V Er hat mir gesagt: „Ich werde dich zu Meiner Mutter führen, in das Zimmer, wo Ich empfangen wurde." Ich verstand nicht, was Er damit meinte. Wollte Er von Nazareth reden? Ich denke eher, daß Er das Innere (Herz) Mariens gemeint hat.

L Ja, die Kirchenväter und das Konzil bestätigen es: Maria hat in ihrem Herzen empfangen, noch vor der leiblichen Geburt.

V Jesus hat mich gebeten, Programme vorzubereiten für die Versammlungen in der Kirche. Ich habe Ihm gesagt: „Ich kann nicht, ich kann nicht reden. Ich kann gar nichts tun." Er gab mir zur Antwort: „Nicht du wirst es tun, sondern Ich, und Ich werde dir das Programm diktieren." Er verlangte von mir, die Botschaft mit Liebe und für die Liebe zu verkünden.

L Wo bleibt dann Ihre eigene Initiative in all dem? Entwickeln Sie ein Thema?

V Natürlich! Er gibt mir folgendes Programm: „Segne sie in Meinem Namen." Dann sage ich: „Das ganze Programm kommt von Jesus und ich segne euch in Seinem Namen." — 1. Der Friede sei mit euch. 2. Gebet zum Heiligen Geist (nach einem gedruckten Gebet, daß ich alle Tage verrichte). 3. Gebet zum Erzengel Michael (das Gebet, das man früher am Schluß der Messe betete). 4. Lesung aus der Bibel. 5. Lesung aus den Botschaften des Herzens Jesu und des Herzens Mariens. 6. Wir schließen mit dem Rosenkranz und mit dem Segen des Allerheiligsten.

L Aber wozu denn diese überraschende und geradezu schockierende Vielfalt der Erscheinungen?

V Ja, es ist schon so, und ich glaube, daß das in Zukunft noch mehr geschehen wird, gemäß der Prophezeiungen von Joël 3: „Eure Kinder werden Visionen haben und eure Greise Träume."

L Ihre Botschaften legen großes Gewicht auf den Heiligen Geist?

V Das stimmt. Manchmal erwache ich in der Nacht und höre Gebete, die in mir beten. Der Heilige Geist betet in uns. Das ist spürbar. Der Heilige Geist betet in mir die Gebete der Kirche. Einmal war es das Credo.

L Ihre Erfahrung ist ja dieselbe, die der hl. Paulus gemacht hatte: Der Heilige Geist ruft in uns: „Abba, Vater" ... Sie haben auch eine Botschaft bezüglich Heilung?

V Ja, die geistige Heilung, die Bekehrung! Allerdings, einige Leute haben mir gesagt, sie seien körperlich geheilt worden. Bei einem war es der Krebs, bei einem anderen Aids.

Sie sagte mir das ganz nüchtern, ohne die Heilungen groß hervorzuheben, da sie hierfür keine wissenschaftlichen Kenntnisse oder Unterlagen besitzt. Weiter sprach sie von Wohlgerüchen, die sich ausbreiten, und von ihren mündlichen Gebeten.

V Ich beginne jeden Tag mit drei Gebeten: zum hl. Erzengel Michael, zum hl. Herzen Jesu als Sühne, und zur Mutter Gottes.

Sie verrichtet diese Gebete auf Englisch und sie hat sie mir auch gezeigt.

L Haben Sie auch Botschaften für die Priester?

V Ja, Jesus sagt, sie sollen nicht so skeptisch sein. Man soll den Heiligen Geist nicht auslöschen. Er sagte: „Wenn ihr an den Heiligen Geist glaubt, warum verfolgt ihr Ihn (in denen, die Charismen besitzen)? Warum wollt ihr, daß Ich schweige? Wollt ihr einen toten Gott?"

Widersprüche

L Haben Sie Schwierigkeiten mit Priestern gehabt?

V Ja, mit einem, P. S. mit Namen. Er hatte mich anfangs sogar geistig begleitet. Dann hat er seine Haltung mir gegenüber geändert. Er glaubt nunmehr, daß ich die Marianische Priesterbewegung von Don Gobbi beeinträchtigen könnte. Ich bin selbst Mitglied dieser Bewegung (MPB). Mein geistlicher Begleiter, Pater Fannan von Bangladesh, gehört auch zur Bewegung in diesem Land. Er unterstützt mich.

L Welches sind die Einwände von P. S.?

V Er hat es nie genau ausgesprochen. Eine sogenannte Mystikerin berät ihn. Der Teufel hätte dieser Person über mich gesagt: „Es ist mir gelungen." Diese Frau will im Verborgenen bleiben und hat ihre Identität nicht preisgegeben.

L Ihre Botschaften bezeugen, daß der Teufel tatsächlich versucht hat, Sie zu täuschen. Das ist normal. Aber Sie sind nicht darauf hereingefallen. *Vassula scheint die Gabe der Unterscheidung der Geister zu haben.*

Im Alltag

L Wenn man Sie so hört, könnte man glauben, daß Sie in einer anderen Welt leben. Sie beten vier Stunden am Morgen und zwei Stunden am Nachmittag. Wie verbringen Sie den Rest der Zeit?

V Ich esse etwas zu Mittag. Ich mache meine Einkäufe, nicht nur für mich, sondern auch für meine Mutter, die zu müde ist. Sie ist nicht krank, aber sie kann nicht gut gehen, deshalb mache ich ihre Einkäufe. Dann kümmere ich mich auch um meinen Sohn, wenn er von der Schule heimkommt.

L Sie sind also sehr beschäftigt. Aber was geschieht, wenn Sie auf Reisen sind, wie z.B. heute?

V Ich werde vielleicht nur eine kleine Botschaft erhalten, vielleicht von einer oder zwei Seiten, dafür dann morgen um so mehr.

L Gibt es Tage, an denen Sie gar keine Botschaften erhalten?

V Nein, und wäre es auch nur drei Minuten lang. Ich könnte sie nicht vermissen.

L Und wenn Sie mit dem Zug reisen, können Sie da schreiben?

V Gewiß, und nicht nur schreiben. Ich kann mich konzentrieren, um Seine Stimme zu hören und mit Ihm zu reden. Ich sehe Ihn innerlich. Und wenn der Schaffner kommt, hindert Er mich nicht, wenn ich sage: „»Eine« Fahrkarte, bitte". Er hat mich daran gewöhnt, in der Wir-Form zu reden: Wir wollen ausgehen, wir werden einen Kaffee bereiten. Es heißt immer »wir«. Warum das? Damit ich Ihn zu keiner Zeit vergesse, selbst wenn ich in den Bus steige und dem Chauffeur sage: „Eine Fahrkarte!" ... für zwei. Ich lache darüber und sage zu Ihm: „Siehst Du, wir haben ihn schön »ausgetrickst«: Ich habe eine Fahrkarte verlangt, aber wir sind zwei." Er gab mir einmal zur Antwort: „Wir sind eins, wir sind ein einziger."

L Vereinigt oder eins?

V Vereinigt und eins.

L Fasten Sie?

V Ja, jeden Mittwoch und Freitag, bei Wasser und Brot.

L Wie in Medjugorje?

V Ja, wie in Medjugorje.

L Ist es wegen Medjugorje?

V Ich habe Ihn gefragt, ob Er will, daß ich faste, wie man es in Medjugorje tut, und Er hat gesagt: „Ja."

L Aber wie machen Sie es in Ihrer Familie?

V Anfangs wagte ich es nicht so recht, aber jetzt faste ich regelmäßig.

L Wieviel Brot essen Sie dann: eine oder zwei Brotschnitten pro Mahlzeit?

V Zwei, und außerdem beichte ich einmal im Monat.

L So, wie es auch in Medjugorje verlangt wird?

V Ja. Jesus hat von mir auch verlangt, daß ich den Rosenkranz bete.

L Aber wegen des Fastens haben Sie Ihn doch gefragt?

V Ja, ich habe Ihn gefragt: „Willst Du, daß ich faste?" und Er hat mir geantwortet: „Ja, das würde Mir Freude bereiten."

L Aber Sie empfehlen das nicht den anderen?

V Doch, ich empfehle es ihnen.

Medjugorje

L Und Medjugorje?

V Er hat mir von Medjugorje gesprochen.

L Hat Er Sie dorthin geschickt?

V Ja, und mein geistlicher Vater hat mich dazu gedrängt. Ich wußte nicht, wie ich dorthin kommen konnte. Ich habe deshalb zur Mutter Gottes gesagt: „Wenn Du wirklich willst, daß ich dorthin gehe, dann besorge Du alles, denn ich weiß nicht, wie ich es anstellen soll." — In einer Woche war alles so weit. Eine Freundin telefonierte mir, daß alles geregelt sei ... mit einem Bus-Unternehmen.

L Wann war das?

V Am 25. Juni 1988.

L Dann waren wir ja gleichzeitig dort. Aber es gab so viele Menschen!

Echte und falsche Erscheinungen

L Hat Er zu Ihnen auch von anderen Erscheinungen gesprochen?

V Ja, von Pescara. Er sagte mir, es sei ein Schachzug des Teufels gewesen, damit man an den anderen Erscheinungen zweifle.

L Das hat in Italien einen großen Schock hervorgerufen. Eine Pseudo-Seherin hatte große Zeichen vorausgesagt, das eine zur Mittagszeit, das andere am Abend. Es sollte das größte Wunder aller Zeiten sein. Es ging um die Verlegung von Medjugorje nach Pescara. Eine Menschenmenge von 100 000 Personen hatte sich versammelt, samt der Presse. Große Enttäuschung! Zum Glück hatte der Bischof davor gewarnt, aber es war trotzdem ein schwerer Schlag gegen die Erscheinungen.

V Er hat mich auch vor einer falschen Prophetin gewarnt, Gabriele mit Namen, in Deutschland: Sie gehört zu einer Sekte, die sich »Missionsheim« nennt.

L Ich glaube, Er hat zu Ihnen auch von Garabandal gesprochen. Im guten Sinne?

V Ja.

L Und vom »kleinen australischen Kieselstein«, Little Pebble?

V Der »kleine Kieselstein« hat mir schon zweimal geschrieben und hat mir Botschaften geschickt. Ich habe angefangen sie zu lesen, aber ich fühlte mich beunruhigt bei dieser Lektüre. Ich habe zu Jesus gesagt: „Gib mir eine Antwort durch die Bibel." Als ich die Heilige Schrift aufschlug, stieß ich auf eine Botschaft, die mir andeutete, der Sache aus dem Weg zu gehen.

L Sicher war er aufrichtig zu Beginn. Dann aber hat er eine seltsame Botschaft (von Maria) empfangen: Der Kardinal-Staatssekretär sei ein Teufelsanbeter, er werde zum Gegenpapst ernannt werden; der »kleine Kieselstein« aber, also er selber, werde von Gott zum letzten Papst am Ende der Welt als Petrus II. ernannt werden. — Hat Sie das nicht schockiert?

V Nicht nur das. Er hat auch Medjugorje angesprochen: Die Kinder seien nicht mehr in der Gnade Gottes. Ebenso Don Gobbi sei von der Gnade abgefallen. Er hat mir das aus Australien geschrieben. Ich weiß nicht, wie er zu meiner Adresse gekommen ist.

L Er möchte eine Vereinigung aller Seher gründen, deren Führer er wäre, sozusagen der Papst der Seher.

V Ich habe versucht, ihm zu antworten, ja ihm sogar Botschaften zu schicken, die er von mir verlangt hatte. Aber jedes Mal kam ein Hindernis dazwischen. Jetzt bin ich sicher, daß ich ihm nichts schicken darf.

Versammlungen und Bekehrungen

L Welches sind die Früchte Ihrer Botschaften?

V Es gab Bekehrungen. Unter ihnen ein Freimaurer sowie ein Zeuge Jehovas, ansonsten viele Laien, die weit von Gott entfernt waren.

L Wer kommt zu Ihren Versammlungen?

V Das ist sehr verschieden. Es sind Neubekehrte darunter, dann auch solche, die anfangen zu lieben, wie Gott es will. Es sind auch Priester dabei. Einige sagen mir, daß sie nach dem Lesen der Botschaften besser beten würden.

L Wie bringen Sie es fertig, daß diese Menschen Gott besser kennenlernen?

V Ich belehre überhaupt nicht, es sind die Botschaften, die das tun. Gott sagt: „Wie könnt ihr jemanden lieben, den ihr nicht kennt? Kommt zuerst zu Mir, um Mich kennenzulernen."

L Sie sind dennoch kein Roboter?

V Nein, Er diktiert mir. Er beruhigt mich. Was Er mir mitteilt, gebe ich weiter, mehr nicht. Und wenn ich auf die Fragen keine Antwort habe, sage ich: „Das weiß ich nicht, ich habe keine Botschaft darüber erhalten, ich kann Ihnen nicht Antwort geben." Wenn man von mir spezielle Botschaften verlangt, sage ich nur: „Sie haben die Botschaften, 2 000 Seiten, vielleicht sogar mehr."

L Finden Ihre Versammlungen jede Woche statt?

V Nein, einmal im Monat. Die Kapuziner in Saint-Maurice haben uns vor kurzem aufgenommen. Das ist im Wallis, in der Nähe von Ecône, eine halbe Stunde von meinem Wohnort entfernt.

L Wieviele Personen nehmen an diesen monatlichen Versammlungen teil?

V Das ist verschieden, 150 bis 200.

L Wie lange dauern sie?

V Eineinhalb Stunden.

Die Kirchenspaltung

L Haben Sie Botschaften für Mgr. Lefebvre erhalten?

V Ja, im Juli und August 1988. Jesus bat ihn inständig, die Kirche nicht zu spalten. Es war wirklich rührend. Ich hatte ihm bereits Botschaften geschickt.

L Hat er darauf reagiert?

V Er hat nicht geantwortet, aber jemand aus seinem Kreis besuchte mich inkognito. Während diese Person redete, flüsterte mir Jesus ins Ohr: „Es ist ein Anhänger von Lefebvre." Da sagte ich zum Besucher: „Sie kommen von Mgr. Lefebvre?" Er bejahte es. Ich habe ihn gefragt: „Glauben Sie, daß die Kirche ihre Tore zu weit geöffnet hat?" — „Ja", sagte er. Und ich sagte zu ihm: „Wissen Sie, Jesus wird sogar die Fenster öffnen."

L Was hat er darauf geantwortet?

V Er hat gelacht. Ich weiß wirklich nicht, warum er zu mir gekommen ist.

Unterscheidung der Geister

Am Schluß dieser offenen Unterredung wird verschiedenes offensichtlich: Vassula bezieht alles auf Jesus. Diese Verbindung stört weder ihr Leben noch die Erfüllung ihrer Pflichten. Alles geschieht im Frieden. Schon viele Personen haben sich so beeindrucken lassen, daß sie sich bekehrten und dadurch den Zugang zum Gebet, zur Verbindung mit Christus gefunden haben, und mit Ihm ein neues Leben. Das sind gute Zeichen. Im Rahmen meiner begrenzten Untersuchung habe ich dieses bemerkt.

Ihre Aufrichtigkeit ist offensichtlich. Ihre Verbindung mit Christus, ihre tiefe (gottgewollte) Teilnahme an Seinem Leiden ist echt. Die Früchte ihres Gebets sind positiv, sowohl in ihrem eigenen Leben als auch in ihrer Umgebung.

Die Erfahrung hat mich gelehrt, daß Seher, auch wenn sie echt sind, nicht immer unfehlbar sind. Man muß deshalb Klugheit und die Unterscheidung der Geister walten lassen. In bezug auf das Einzelne muß der kritische Sinn wach bleiben, da der Mensch nicht unfehlbar, sondern Sünder ist.

Viele Christen fühlen sich von Privatoffenbarungen nicht angezogen. Ihnen genügen das Evangelium oder andere Schriften. Das ist ihr volles Recht, denn die Erscheinungen gehören in die Freizone des Glaubens. Andere hingegen fühlen sich stark angezogen von den Erscheinungen. Sie können wie fasziniert sein, den Erscheinungen nachrennen, die Botschaften von überall her zusammentragen. Aber es gibt derer zu viele. Man kann sie nicht alle sammeln. Eine Anhäufung birgt zudem die Gefahr einer geistigen Verdauungsstörung.

Einige Leser haben das Gefühl, daß eine so persönliche Verbindung von Vassula mit Jesus diskret behandelt werden müßte und nicht für die Öffentlichkeit bestimmt sei. Käme ein solches Eindringen nicht einem geistigen »Voyeurismus« (eine krankhafte geistige Neugierde) gleich? Wer diese Scheu empfinden sollte, möge nicht weiter vorzudringen suchen. Wer diese Botschaften aus lauter Neugierde lesen wollte, möge sich in Acht nehmen.

Wir müssen uns die klassischen Kriterien vor Augen halten, um über die Erscheinungen ein Urteil abgeben zu können und Abweichungen fernzuhalten. Dazu gehören: die gesunde Lehre, Transparenz, Früchte usw. Aber selbst da, wo die Zeichen einer echten Gottesverbindung vorhanden sind, bleibt noch genügend Raum zur Beurteilung und zu einer Vielfalt von Anziehungspunkten.

Vassula glaubt, daß sie eine Sendung, einen Auftrag erhalten hat, mittels der empfangenen Botschaften die Liebe Christi zu verbreiten. Dieser Weg hat sich für einige als richtig erwiesen, er entsprach ihren Bedürfnissen. Jedoch, niemand ist verpflichtet, diesen Weg zu gehen. Jeder muß selber spüren, ob ihn dieser Weg anzieht und inwieweit er seinem Leben gewinnbringend sein kann.

Normalerweise genügen das Evangelium und die Verkündigung der Kirche. In unserem modernen kulturellen Leben, wo der Glaube erstickt wird, haben jedoch solche prophetische Botschaften eine heilsame Funktion! Sie schaffen einen Kontakt und eine Atmosphäre, die uns wieder aufatmen läßt, so wie eine Sauerstoffflasche gewissen Leuten nützlich ist.

Was die Sendung betrifft, die Vassula zur Wiedervereinigung der Kirchen erhalten hat, so stimmt sie überein mit der ökumenischen Bewegung, die der Heilige Geist bereits zu Beginn dieses Jahrhunderts hervorgerufen hat, die aber im Moment stagniert.

Mögen diese Botschaften einer orthodoxen Frau der Bewegung neue Impulse geben.

René Laurentin

* * *

Einführung

Als ich im Frühjahr 1986 mein erstes Gespräch mit Vassula hatte, konnte ich mir noch nicht vorstellen, daß ich eines Tages an dieser Stelle eine Einführung über diese Offenbarungen des göttlichen Herzens Jesu schreiben würde. Tatsächlich war meine erste Reaktion ganz negativ. Der wahre Grund, der mich bewog, ihre Schriften zu studieren, war folgender: Ich wollte Irrtümer darin entdecken, um Vassula überzeugen zu können, das Ganze aufzugeben. Aber mit der Zeit habe ich nach und nach begriffen, daß die Person, die ich kannte, nicht von sich aus die Weisheit besitzen kann, die sich in diesen Schriften widerspiegelt. Während dieses Zeitraums kannte sie sich weder in der Theologie noch in der Heiligen Schrift aus. Trotz dieser Tatsache bekundete sie in ihren Schriften eine tiefe Kenntnis der göttlichen Dinge.

Sie schrieb jedoch auf sehr einfache und originelle Art. Das war keineswegs die Sprache des Katechismus oder der Theologie. Hier sprach jemand, der die Wahrheit kennt und sie auf originelle Weise wiedergibt. Nach und nach bin ich zur Überzeugung gekommen, daß Jesus ihr eine Botschaft für die heutige Zeit gegeben hat, und so bin ich ihr geistlicher Führer geworden.

Die Einfachheit der Sprache könnte anfangs wohl den Zweifel aufkommen lassen, ob diese Botschaft wirklich von Gott kommt. Vielleicht haben wir vergessen, daß Maria in Lourdes sich der Mundart der Gegend bedient hat, als sie Bernadette ansprach. Auf jeden Fall, wenn wir verstehen wollen, was mit Vassula geschieht, müssen wir begreifen, daß sie das Angebot Gottes angenommen hat, das Werkzeug Seines Wortes zu sein. Wie das Instrument eines Musikers hat sie ihre eigenen Qualitäten, die zum entscheidenden Werk gehören, das (in diesem Fall) der göttliche Künstler mit ihr teilt.

In der Sprache der mystischen Theologie müßte man sagen, daß Vassula innere Anweisungen erhält. Sie sieht Jesus nicht mit den Augen des Körpers noch hört sie Ihn mit ihren Ohren. Sie sieht und hört Gott auf geistige Art, die nichtsdestoweniger klar und deutlich ist. Gott spricht wirklich zu ihr, aber er paßt sich ihrer Fähigkeit an. Er benützt eine Sprache, die sie versteht. Es ist nicht die Sprache eines Berufstheologen. Diese scheinbar einfache Sprache enthält dennoch tiefe Wahrheiten. Es ist oft dieselbe Sprache, die Gott auch in der Bibel gebraucht, und nicht die Sprache der modernen Philosophie oder Theologie.

Der hl. Paulus hat diese Methode der göttlichen Belehrung sehr gut bezeichnet, wenn er sagt: „Ich werde die Weisheit der Weisen zerstören und den Verstand der Intelligenten vernichten. Wo ist denn der Weise?" (1 Kor 1, 19-20).

Wie jedes menschliche Wesen, so müssen auch Vassula und andere Mystiker ständig gegen ihre menschlichen Schwächen kämpfen, indem sie die Gabe des machtvollen Wirkens Gottes in ihrem Leben annehmen. Darum finden wir in den Schriften die ständige Versuchung von Vassula, daran zu zweifeln, ob sie wirklich dieses Charisma erhalten hat. Der echte Mystiker ist sich zutiefst seines eigenen Nichts bewußt. In der Tat ist die Macht der Barmherzigkeit und Liebe Gottes so überraschend groß, daß sogar der Mystiker (in diesem Falle Vassula) versucht ist, daran zu zweifeln.

Obschon viele Mystiker die Gabe der inneren Sprache (Erkenntnis) erhalten haben, so besitzt doch Vassula eine Gabe, die zumindest ungewöhnlich ist. Jesus führt buchstäblich ihre Hand. Man kann das mit einem Tennislehrer vergleichen, der mit seinem Schüler die richtigen Bewegungen macht, indem er die Hand des Schülers konkret leitet. Das ist aber nicht die einzige Originalität ihrer Offenbarungen. Jesus erinnert uns in unserer modernen Zeit an eine oft vergessene Tatsache: daß Gott nämlich aktiv in unsere Welt eingreift und mit uns verbunden ist. Jesus hat es so formuliert: „Ich bin der Rebstock, ihr seid die Rebzweige ... Ohne Mich könnt ihr nichts tun" (Joh 15, 5).

Es ist in der Tat wichtig, uns daran zu erinnern, daß die Offenbarungen, die Vassula erhält, nicht einfach und hauptsächlich für sie selber bestimmt sind. Gott will, daß wir begreifen, wie sehr Er einen jeden einzelnen von uns liebt. Er will, daß wir begreifen, daß Er unser »göttlicher Weggenosse« ist. Diese Liebe Gottes müssen wir vor allem verstehen, wenn wir den wesentlichen Inhalt der Botschaften erfassen wollen.

In der Tat sind diese Schriften ein dringender Aufruf an uns alle zur persönlichen Bekehrung: eine Arbeit, die uns jeden Tag von neuem fordert. Die Bekehrung ist ein ständiges Wachsen in der Liebe zu Christus und ein Loslassen von allem, was uns von Ihm trennt. Diese Schriften sind eine flehentliche Bitte der Liebe selbst an unsere Liebe. Sie erinnern uns alle daran, daß das erste und größte Gebot Gottes darin besteht, Ihn über alles zu lieben, mehr als alle Menschen und Dinge, aus ganzem Herzen, mit ganzer Seele und aus allen Kräften. Es ist der Ruf Gottes an uns, Ihn anzubeten. Er ruft uns auf, nach Ihm zu dürsten, unsere Armut, unsere Blöße und unsere Kleinheit anzuerkennen. Diese Botschaften sind ein Anruf an uns, uns ganz Ihm zu überlassen, um unser wahres Leben in Ihm zu finden.

Der Gott, der sich in diesen Seiten offenbart, ist ein über alles liebender Vater. Er ist der »Abba«, den Jesus bereits kannte und den Paulus kennen und lieben gelernt hat. Als liebender Vater und göttlicher Bräutigam der Kirche benützt Gott die Sprache der Liebe. Wer die Bibel liest, fühlt sich sozusagen zu Hause bei dieser Sprache. Ja, denn auch in der Bibel offenbart sich Gott auf verschiedene Weise als die Quelle und das Urbild jeder menschlichen Liebe.

Es ist die Liebe eines Vaters, der gleichzeitig auch ein Lehrmeister ist. Er benützt eine einfache Sprache, die sich an alle wendet. Wie ein Lehrer wiederholt Er sich oft und kommt doch vorwärts. Diese Sprache der Liebe, diese Einfachheit in der Ausdrucksweise und das ständige Zurückgreifen auf »schon Gesagtes«, um es zu vertiefen, kann manchen Lesern zum Problem werden. Wenn wir aber ganz klein bleiben, können wir diese Hindernisse überwinden und in den Raum der Weisheit eintreten.

Diese Schriften zeigen es deutlich: Wenn wir dem Ruf der Liebe unseres Vaters Folge leisten wollen, müssen wir den Glauben der kleinen Kinder besitzen. Das ist sehr schwer für viele von uns, Priester wie Laien unserer Zeit. Wir begnügen uns damit, zu glauben, daß wir schon wissen, wie wir unser eigenes Leben zu gestalten haben. Jesus verlangt von uns die Hingabe unserer Freiheit — ein totales Aufgeben —, um die wahre Freiheit und das Leben in Ihm zu finden. Erst jetzt verstehe ich, daß ich vor dieser Offenbarung dazu neigte, zu glauben, ich hätte ein recht gutes Verständnis der Theologie und der Schriften. Wie viele andere Priester hatte auch ich die Tendenz, zu vergessen, daß Jesus uns versprochen hatte, uns Seinen Geist zu senden, um uns das Verständnis der Heiligen Schrift und der Tradition zu erschließen: dieser privaten Offenbarung, die ja ein wesentlicher Teil der Kirche ist.

Es liegt ein so tiefgründiger Sinn in der Heiligen Schrift, daß sie nicht allein durch die wissenschaftlichen Exegeten erklärt und »geklärt« werden kann. Wenn wir uns an diesem Punkt aufhalten, sind wir wie die Pharisäer zur Zeit Jesu. Sie hielten fest an der Geschichte (der Bibel) und waren verschlossen (blind) für die dynamische Kraft Gottes, welche den Menschen begleiten wollte. Obwohl Jesus durch die Heilige Schrift vorausgesagt worden war, schien Er den Juden doch zu »neu« und verschieden, um als die Verwirklichung ihrer Hoffnungen anerkannt zu werden.

Was wir heute brauchen, das ist gerade dieser Glaube der kleinen Kinder, der das Eingreifen des Heiligen Geistes in unserer Zeit nicht behindert. Nur dieser kindliche Glaube befähigt uns, Erfahrungen mit Gott zu machen, wie Jesus und der hl. Paulus es erfahren haben: Gott als unseren himmlischen »Abba«, Vater. Wir haben also diese innige Liebe der Kinder zu einer wirklichen Person, die sie als wahren Vater erfahren haben.

Diese kindliche Haltung betrifft nicht nur das persönliche innere Leben. In diesen Offenbarungen zeigt uns Christus deutlich, daß der Schlüssel für die Einheit der Christen, die religiöse Einheit aller Seiner Kinder Demut und Liebe ist.

Es fehlt uns also an Demut und Liebe, wenn diese Einheit unmöglich scheint. Trotzdem versichert uns hier Jesus, daß Er bald durch Seine eigene Kraft und zu Seiner eigenen Ehre diese Einheit vollziehen werde. Es wird also eine einzige Herde und ein einziger Hirte sein. Das Gebet Jesu beim Letzten Abendmahl wird nicht umsonst gesprochen sein.

Lieber Leser, ich empfehle Ihnen, jedes Mißtrauen, das Sie anfangs beim Lesen dieser Schriften empfinden könnten, zu überwinden. Seien Sie offen und geduldig, dann werden Sie in diesen Texten Körner der Liebe finden, die in Ihrem Herzen Wurzeln schlagen werden, wie sie schon Wurzeln gefaßt und Früchte getragen haben in vielen anderen Herzen. Das geistige Abenteuer dieses Buches ist nicht nur das Abenteuer einer Seele, es ist eine Einladung an alle, in eine Zukunft des Friedens und der Liebe zu schauen, und zwar mit Hoffnung und Vertrauen.

R.P. James Fannan
Professor der Philosophie

Hefte   1 — 6

Im folgenden Teil sind die Aussagen von Jesus durch **kursiven Fettdruck**, die von Vassula in *kursiver Schrift* und der erläuternde Kommentar von Vassula in einfacher Schrift gekennzeichnet.

Bangladesh / 20.9.1986

(Jesus:) Der Friede sei mit dir!
(Vassula:) Darf ich mit Dir sein?
Ja, du bist mit Mir, Ich bin das Licht.
Darf ich bei Dir sein?
Du bist bei Mir, du bist in Mir, Ich bin das Licht.
Kannst Du mich unter Deinen Schutz nehmen?
Du bist unter Meinem Schutz.
Darf ich mich auf Dich stützen?
Du kannst dich auf Mich stützen.
Ich brauche Deine Kraft, um meinen Glauben zu unterstützen.
Ich gebe dir Meine Kraft.
Ich brauche Deine Liebe.
**Du bist von Mir geliebt. — Ich bin das Licht und Ich leuchte, daß alle
sehen. Hab keine Angst. Mein Weg ist gerade, Mein Weg wird dich zu Mir
führen. Ich werde dir begegnen, und du wirst Mich erkennen, denn Ich
strahle Frieden und Liebe aus. Komm zu Mir. Siehst du Mich? Hörst du
Mich? Hab keine Angst, bleib nicht so in der Dunkelheit. Sieh, deine
Beine sind geheilt** (symbolisch gesprochen). **Du kannst wieder gehen.
Schau, du kannst wieder sehen. Ich habe dich geheilt von deiner Schan-
de, und Ich habe deine Sünde reingewaschen. Gebrauche deine Beine, um
zu Mir zu kommen, deine Augen, um Mich zu sehen, deinen Glauben, um
Mir zu begegnen. Ich bin dein Erlöser. Ich bin der Friede. Ich, Jesus, liebe
euch alle.**

27.9.1986

*Der Friede sei mit dir, Vassula! Komm zu Mir. Ich bin dein Erlöser, dein
Friede. Ich habe auf Erden gelebt, bin Fleisch geworden unter euch. Ich
bin der eingeborene Sohn Gottes. Komm zu Mir und lehne deinen Kopf
an Mich. Ich bin dein Tröster. Wenn du unglücklich bist, erinnere dich
daran, daß Ich bei dir bin. Bete folgendes Gebet mit Mir:*
*»Hilf mir, Vater, und führe mich zu Deinen Weideplätzen der Ruhe, wo
die klaren, ewigen Wasser fließen. Sei mein Licht, um mir den Weg zu zeigen; mit Dir, an Deiner Seite werde ich schreiten, mit Dir, um von Dir*

erleuchtet zu werden. Geliebter Vater, bleibe in mir, um mir den Frieden zu geben. Um mich Deine Liebe fühlen zu lassen, werde ich Deinen Schritten folgen. Ich werde bei Dir bleiben. Erleuchte mich, liebe mich, sei mit mir, jetzt und für alle Zeit. Amen.«

Jesus war gekommen, um mich dieses Gebet zu lehren.

28.9.1986

Heute hat mir Jesus ein sehr klares Bild von mir selbst gezeigt (eine innere, geistige Vision): Ich war wie verloren, von Sümpfen umgeben, isoliert und mit verwirrtem Geist. Zwischen den ausgetrockneten Bäumen habe ich Jesus erkannt, der mich suchte.

Hier bin Ich — Ich bin es, Jesus. Ich habe dich wiedergefunden. Komm, gestatte Mir, daß Ich dir den Rückweg zeige. Hör genau zu. Ich, Jesus, Ich bin der Weg. Jedesmal, wenn du dich verloren fühlst, rufe Mich. Ich werde zu dir kommen und dir den Weg zeigen. Ich bin der Weg.

30.9.1986

Der Friede sei mit dir, Meine Tochter!

Jesus, bitte, gib mir das Licht, damit ich Dich fühlen und damit ich schreiben kann.

Vassula, das Gebet hat keinen Sinn, wenn die Worte nicht aufrichtig sind.

Ich habe meinen Irrtum eingesehen. Ich hatte diese Bitte ohne Liebe an Jesus gerichtet, ohne richtig nachzudenken und ohne echte Gefühle zu zeigen. Ich habe die Bitte wiederholt, aber diesmal, indem ich jedes Wort überdachte und meine Seele zu Ihm erhob.

Sprich mit Mir immer so, wie du es gerade getan hast. Ich, dein Gott, Ich spüre, Ich fühle alles. Ich will aus deinem Anruf die Liebe spüren, die aus der Tiefe deiner Seele kommt, die nach Mir verlangt, die Mich liebt, indem du jedes Wort, das du aussprichst, wohl überlegst. Ich, Gott, Ich bin und Ich fühle alles. Jedes Gebet, das nur über die Lippen kommt, ist ebenso leer und vergeblich wie ein Schrei, der in einem Grab untergeht. Erinnere dich: Ich bin und Ich fühle. Ich wünsche, daß alle Meine Kinder sich bemühen, Mir Freude zu bereiten!

5.10.1986

Ich lese gerade ein Buch, in welchem Menschen wie ich von ihren Erfahrungen mit Gott erzählen. Die meisten von ihnen sagen, daß sie entmutigt worden seien durch sogenannte Experten (Fachleute), die ihnen ihren Irrtum beweisen wollten, indem sie behaupteten, daß nur von Gott außerordentlich begnadete Seelen solche Erfahrungen machen könnten. Das ganze Buch zeigt deutlich, daß man heilig sein muß, um zu Gott zu gelangen. Ich, die ich nicht heilig bin — bei weitem nicht —, ich, deren Seele nicht so hoch und erhaben ist, ich entschließe mich daraufhin, diese Begegnungen mit Gott abzubrechen und nicht mehr zu schreiben. Ich gebe es auf und werde die »Kraft«, die während Monaten meine Hand geführt hat, nur noch zur Aufzeichnung der letzten Botschaft gebrauchen.

Vassula, verlaß Mich nicht! Geliebte, rufe Mich und lerne mit Mir. Erinnere dich: Ich bin immer bei dir; Ich, dein Gott, Ich lebe in dir. Glaube Mir, Ich bin der allmächtige, der ewige Gott.

Nein, das ist nicht möglich! Das kann nicht Gott sein. Diejenigen, die das wissen, werden mir beweisen, daß es nicht Gott ist. Nur heilige, reine Seelen, die Gottes würdig sind, können solche Gnadenerweise erhalten.

Vassula, Ich bin doch nicht unerreichbar! Ich weise niemanden zurück. Ich tadle all jene, die Meine Bemühungen, Meine Kinder an Mich zu ziehen, unterdrücken. Wer behauptet, man müsse rein und würdig sein, um mit Mir zu sein oder von Mir angenommen zu werden, der schadet Meiner Kirche. Jeden, der Mir begegnet ist, aber durch andere entmutigt wurde, werde Ich unterstützen, Ich, der Ich die unendliche Kraft bin, Ich werde ihm Meine Kraft verleihen.

Warum, warum nur habe Ich Menschen, die sich Experten nennen, um darüber zu entscheiden, ob Ich es bin oder nicht, die Mir jede Initiative untersagen und Meine Kinder ohne Trost und Unterstützung enttäuscht lassen; Menschen, die nicht mit Meiner Gnade rechnen und Mir Meine Kinder wegnehmen? Warum werden all Meine Segnungen zurückgewiesen? Ich bin der unendliche Reichtum. Meine Tochter, als du Mich endlich gefunden hattest, war Ich voll Freude. Ich war sehr darauf bedacht, dich nicht zu erschrecken. Ich habe Mich voll Sanftmut gezeigt, wie eine Mutter ihrem Kind gegenüber. Ich habe dich zu Mir kommen lassen. Ich war voll Freude, dich gerufen zu haben und dir begegnet zu sein und alles, was Ich habe, mit dir zu teilen, Meine Geliebte.

Und jetzt kommst du und sagst Mir, daß du Mich verlassen willst, weil Ich, Gott, unmöglich zu erreichen sei. Man habe dir gesagt, daß nur heilige, würdige Seelen Mich erreichen können und du nicht die nötigen Eigenschaften dazu habest! Ich weise keine Seele zurück. Ich biete Meine Gnaden selbst den Schlechtesten unter euch an. Erfreue Mich doch und komm zu Mir auf diesem Weg. Ich segne dich, Meine Tochter, Ich führe dich, du nährst dich von Mir. — Vassula, lies heute in der Bibel bei Petrus I; lies aufmerksam, Ich werde es dir nachträglich erklären; lies das erste Kapitel. Lebe mit Glauben! Petrus lehrt den Glauben.

Jesus gab mir zu verstehen, daß wir durch den Glauben Berge versetzen können. Wir müssen blind glauben.

10. 10. 1986

Ich bin das Licht. Ich, Jesus, will dich warnen: Falle nie in die Fallstricke, die der Böse dir stellt. Glaube keiner Botschaft, die dich beunruhigt. Begreife wohl, warum der Teufel alles unternimmt, um dich aufzuhalten. Meine Tochter, jede Botschaft, die Meine Offenbarung verurteilt, kommt vom Bösen. Er wird immer wieder versuchen, dich zu entmutigen und dich zum Aufgeben zu bewegen.

Ich, der Ich dein Erlöser bin, Ich bestätige dir, daß alle Botschaften, die ein Appell an die Liebe und an den Frieden sind, vom Vater und von Mir kommen. Sie sollen den Verlorenen helfen, den Weg zu mir zurückzufinden. Darum, entmutige dich nicht! Vertraue auf Mich! Erinnere dich daran: Glaube keiner Botschaft, die dein Herz beunruhigt läßt. Ich bin der Friede und du sollst dich auch im Frieden fühlen.

12. 10. 1986

Der Friede sei mit dir! Das Licht weist dir den Weg, Geliebte. Lebe in Frieden!

Ich möchte Dir sagen, daß ich mich im Frieden und ganz wohl fühlte mit Dan.

Ich hatte Heimweh nach meinem Engel, der Daniel heißt.

Laß ihn, denn er ist nur Mein Diener. Ich bin dein Schöpfer, der allmächtige Gott.

Ich will nur sagen, daß ich mit Dan im Frieden war und daß ich ihn liebe.

Ich weiß. Laß ihn nun.

Er hat mir einmal gesagt: „Kein Mensch hat seinen Engel je so geliebt wie Du."
Hat er das gesagt?

Ja.

Dachte er auch so?

**Gewiß, er dachte es. Laß ihn nun und sei mit Mir. Lehne deinen Kopf an
Mich, fühle, wie Ich dich liebe. Du bist Meine Tochter, Ich bin dein
Himmlischer Vater. Ich segne dich. Du gehörst Mir. Ich bin Gott. Ich werde niemandem erlauben, dir etwas zuleide zu tun. Höre auf Mich. Ich
habe dich wachsen sehen seit deiner zarten Kindheit. Ich habe dich
immer in Meiner Nähe gehalten und Ich habe dich angenehm gefunden
in Meinen Augen. Ich habe geschaut, wie du gewachsen bist wie die wil-
den Blumen, die Ich erschaffen habe. Mein Herz war erfüllt von Freude,
dich in Meinem Lichte leben zu sehen. Ich blieb bei dir. Meine Knospe
hatte zu blühen begonnen. Für dich war die Zeit gekommen, geliebt zu
werden. Ich fühlte dich und du bereitetest Mir Wonne. Ich spürte dein
Herz und Ich segnete dich. Ich blieb bei dir, um dir zu helfen, deine
Schönheit zu bewahren. Ich habe gesehen, wie du erblühtest.**

*Da habe Ich dich gerufen, aber du hast Mich nicht gehört. Ich habe dich
wiederum gerufen, aber du hast Mich ignoriert. Von Zeit zu Zeit kamst
du zu Mir und Mein Herz war erfreut, dich zu sehen. Die seltenen Male,
wo du gekommen bist, haben Mich mit Freude erfüllt. Ich wußte, daß du
Mir gehörst, aber du schienst Mich vergessen zu haben. Du hast nicht einmal bemerkt, daß Ich nahe bei dir war. Die Jahre sind vergangen, dein
Duft hat dich verlassen. Den rauhen winterlichen Winden ausgesetzt
begannen deine Blätter abzufallen, dein Kopf neigte sich und deine Blätter hatten ihre samtweiche Frische und Schönheit verloren. Du welktest
unter der Sonne, deine Gefühle sind hart geworden. Verstehe Mich: Ich
schaute dich voll Mitleid an. Ich habe es nicht länger ertragen können.
Ich habe Mich oft dir genähert, Ich habe dich gefühlt, aber du warst zu
weit weg, du konntest Mich nicht erkennen. Du erkanntest denjenigen
nicht, der sich über dich geneigt hatte, dich umarmt hatte und dich bei
deinem Namen rief. Ich weinte über deine verlorene Schönheit, als Ich
sah, daß Ich in Meinen Armen ein armseliges und beklagenswertes Kind
hielt. Mein Herz weinte bei deinem Anblick, denn Ich konnte in deinen
Augen noch einen schwachen Schimmer von Liebe sehen, die Liebe, die
du früher, in deiner Jugendzeit, für Mich hattest.*

Ich habe dich zu Mir emporgehoben, deine kleinen Hände haben sich an Mich geklammert. Ich fühlte Mich erleichtert, als Ich sah, daß Mein Kind Mich brauchte. Ich habe dich nach Hause gebracht und habe dich mit Meiner ganzen Liebe geheilt. Ich gab dir Wasser, um deinen Durst zu löschen. Ich habe dich genährt und dich ganz sachte wieder genesen lassen. Ich bin derjenige, der dich heilt. Ich bin dein Erlöser, Ich werde es immer sein, Ich werde dich nie verlassen, Ich liebe dich. Ich, dein Gott, werde dich nie mehr in die Irre gehen lassen. Mach mir jetzt die Freude und bleibe bei Mir. Ich habe dich wieder belebt, Geliebte, stütze dich auf Mich, wende dich zu Mir und schau Mich an. Ich bin Gott, dein Himmlischer Vater. Versteh doch, warum Ich mit dir bin.

Ich, Gott, werde dasselbe tun mit all Meinen Söhnen und Töchtern, denn sie gehören Mir alle. Ich werde es nicht zulassen, daß sie an der Sonne verwelken. Ich werde sie beschützen, Ich werde sie wieder aufrichten. Ich werde nicht warten, bis ihre Blätter sich im Winde zerstreuen. Ich werde nicht warten, bis sie am Verdursten sind. — Ich, Gott, liebe euch alle. Ich werde euch alle vereinigen.

16.10.1986

Der Friede sei mit dir! Geliebte, ruh dich aus, ermüde dich nicht noch mehr — Ich spüre, wie du erschöpft bist.

Ich habe Deine Gegenwart gespürt. Hast Du Deine Gegenwart verstärkt, Jesus?

Ja, Ich habe Meine Gegenwart verstärkt, damit du begreifst, Vassula. Ich weiß, wie weit du gehen kannst.

An diesem Tag war ich sehr müde, aber trotzdem hörte ich nicht auf zu lesen und zu arbeiten. Ich spürte überall die Gegenwart Jesu. Er schien mir etwas sagen zu wollen.

22.10.1986

Ich, dein Gott, genieße es, dich bei Mir zu haben. Ich liebe dich, Meine Tochter, hab Vertrauen zu Mir. In weniger als zwei Monaten wirst du Mich deutlich hören können.

Die Voraussage hat sich verwirklicht: Sechs Wochen später konnte ich Seine Stimme hören.

Ich werde dir jegliche Unterstützung geben, die du brauchst. Mein Plan ist es, dich zu leiten. Du wirst in weniger als zwei Monaten große Fortschritte machen, denn das ist Mein Wille. Ich bin dein Lehrmeister. Meine Belehrungen werden deine Seele erleuchten. Bleibe bei Mir. Vassula, sooft du dich unglücklich fühlst, komm zu Mir und Ich werde dich trösten, denn du bist Meine Geliebte. Ich will keines Meiner Kinder unglücklich sehen. Sie sollen alle zu Mir kommen und Ich werde sie trösten.

23.10.1986

Vassula, welches Haus ist für dich das wichtigste? Ich möchte, daß du eine Wahl triffst.

Jesus, wenn Du mich fragst, welches das wichtigste Haus ist, dann ist es selbstverständlich Dein Haus, und wenn ich wählen muß, dann entscheide ich mich für Dein Haus.

Ich segne dich.

Jesus schien so glücklich!

Ich werde dich leiten, Mein kleines Kind. Komm, nimm auf dich Mein Kreuz, folge Mir nach. Erinnere dich wohl: Ich werde dir helfen, du wirst Meine Schülerin sein. Ich werde dir helfen, Mich zu offenbaren. Ich bin der Heilige, Ich bin der Heilige. Sei auch du heilig, lebe heilig. Ich werde dich dabei unterstützen ... Vassula, willst du für Mich arbeiten?

Nenne Dich wieder beim Namen.

Jesus Christus.

Ja, ich werde für Dich arbeiten.

Ich liebe dich. Rufe Mich, sooft du es wünschest.

Ich hatte „Ja" gesagt, ohne eigentlich zu verstehen, was das heißt: für Gott zu arbeiten. Aber da ich Ihn liebe, wollte ich Ihm Freude machen, ohne an meine Unfähigkeit zu denken.

Hör Mir zu. Hör Meinen Ruf, hör Meinen Ruf. Siehst du Mein Kreuz? Ich, Jesus, gebe dir diese Vision. Ich rufe, Ich leide, weil Ich euch zähle, Meine Geliebten. Ich sehe euch überallhin zerstreut, der Gefahren nicht bewußt, die der Teufel euch bereitet hat. Mein Herz ist von Schmerz erfüllt, weil es euch so weit von Mir entfernt sieht.

Einen Monat lang ließ mich Jesus das Bild Seines Kreuzes sehen. Wohin ich mich auch wandte, egal welche Richtung, überall sah ich ein dunkles Kreuz vor mir. Wenn ich während des Essens die Augen vom Teller erhob, war es da. Wenn ich durch mein Moskitonetz schaute, war das Kreuz da. Wenn ich von einem Zimmer ins andere ging, folgte mir das Kreuz. Es war einfach da. Das dauerte einen ganzen Monat so. Es war, als ob es mich verfolgte. Dann »geisterte« etwas anderes in meinem Kopf herum: Alles, was sich zutrug, kam vielleicht gar nicht von Gott. Wenn es aber der Teufel wäre, wäre er so dumm gewesen, daß er mich bekehrt hätte? Ich bekam Angst beim Gedanken, was man zu all dem sagen würde. Was würde mit mir passieren? Man wird sich wohl über mich lustig machen ...

Meine Tochter! Meine Tochter, lebe im Frieden!

Ich war sofort mißtrauisch.

Wer ist es?

Ich bin es, Jesus. Bleibe bei Mir, Ich habe dich seit Jahren gerufen. Ich wollte, daß du Mich liebst, Vassula ...

Jesus, wann hast du mich zum ersten Mal gerufen?

Es war zur Zeit, als du im Libanon warst. Ich habe dich während deines Schlafes gerufen. Du hast Mich gesehen. Erinnerst du dich nicht mehr, wie Ich dich an Mich gezogen habe, als Ich dich rief?

Ja, ich erinnere mich, ich war damals ungefähr zehn Jahre alt. Ich hatte Angst vor Deiner Kraft, die mich anzog. Es war wie ein starker (elektrischer) Strom, wie ein Magnet, der einen kleinen Magneten anzieht. Ich hatte versucht, zu widerstehen und mich zu entfernen, aber es gelang mir nicht. Ich war ganz gegen Dich gepreßt. Dann bin ich erwacht.

Ich fand es merkwürdig, daß Jesus mich an diesen Traum erinnerte. Noch merkwürdiger war für mich die Tatsache, daß ich mich daran erinnerte.

9.11.1986

Der Friede sei mit dir! Ich bin da. Ich bin Jesus Christus. Ich bin vor dir. Ich bin dein Lehrmeister und Ich liebe dich. Das Böse ist durch Mein eigenes Opfer besiegt worden. Schlaft nicht ein, denn Ich komme bald. Ich bin die Offenbarung. Ich habe Neuigkeiten, von denen man reden wird. Sprich mit Mir über Meine Kreuzigung, Vassula.

Was soll ich sagen? Soll ich vor oder während Deiner Kreuzigung betrachten?

Vor dieser.
Jesus gab mir ein Bild Seiner Geißelung.

Nachdem sie Mich gegeißelt hatten, haben sie Mich angespuckt. Sie haben Mir mehrere heftige Schläge gegen den Kopf gegeben, so daß Ich ganz betäubt war. Sie haben Mir Fußtritte in den Magen gegeben, was Mir den Atem nahm, und Ich, von Schmerzen gepeinigt, zu Boden fiel. Sie machten Mich zum Spielzeug ihrer Belustigung, indem sie Mir der Reihe nach Fußtritte gaben. Ich war nicht mehr zu erkennen. Mein Leib war gebrochen, ebenso Mein Herz. Mein Fleisch war am ganzen Körper aufgerissen. Einer von ihnen hob Mich auf und schleppte Mich, weil Meine Füße nicht mehr imstande waren, Mich zu tragen.

Dann zogen sie Mir eines ihrer Gewänder an. Sie haben Mich nach vorne gezerrt. Sie gaben Mir weitere Schläge, auch ins Gesicht. Sie brachen Mir dabei das Nasenbein und quälten Mich. Ich hörte ihre Flüche, Meine Tochter. Welch großer Haß und wieviel Spott kam aus ihrem Mund und füllte den Kelch bis an den Rand! Ich hörte sie sagen: „Wo sind jetzt Deine Freunde versammelt, während ihr König bei uns ist? Sind alle Juden so treulos wie diese? Schaut ihren König!"

Dann haben sie Mich mit einer geflochtenen Dornenkrone gekrönt, Meine Tochter. „Wo sind die Juden, um Dich zu begrüßen? Du bist ja König. Oder bist Du es nicht? Kannst Du einen König nachahmen? Lache! Weine nicht! Du bist König, nicht wahr? So führ dich doch als solcher auf!" ...

Sie haben Meine Füße mit Stricken gefesselt und befahlen Mir, bis zu der Stelle zu gehen, wo sich Mein Kreuz befand. Meine Tochter, Ich konnte ja gar nicht bis dorthin gehen, da sie Meine Füße gefesselt hatten. Da haben sie Mich zu Boden geworfen und Mich an den Haaren bis zu Meinem Kreuz gezerrt. Mein Schmerz war unerträglich. Teile Meines Fleisches, die durch die Geißelung aufgerissen wurden, sind weggerissen worden. Sie lockerten die Fesseln Meiner Füße und gaben Mir Fußtritte, damit Ich aufstehe und Meine Last auf Meine Schultern nehme. Ich konnte nicht sehen, wo Mein Kreuz war, denn die Dornen, die in Meinen Kopf eingedrungen waren, füllten Meine Augen mit Blut, das über Mein Gesicht floß. Daraufhin haben sie Mein Kreuz selbst aufgestellt, haben es Mir auf die Schultern gelegt und Mich in Richtung Türe gestoßen.

O Meine Tochter, wie schwer war doch das Kreuz, das Ich tragen mußte! Von der Peitsche hinter Mir getrieben, tappte Ich im Finstern vorwärts in Richtung Türe. Ich versuchte, Meinen Weg zu sehen durch Mein Blut hindurch, das Mir in den Augen brannte. Da habe Ich gespürt, daß jemand Mein Gesicht abtrocknete. Es waren Frauen, die voller Angst aus den Reihen hervortraten, um Mein geschundenes Gesicht abzuwaschen. Ich hörte sie weinen und klagen. Ich habe sie wahrgenommen und sagte zu ihnen: „Seid gesegnet. Mein Blut wird alle Sünden der Menschheit reinwaschen. Schaut auf, Meine Töchter, die Zeit eures Heiles ist gekommen."

Mit Mühe habe Ich Mich aufgerichtet. Die Menschenmenge war wie entfesselt. Ich sah keinen Freund um Mich herum, keiner war da, um Mich zu trösten. Mein Todeskampf schien größer zu werden und Ich fiel zu Boden. Aus Angst, Ich könnte vor der Kreuzigung sterben, befahlen die Soldaten einem Mann, namens Simon, Mein Kreuz zu tragen. Meine Tochter, das war keine Geste der Güte oder des Mitleids, sondern sie wollten Mich für die Kreuzigung am Leben erhalten ...

Auf dem Hügel angekommen, warfen sie Mich zu Boden. Sie rissen Mir die Kleider vom Leibe und ließen Mich nackt zum Schauspiel aller Anwesenden. Meine Wunden öffneten sich wieder und Mein Blut floß auf den Boden. Die Soldaten reichten Mir Wein mit Galle vermischt. Ich habe es zurückgewiesen, denn Ich hatte bereits tief in Meinem Innern die Bitterkeit, mit der Meine Feinde Mich getränkt hatten ... Sie haben Mir zuerst schnell die Handgelenke angenagelt, und nachdem sie Mich mit den Nägeln ans Kreuz geheftet hatten, haben Sie Meinen gebrochenen Leib auseinandergerissen und haben Mir gewaltsam die Füße durchbohrt.

Meine Töchter, Meine Töchter, welch ein Schmerz! Welcher Todeskampf! Welche Qual für Meine Seele! Verlassen von Meinen Geliebten, verleugnet von Petrus, auf dem Ich Meine Kirche gründen wollte, verleugnet von Meinen übrigen Freunden, allein gelassen, Meinen Feinden ausgeliefert. Ich habe geweint. Meine Seele war erfüllt von Schmerz ...

Die Soldaten haben Mein Kreuz aufgerichtet und es in das vorbereitete Loch gestellt. Ich betrachtete die Menschenmenge vom Kreuz, an dem Ich hing. Obschon Ich Mühe hatte, mit Meinen geschwollenen Augen zu sehen, habe Ich die Menschen beobachtet. Ich habe keinen Freund gesehen unter jenen, die sich über Mich lustig machten. Keiner war da, um Mich zu trösten: „Mein Gott, Mein Gott! Warum hast Du Mich verlassen?" Verlassen von all denen, die Mich liebten ...

Mein Blick ruhte auf Meiner Mutter. Ich habe sie angeschaut und Unsere Herzen haben gesprochen: „Ich schenke dir Meine geliebten Kinder,

damit sie auch deine Kinder seien. Du sollst ihre Mutter sein." Alles erfüll-
te sich, die Rettung war nahe. Ich sah den Himmel offen und alle Engel
standen da und schwiegen. „Vater, in Deine Hände lege Ich Meinen Geist.
Ich bin jetzt mit Dir."

Ich, Jesus Christus, habe dir Meinen Todeskampf diktiert. Trage Mein
Kreuz, Vassula, trage es für Mich. Mein Kreuz fleht um Frieden und Liebe.
Ich werde dir den Weg zeigen, denn Ich liebe dich, Meine Tochter.

4.12.1986

Ich bin noch ganz unter dem Eindruck des Erlebten und habe große Zweifel über das, was mit mir geschieht und wie das möglich ist. Wie ist es möglich, daß ich meine Hand nicht unter Kontrolle habe? Es ist, wie wenn sie
von einer äußeren Kraft bewegt würde. Ich habe Zweifel, weil ich zu irdisch
gesinnt bin, und dennoch geschieht dies alles mit mir. Ich bin deswegen
ganz verwirrt.

Ich bin hier. Ich bin es, Jesus. Ich lebe in dir und du in Mir. Bleibe in
Mir. Ich, Jesus, bin immer mit dir, begreife das. Sei in Meinem Licht, denn
Ich bin das Licht und durch Mich findest du Erkenntnis und machst Fort-
schritte.

Gut. Du hast mich überzeugt, daß Du es bist. Du hast beide Ziele erreicht: daß
ich Dich liebe, daß ich davon überzeugt bin und daß ich Dir auf diesem Weg
begegne. Du hast mich fasziniert. Ich weiß auch, daß ich nicht schizophrener
bin als alle anderen auf der Welt und auch nicht psychopathischer als der Psy-
chiater selbst. Es sind auch nicht die Teufel, denn ich weiß, was man empfindet,
wenn sie uns angreifen: Unruhe und Qualen.

Zu Beginn hatte ich solche Angriffe der Teufel erlebt, die mich veranlassen
wollten, nicht mehr zu schreiben.

Nicht ich habe mich entschieden, Deinen Anruf zu empfangen, da ich Dich
ja nicht kannte. Du hast es gewollt, Mein Gott. Ich bereue es nicht. Wie könnte
ich das tun, da ich jetzt in Deinen Bann gezogen bin!

Kind, Ich habe dich erhoben, damit du mit Mir sein kannst. Ich habe
dich gelehrt, Mich zu lieben. Bist du zufrieden, auf diesem Weg mit Mir
zu sein?

O ja!

Ich segne dich aus ganzem Herzen.

8.12.1986

Darf ich in Deinem Licht sein?
Du bist in Meinem Licht, Ich bin dein Erlöser. Mein Kreuz tragen heißt:
Meine Leiden auf dich nehmen.
Jesus nahm hier Bezug auf das Kreuz, das wir um den Hals tragen.

10.12.1986

Meine Tochter, willst du Mir folgen? Entferne dich nicht, führe ein heiliges Leben.
Jesus, könnte ich nicht so bleiben, wie ich bin (d.h. ein weltliches Leben führen, aber doch in der Nachfolge Jesu bleiben)?
Hör Mir zu: Nenne Mir einen Menschen mit starkem Glauben, der nicht die Kirche gewählt hat. Nenne Mir einen Menschen, der so geteilt wäre.
Ich kenne keinen.
Nein, denn es gibt keinen.
Jesus wartete darauf, daß ich etwas sage.
Willst Du mich ganz für Dich haben?
Ja, Ich will es. Fürchte dich nicht. An was hältst du denn fest, Meine Tochter?
Vielleicht habe ich geseufzt.
Und wenn ich dieselbe bleibe?
Bleib dieselbe und du wirst feststellen, daß Ich nicht aufhören werde, dich zu Mir zu rufen.
Darf ich Dir eine Frage stellen?
Tu es.
Bestehst Du wirklich darauf, daß ich mich ändere?
Ja, ich bestehe darauf.
Macht es denn einen Unterschied, wenn ich mich ändere — also heilig zu werden, wie Du mir sagst?
Ja, es ist ein Unterschied. Wende dich Mir zu und bleibe mit Mir.
Kannst Du jetzt schon in die Zukunft sehen?
Sicher, Meine Geliebte.
Darf ich Dir dann eine Frage stellen?
Ja.

Wenn Du die Zukunft voraussiehst, möchte ich gerne etwas wissen. Wenn Du mir nicht antworten willst, zeichne ein Herz. — Werde ich Dich am Ende enttäuschen?

Du wirst Mich nicht enttäuschen.

Ich fühlte mich erleichtert.

Wie wirst Du Dich fühlen?

Ich, Gott, werde Mich verherrlicht fühlen.

Ach ja?

Ja, fürchte dich nicht. Warum hast du Angst, heilig zu sein? Bedenke, du bist am Anfang Meines Anrufs.

Was soll das heißen?

Das heißt, daß du noch von Mir lernen mußt. Ich werde dich belehren, und Ich werde dir Meine Werke zeigen. Ich bin noch am Anfang Meines Rufes. Später wirst du entdecken, wie Ich Mein Werk leite. Ich werde dich später rufen, im gegebenen Moment, um den Frieden wiederzufinden. Bist du dir bewußt, was Frieden bedeutet?

Ich bin mir dessen nicht so sicher. Friede könnte den Tod oder die Kirche bedeuten ... Nein, ich weiß es nicht recht.

Ich bin der Friede. Ich bin hier bei dir. Meine rechte Hand hält deine Hand, die schreibt, und Meine linke Hand ruht auf deiner linken Schulter. Ich bin gegenwärtig und du fühlst Mich. Ich bin dein Lehrmeister, Meine Tochter, geh mit Mir! Arbeite mit Mir, denn Ich habe dich zu Meiner Botin bestimmt. Laß dich nicht entmutigen durch Menschen. Viele von ihnen begreifen nicht, denn die Finsternis könnte ihr Herz verschlossen haben, indem sie ihnen jedes Verständnis für solche Dinge nimmt. Lebe im Frieden. Ich, dein Gott, liebe dich bis zur Torheit. Mut, Meine Tochter.

11. 12. 1986

Meine Tochter, bist du einverstanden, heilig zu sein? Fürchte dich nicht.

Jesus kommt wieder auf die frühere Botschaft zurück.

Was heißt das genau: »heilig sein«?

Heilig sein heißt: rein sein und Mir ganz ergeben sein. Heilig sein heißt: mit Liebe für Mich arbeiten. Heilig sein heißt: Mich lieben und bei Mir bleiben. Heilig sein heißt: dem Gesetz gehorchen. Heilig sein heißt: so sein, wie Ich es bin.

Kann man auch nur mit dem Herzen heilig sein?
Gewiß!
Zählt das Herz nicht mehr als das Ordenskleid?
Sicher. Das Wichtigste ist das Herz. Bleibe bei Mir, bleibe bei Mir. Du bist nicht bei Mir, wie Ich es wünsche. Ich spüre, wie du Mir ausweichst.
Jesus war nicht zufrieden.
Ich bin der Heilige, deshalb will Ich, daß auch du heilig bist.
Ich will wirklich bei Dir sein!
Bist du wahrhaft aufrichtig? Suchst du Mich wirklich?
Verlaß mich nicht!
Ich werde dich nicht verlassen.
Nie?
Nie! Meine Tochter, fürchte dich nicht. Hast du Angst, daß das Ordenskleid dir Bedauern einflößt? Los, sag es schon!
Ich nahm all meinen Mut zusammen.
Ich will es Dir sagen: Ich will kein Ordenskleid tragen. Ich liebe Dich, so wie ich bin.
Endlich hast du den Mut gefunden, es zu sagen. Meine Tochter, Ich bin mit dir zufrieden, denn du bist ehrlich. Ich, dein Gott, liebe dich. Bedenke es aber gut, daß du Mir ins Angesicht gelogen hättest, wenn du das Gegenteil behauptet hättest.
Ich spürte, wie sehr Gott zufrieden war; aber er hätte auch vom Resultat betrübt sein können ...
Ich bin nicht traurig! Hör Mir zu: Ich will, daß du heilig bist vom Herzen her, nicht vom Kleid her.
Bin ich nicht geteilt, wenn ich das Ordenskleid nicht trage?
Um heilig zu sein, braucht man kein Ordenskleid zu tragen. Was nützt das Ordenskleid, wenn das Herz nicht heilig ist? Es ist wie das Salz, das seinen Geschmack verloren hat. Ich werde dich lehren, noch näher bei Mir zu sein. Ich werde dich Mir näherbringen. Fühle dich von Mir geliebt. Fürchte dich nicht, Ich bin der Friede. Ich, Jesus, führe dich. Bete noch mehr und arbeite mit Mir auf diesem Weg, vermehre deinen Glauben an Mich, brauche Mich, sei wachsam, denn die Zeit ist nahe.

13. 12. 1986

Meine Tochter, denkst du vielleicht, daß Ich dich in eine Falle gelockt habe? Ich liebe dich, Geliebte, fürchte dich nicht vor Mir. Du scheinst Angst zu haben, daß Ich dich in eine Falle locke.

Es ist wahr, ich habe das Wort »Falle« gebraucht, als ich mit meinen Freunden darüber sprach.

Ich weiß es. Ich wünschte, daß du Mich liebst.

Bist Du mir böse?

Nein, das bin Ich nicht.

Willst Du, daß ich offen mit Dir rede?

Natürlich.

Wolltest Du, daß ich Dich liebe?

Ja, das wollte Ich.

Hast Du Dein Ziel erreicht?

Ja, Ich habe es erreicht.

Du hast mich in Deinen Bann gezogen, und ich habe es gern.

Bist du glücklich so?

Sehr! Wenn ich nur weniger ungeschickt wäre.

Du wirst es lernen. Ernähre dich von Mir, sei gesegnet. Ich liebe dich. Ich habe dich erzogen, Meine Botin zu sein. Ich habe gewünscht, daß du Mich liebst. Da du Meine Botin sein wirst, wünsche Ich, daß du heilig bist, da Ich heilig bin und du Mir folgen und für Mich arbeiten willst. Fürchte dich doch nicht, heilig zu sein. Warum hast du solche Angst?

Bist Du mir böse?

Nein, Ich bin dir nicht böse. Heilig sein heißt: rein sein, in Mir leben. Heilig sein heißt: Mir folgen, indem du Mich liebst, heißt: so sein wie Ich. Wenn du es willst, werde Ich dich lehren heilig zu sein.

Ich will tun, was Du willst, weil ich Dich liebe.

Dann will Ich dich lehren, Meine Tochter zu sein. Bleibe bei Mir und du wirst lernen. Vertrau Mir. Glaube Mir. Ja, glaube Mir, wenn Ich dir sage, daß ich froh bin, dich neben Mir zu haben. Du wirst das lernen. Geh in Frieden und erinnere dich daran: Fühle dich von Mir geliebt.

14. 12. 1986

Ich bin dein Tröster.

Sag mir, Jesus, warum diese Botschaft?

Die Botschaft wird viele zu Mir führen. Sie wird Meine Kinder aufleben lassen, damit sie zu Mir zurückkehren und Mein Wort lesen. Ich bin euer guter Hirt, der euch ruft. Glaube Mir, Meine Tochter, schau Mich an. Ich habe dir Mein Antlitz offenbart. Zweifle nicht daran. Glaube Mir. Hast du vergessen, wie Ich wirke? Hast du Meine Werke nicht erkannt? Laß dich nicht von deiner Generation zerstören. Bleibe, wie du bist, Meine Tochter (d.h. leicht zu überzeugen; eine, die alles glaubt, die »naiv« ist). *Laß dich nicht von ihnen überzeugen, jetzt, wo du erwacht bist und in Meinem Lichte wohnst. Bleibe bei Mir.*

Jesus, bitte, halte sie auf, wenn sie (das sind die, die mich verfolgen, indem sie diese Botschaft verwerfen) *versuchen, das zu tun!*

Ich werde sie zurückhalten. Ich werde niemandem gestatten, dich zu zerstören. — Hört auf jene, die Ohren haben. Seid wachsam, denn die Zeit ist nahe!

15.12.1986

Meine Tochter, jede Weisheit kommt von Mir. Willst du die Weisheit?
Ja, Herr!
Ich werde dir die Weisheit geben. Hör Mir zu: Du wirst die Weisheit erlangen. Ich bin der allmächtige Herr und Ich werde dich belehren. Klammere dich an Mich, und du wirst lernen. Glaube Mir. Wecke Meine Kinder auf. Meine Tochter, lebe im Frieden, denn Ich, Gott, segne jeden Schritt, den du machst. Von Meinem Geist erfüllt wirst du zahlreiche Anhänger haben. Geh in Frieden.

16.12.1986

Ich habe einen ganzen Tag gebraucht, um wirklich zu verstehen, was Du mir angeboten hast! Ich wundere mich, daß ich ohne weiteres annehmen konnte, ohne zu überlegen, was Du mir angeboten hast! Ich möchte Dir danken, mein Herr.
Der Friede sei mit dir! Beginnst du zu begreifen, wie wichtig das ist?
Ja, aber ganz langsam! Ich verdiene eine solche Gnade nicht!
Du wirst die Weisheit erwerben müssen, aber entmutige dich deswegen nicht. Ich werde dich lehren, sie zu verdienen. Du bist in Meinem Licht, und weil du in Meinem Licht bist, wirst du lernen. Hör auf Meine Stimme. Ich bin Jesus Christus, und Ich bin dein Lehrmeister. Ich habe dich

gelehrt, mit dem Heiligen Geist zu arbeiten. Ich habe dich gelehrt, Mich zu lieben. Ich habe Meine Werke auf dich überfließen lassen, damit du Mich verstehen kannst. Ich bin deine Kraft, du wirst »die Kraft« erhalten, deinen zahlreichen Widersachern die Stirn zu bieten, Mein Kind.

Ich bekam richtig Angst, als die Stimme Jesu plötzlich ernst und traurig wurde. Gott schien ein wenig traurig zu sein.

Warum? Warum?

Warum? Weil viele nicht glauben, daß Ich auch auf diesem Weg wirke. Einige glauben gar nicht an Mich. Meine Tochter, Ich muß dich warnen.

Gott sprach in einem väterlichen und familiären Ton.

Ich sage dir das, damit du vorbereitet und wachsam seiest diesen Leuten gegenüber, denn sie sind taub und blind, und sie haben ihr Herz verschlossen. Sie werden ihre Sache rechtfertigen wollen. Sie werden dir sagen, daß all dies nicht von Mir kommt, sondern nur in deinem Geist existiert. Sie werden mit vergifteten Theorien kommen, um dir zu beweisen, daß du im Irrtum bist. Sie werden dir ihre Theorien zum Lesen geben (Voraussage, die sich verwirklicht hat), um dir zu zeigen, daß du dich täuschest. Deshalb warne Ich dich im voraus, Meine Tochter: Laß dich durch diese Menschen nicht entmutigen. Laß nicht zu, daß deine Generation dich zerstört.

Herr, was kann ich da machen? Es sei denn, daß Du mich mit Deiner Hand beschützest!

Ich werde die ganze Zeit neben dir sein, so daß du dich nicht verlassen fühlst. Ich werde dich lehren stark zu sein und du wirst all deine Widersacher besiegen. Ich bereite dich vor. Ich werde dich nähren, damit du erfüllt seiest. Sei in Meinem Frieden und bleibe in Mir.

8.1.1987

Der Friede sei mit dir, Vassula! Ich bin es, Jesus. Komm zu Mir, komm und lebe inmitten Meines Herzens.

Du willst mich, Jesus?

Ja, Ich will dich! Ich will dich inbrünstig. Ich will dich in Meinen Bann ziehen.

Aber ich bin zu nichts würdig.

Ich liebe dich, so wie du bist ... Sei Meine Braut, Vassula.

Wie könnte ich das?

Ich liebe dich.

Ich weiß nicht, wie ich Deine Braut sein kann, Jesus?

Ich werde dich lehren, Meine Braut zu sein, Geliebte.

Werde ich zu diesem Zweck ein Zeichen tragen, Herr?

Ich werde dich Mein Kreuz tragen lassen, Mein Kreuz, das um Frieden und Liebe fleht.

Ich will Dich glücklich machen, Jesus.

Mach Mich glücklich, indem du Mich nie verläßt. Mach Mich glücklich, indem du Mich liebst. Mach Mich glücklich, indem du Meine Kinder aufweckst.

Dafür brauche ich Deine Kraft, besonders für den letzten Punkt ...

Schau Mich an.

Ich habe Ihn angeschaut: Er war von einer Aura umgeben, die Kraft ausstrahlte.

Ich bin die Kraft. Ich werde dir beistehen, sei gesegnet.

Bist Du zufrieden mit mir? Ich habe Dich früher nie danach gefragt.

Ich bin mit dir zufrieden, solange Ich von dir geliebt bin.

Ich wünschte so sehr, daß Du mir das veranschaulichst!

Bitte darum, und du wirst es erhalten; vermehre deinen Glauben an Mich.

Ich entschloß mich, diese Niederschriften einem katholischen Priester zu zeigen, der hier wohnt. Er hat sie verurteilt, indem er sagte, daß es das Werk des Teufels sei und daß ich aufhören solle. Ich fragte ihn trotzdem noch — weil Jesus es verlangt hatte —, ob er das Kreuz des Friedens und der Liebe mit mir tragen wolle. Er wiederholte, alles sei vom Teufel. Dann gab er mir das Gebet zum heiligen Erzengel Michael zu lesen, ebenso das Gebet des heiligen Bernhard (»Gedenke, o gütigste Jungfrau Maria«) und die Novene des Vertrauens zum heiligsten Herzen Jesu. Er hat mir gesagt, ich solle diese Gebete an den folgenden Tagen verrichten und dann sehen, was geschieht. Ich habe es getan. Dann habe ich meine Hand frei schreiben lassen, und sie hat während vier Tagen ununterbrochen geschrieben: „Ich, Gott, führe dich."

Herr Jesus, ich habe den Willen des Priesters erfüllt. Ich habe aufgehört zu schreiben — und diese vier Worte waren das Ergebnis nach den Gebeten an den vier aufeinanderfolgenden Tagen. Ich habe Dich am Schreiben gehindert, um dem Priester zu gehorchen. Ich möchte Dich fragen, Herr, warum, warum hast Du ihm diese Bitte angetragen, da Du ja wußtest, was er antworten würde und welchen Schmerz er mir verursachen würde?

Ich bin mit dir, Meine Tochter. Ich habe das von ihm verlangt, weil Ich will, daß er lerne. Ich will, daß er Meinen Reichtum begreift. Ich bin der unendliche Reichtum! Lerne daraus, daß Ich, Jesus Christus, diese Botschaft für Meine Kinder gebe. Ich leite dich, Vassula. Weise Meine Segnungen nicht zurück. Meine Botschaft ruft mit aller Kraft zum Frieden und zur Liebe auf. Ich will, daß Meine Kinder Meine Heiligtümer füllen. Ich will, daß sie sich an Mich wenden. Ich will, daß sie in Heiligkeit leben. Ich komme, um diese dunkle Welt zu erleuchten. Ich will sie neu beleben und ihnen sagen, daß Mein Wort lebendig ist! Ich will, daß sie sich an Mein Wort erinnern, das sie auf die Seite geschoben haben. Ich will sie daran erinnern, wie sehr Ich sie liebe. Ich will ihr Herz entflammen. Ich will ihnen sagen, daß sie sich gegenseitig lieben sollen — wie Ich sie liebe.

Ich liebe dich, Mein Sohn, versteh doch: Indem du versuchst, Vassula aufzuhalten, schadest du Meiner Kirche, ohne es zu wollen. Ich bin Jesus Christus, der Herr, den du liebst. Ich weiß, daß du es in gutem Glauben tust. Auch Saulus handelte so, bevor Ich kam und ihm sagte, daß das, was er für gerecht hielt, nicht so war, denn er verfolgte Mich. Du glaubst, daß das Charisma, das Ich Meiner Tochter gegeben habe, vom Teufel sei. Glaube Mir, Mein Sohn, erschrecke nicht, Ich wiederhole: Es ist Mein Wille, daß Vassula von Mir unterrichtet wird. Jetzt ist sie am Blühen, aber später werden ihre Früchte viele verirrte Seelen nähren. Eines Tages wirst du verstehen, Mein Sohn. Ich, Jesus Christus, liebe dich.

Als der Priester diese Botschaft gelesen hatte, tadelte er mich und behauptete, das alles komme vom Bösen und sei nichts als Wahrsagerei.

Vassula, sage ihm in Meinem Namen folgendes: Die Wahrsagereien sind für die Dummen, die Eingebungen von oben sind für die gesegneten Kinder. Die Wahrsagereien bringen keine Früchte, die Eingebungen bringen gute Früchte und nähren viele Seelen. Hab wieder Vertrauen, Meine Tochter. Die Weisheit weckt Meine Kinder auf. Ich, Gott, liebe dich.

Der Priester hat mir viele Leiden verursacht — wie Gott es mir vorausgesagt hatte (am 16. 12. 1986). Einmal hat er mir ganze Seiten und Auszüge verschiedener Theorien geschickt, um mir zu beweisen, daß der Teufel dahinterstecke. Wie mir von Gott ebenso vorausgesagt, übersandte er mir außerdem auch eine Abhandlung über das Unterbewußtsein, den Okkultismus und den Satanismus. Er fügte einen Brief hinzu, worin er mich aufforderte, diese meine Schriften zu vernichten und den Leuten zu sagen, daß das alles vom Bösen sei; das sei notwendig zu ihrem und meinem Wohl. Ich ließ den Priester wissen, daß ich ihm gehorcht habe, indem ich die drei Gebete verrichtet habe, und daß ich nicht geschrieben habe, um das Resultat zu sehen. Jedoch bezweifle ich, daß er mir Glauben geschenkt hat. Alsbald nämlich hat er den anderen Priester aufgesucht, der mir glaubt und mich unterstützt, und zu ihm gesagt, daß die Schriften vom Teufel seien, und daß ich nicht einmal diese drei Gebete verrichtete! Er hat den anderen Priester sehr beunruhigt. Dieser bat mich, ihm die zwei letzten Hefte zum Lesen zu geben. Nachdem er sich seine eigene Meinung gebildet hatte, sagte er mir am folgenden Tag, ich solle weiterfahren zu schreiben. Dennoch weiß ich, daß der Priester, der glaubt, daß das alles vom Teufel komme, es nur tut, weil er die Kirche liebt und sie beschützen will. Wenn er doch nur besser sehen könnte! Er will mich auch retten, wenn er glaubt, daß das schlecht sei. Ich hoffe, daß er eines Tages begreifen wird. (Ein Jahr später unterstützte mich dieser Priester sehr.)

Ich bete zur Gottesmutter Maria ...

Was mache ich denn schlecht?

Maria: O meine Tochter, wie bin ich deinetwegen bekümmert!

Handle ich denn schlecht, wenn ich wünsche, daß die anderen Gott lieben, und ich ihnen diese Botschaften zeige?

Maria: Nein, du tust nichts Schlechtes. Ich bin Maria, die Mutter der Schmerzen, Vassula. Ich bin immer neben dir ... Sei mit Uns, komm zu Uns, um getröstet zu werden. Sie verstehen Unsere Gnadenschätze nicht. Sie haben für immer ihr Herz verschlossen ... Du bist eines der zahlreichen Zeichen, die Wir ihnen gegeben haben, aber sie scheinen nicht zu begreifen. Gott hat dich ermuntert, auf Seinen Ruf zu hören, Vassula. Jedesmal, wenn du eine Seele zu Gott führst, ist Gott mit dir zufrieden. Mein Sohn Jesus und ich, Wir sind immer bei dir. Paß gut auf, denn der Teufel ist wütend auf dich, er versucht dich zu entmutigen. Er kämpft gegen dich, indem er Wörter deinen Schriften hinzufügt, um dich zu täuschen. Erinnere dich immer daran und vergiß es nie: Das ist seine Waffe gegen dich. Ich bin bei dir, um dich zu beschützen.

Könnte ich den Bösen erkennen?

Maria: Ich werde es dir immer sagen, und Jesus hat dich gelehrt, ihn zu erkennen.

Warum werde ich denn angegriffen?

Maria: Ich will dir das erklären. Mein Kind, begreife, daß du eine Art Fege-feuer durchleidest. Deine Liebe zu Gott heilt viele verirrte Seelen (gemeint sind Seelen, die auf dieser Erde in der Finsternis der Gottesferne leben). *Das ist der Grund, warum du angegriffen wirst. Ich bin bei dir und beschüt-ze dich. Ich habe dir das jetzt gesagt, damit du verstehst, warum hie und da sich ein unpassendes Wort einschleicht. Du heilst die Seelen, indem du Jesus und deinen Himmlischen Vater liebst.*

Arbeite ich auch auf diese Weise?

Maria: Ja, du heilst sie durch deine Liebe. Laß dich nicht beeinflussen durch die Menschen, die dir ihre Ansichten aufdrängen wollen. Jedesmal, wenn man dir sagt, du sollst aufhören zu schreiben, erinnere dich daran, wie unwissend du warst, als du noch in der Finsternis lebtest. Viele Unserer Kinder erkennen Unsere Zeichen nicht mehr. Gott hat dich auserwählt, um Seine Botin zu sein. Mach Ihm Freude und höre auf Ihn.

Danke, heilige Maria. Gott möge dich segnen.

Der Friede sei mit dir!

Jesus?

Ich bin es, Vassula. Ich liebe dich so sehr, daß du es nie verstehen wirst. Wie sehr leide Ich unter der Gefühllosigkeit Meiner Kinder. Wie können sie diese Liebe vergessen, die Ich für sie habe? Ich habe Mein Leben für sie hingegeben. Meine Geliebte, komm näher zu Mir und fühle Mich. Ich werde dich zur gegebenen Stunde befreien, aber vorher mußt du eine Auf-gabe erfüllen. Ich, Gott, habe die Weisheit bereits offenbart, um die ganze Menschheit zu segnen. Meine Tochter! Eines Tages wirst du voll und ganz verstehen, wie Ich wirke. Fürchte dich nicht, denn Ich, Gott, liebe dich. Meine Tochter, Ich bin es, Jesus. Ich will, daß du die drei Gebete verrich-test, bevor du mit Mir schreibst, denn sie halten den Teufel fern. Glaube Mir, sie haben eine große Macht. Willst du immer für Mich arbeiten?

Jesus, wenn ich »Nein« sage, was wirst Du tun?

Du bist frei zu wählen. Hab keine Angst, Ich werde das Charisma, das Ich dir gegeben habe, nicht zurücknehmen. Ich werde dir immer begeg-nen, um dir zu sagen, wie sehr Ich dich liebe.

Nein, Jesus. Ich habe schon gesagt, daß ich gewillt bin, für Dich zu arbeiten. Warum sollte ich meine Meinung ändern? Erinnerst Du Dich?

Ich bin glücklich über deine Antwort, Meine Tochter. Bleibe bei Mir und Ich werde dich führen.

Jesus, habe ich Dich je beleidigt?

Ja, Ich war beleidigt, als du vergessen hattest, wie Ich dich aus der Finsternis herausgeholt habe, aber Ich habe dir verziehen. Ich weiß, wie sehr du Mich liebst. Ich bin dein Bräutigam, vergiß es nicht. Vergiß auch nicht, daß du Meine Braut bist und wir alles miteinander teilen. Vassula, Ich trage auf Meinen müden Schultern Mein Kreuz des Friedens und der Liebe. Nimm es auch ein wenig, Meine Geliebte. Ich werde es auf deine Schultern legen, um Mich zu entlasten. Ich will dich bei Mir, damit Ich Mein Kreuz auf dich legen kann. Ich will dich neben Mir, weil Ich weiß, daß du verstehst, wie sehr Ich leide. Wenn du Mein Kreuz spürst, wirst auch du leiden. Ich bin dein Bräutigam und Ich werde Meine Leiden auch mit dir teilen. Jedesmal, wenn du Mir die Last abnimmst, werde Ich Mich erleichtert fühlen. Bevor du Mich angenommen hast, war Ich schon immer bei dir. Ich wachte über alle Schritte, die du machtest, Geliebte. So oft habe Ich dich gerufen, aber du erkanntest Meine Gegenwart nicht. Jetzt endlich hast du Mich gehört und bist zu Mir gekommen. Warum zweifelst du?

Gemeint waren die Zweifel, die mir nach der Begegnung mit dem Priester gekommen waren.

Jedesmal, wenn du schwach wirst, im Zweifel, erinnere dich an das, was Ich dir gesagt habe: Trage Mein Kreuz des Friedens und der Liebe und laß Mich nicht allein. Komm und bete mit Mir.

Jesus hat mit mir gebetet. Er blickte zum Himmel, während Er betete.

Jesus, du weißt, wie sehr ich Dich liebe. Ich werde Dir helfen, Dein Kreuz zu tragen, um Dich zu entlasten. Wir können es teilen.

Meine Tochter, wie sehr wollte Ich das von Dir hören! Komm, Geliebte, wir wollen unseren Weg miteinander gehen.

Jesus war so zufrieden, so glücklich. Als ich am anderen Tag malte und meinen Namen hörte — indem Er mich immer wieder rief —, da habe ich meine Pinsel in die Luft geworfen und bin zum Schreibtisch gerannt.

Vassula, Vassula, Vassula, Ich, Jesus habe dich gerufen. O Vassula, wie Ich dich liebe. Verherrliche Mich, sei immer mit Mir. Jedesmal, wenn du Mich mit so viel Eifer liebst, fühle Ich Mich verherrlicht. Sei immer Meine Wonne, wenn du Mich hörst wie jetzt. Erinnere dich, daß Ich bald mit

dir sein werde. Ich werde bald kommen, um dich zu Mir zu nehmen,
Geliebte. Ich liebe dich in einem Grade, den du dir nicht vorstellen
kannst. Aber du mußt zuerst Meine Botschaft an alle Nationen weiter-
geben, wie du es jetzt tust. Dann werde Ich kommen, um dich zu holen.
Ich werde dich zu mir nehmen, wo Ich bin, und Ich werde dich für immer
bei Mir haben. Ich, Jesus Christus, liebe dich. Ich habe dir diese Gnade
gegeben, Vassula. Ich habe dich gesegnet. Ich nehme nie zurück, was Ich
gebe. Meine Tochter, willst du Meine Kirche erneuern?

O Jesus, Du verlangst etwas von mir, das ich unmöglich für Dich tun kann.

Vertrau Mir doch!

Ich werde mich an Dich klammern und ganz von Dir abhängig sein, Du bist
mein Meister.

Verherrliche Mich, Ich werde dich führen.

23. 1. 1987

O Vassula, wie sehr liebe Ich dich! Komm zu Mir, Ich bin dein ewiger
Vater. Fühle die Liebe, die Ich für Meine Kinder empfinde. Ich habe dich
dazu gebracht, Mich zu lieben. Ich habe dir den Weg gezeigt. Ich bin ein
Gott der Liebe, ein Gott des Friedens. Ich bin ein Gott der Barmherzig-
keit, Ich bin Milde, Ich bin der gute Hirt. Ich bin Vater, der verzeiht: Wie
könnte Ich euch verloren sehen, ohne euch retten zu kommen? Ich zähle
jeden von euch. Der gute Hirt wird Sein Leben hingeben für Seine Schafe.
Ich bin ein Abgrund von Verzeihung, Ich werde euch nie verlassen.

Etwas später.

Was wird geschehen, Jesus, wenn ich aufhöre zu schreiben?

Vassula, selbst wenn du aufhören solltest, bin Ich immer mit dir, um dich
zu führen. Ich habe dir dieses Charisma gegeben, Mir auf diesem Weg zu
begegnen und von Mir unterwiesen zu werden. Ich habe dich gefragt, ob
du für Mich arbeiten willst, und deine Antwort hat Mich erfreut. Vassula,
Ich sehe es gern, wenn du zögerst — so fängst du an, zu lernen nachzuden-
ken, bevor du dich entscheidest. Ich bin dein Lehrmeister, nimm Meine
Botschaft an. Ich leite dich, damit dir die Gegenwart des Teufels bewußt
bleibt, der das Verderben der Seelen sucht, indem er sie nährt mit seiner
Eitelkeit. Ich lehre dich verstehen, wie verkehrt doch der Böse ist. Ich

werde dich lehren, es anzunehmen. Ich werde dich lehren, demütig zu sein, ehrlich mit dir selber und treu mit Mir. Ich werde dich durch die Demut nähren. Ich erinnere dich daran, daß Ich dich nicht mehr bevorzuge als die anderen. Meine Lehren sollen dir helfen, Fortschritte zu machen und deine Seele zu reinigen. Glaube keinen Augenblick, daß Ich dir dieses Charisma gegeben habe, weil Ich dich mehr liebe als Meine anderen Kinder. Ich habe dir diese Gnade gegeben, um dich zu nähren und um andere zu nähren, die ein unbedingtes Bedürfnis danach haben. Ich bin der Herr, Jesus Christus, der gute Hirt, der Seine Herde überwacht. Ich zeige euch den Weg der Rückkehr. Ich komme, um euch zu erleuchten und euch die Hoffnung zu geben. Vassula, es ist wahr, Ich habe dich schon vor deiner Geburt erwählt. Ich habe dich erwählt, Meine Botin zu sein, um Meine Botschaft der ganzen Menschheit zu offenbaren. Zögerst du, weil Ich dich schon gefragt habe, Meine Braut zu sein?

Ja, Herr.

Du hast schon angenommen, erinnerst du dich?

Ich weiß, Jesus, aber ich habe nachgedacht: Ich kann nicht! Nicht, weil ich nicht möchte, sondern weil ich nicht würdig bin, Deine Braut zu sein. Wie konnte ich annehmen, ohne mir Rechenschaft über deren Bedeutung zu geben?

Vassula, Ich kann dich lehren, Meiner würdig zu sein.

Selbst wenn ich würdig bin, genügt das nicht.

Warum?

Weil es nicht nur darum geht, würdig zu sein. Es geht um viel mehr.

Ich weiß. Es genügt nicht, würdig zu sein, aber Ich werde dich lehren, würdig und heilig zu sein. Du wirst dich anstrengen müssen, um das zu erreichen. Komm, Ich werde dir helfen. Du wirst Meine Braut bleiben, eine Braut, die ausgebildet werden muß. Ich habe dich angenommen, so wie du bist, weil Ich dich liebe. Du aber mußt dich umgestalten lassen, so wie Ich es haben will. Ich werde dich nähren, damit du wächst. Ich habe dir offenbart, wie der Böse arbeitet, indem Ich dir eine Menge von Informationen gegeben habe. Ich will, daß du wachsam bleibst und alles aufmerksam liest.

Jesus hat Pater James miteinbezogen, indem dieser mir all diese Informationen zum Lesen gab.

Lerne anzunehmen. Jedesmal, wenn Ich dich schwachwerden sehe, wenn du im Begriff bist, in Fallen zu geraten, werde Ich dir zu Hilfe eilen. Fasse

Meine Belehrungen nicht als einen Bußakt auf. Ich führe dich, damit du nicht fällst. Ich will dich nicht verlieren. In deinen Gebeten ruf Mich an, bete noch mehr.

24.1.1987

Vassula, Vassula, Mein kleines Kind, Geliebte Meines heiligsten Herzens, fürchte dich nicht. Ich liebe dich. Meine Tochter, warst du fähig, Mich von dir aus zu lieben?

Nein, Jesus.

Du hast gelernt, Mich zu lieben, weil Ich dir nahegekommen bin, indem Ich dich erleuchtete; Ich habe dich bekehrt, indem Ich dich aufweckte. Vassula, weißt du, warum Ich dich liebe?

Nein, ich weiß es nicht, Jesus.

Dann werde Ich es dir sagen. Ich liebe dich, weil du schwach, elend und schuldig bist. Die Kinder sind Meine Schwäche. Ich liebe sie, weil sie Mir erlauben, sie umzugestalten. Vassula, komm und bleibe in Meinem heiligsten Herzen. In Seiner Tiefe wirst du den Frieden finden, und du wirst die glühende Liebe spüren, die Ich für euch alle empfinde. Du wirst ihnen Meine Liebe für sie verkünden können. Siehe, jeder Tag, der vergeht, führt dich näher zu Mir!

* * *

Heft 7

30. 1. 1987

Der Friede sei mit dir! Wenn du dich schwach fühlst, komm zu Mir, und Ich werde dir die Kraft geben. Vassula, weißt du, warum Ich dich erwählt habe?

Nein, ich weiß es nicht, Jesus.

Dann will Ich es dir sagen. Ich habe dich erwählt, weil du schwach bist und bei weitem das elendeste aller Geschöpfe, die Ich kenne. Das Elend zieht Mich an, weil Ich es trösten kann. Du bist schwach und unfähig, unfähig sogar, auch nur eine Sprache zu beherrschen.

Herr, wenn ich so schwach bin, warum hast Du mich dann auserwählt, um diese Botschaften zu erhalten?

Habe Ich es dir nicht schon gesagt? Die Kinder sind Meine Schwäche, weil sie sich bilden lassen von Mir. Ich habe dich erwählt, um durch dich Meine Liebe zu offenbaren: eine gebrechliche Blume, unfähig, von sich aus zu wachsen. Ich habe sie mitten in der Wüste gefunden. Ich habe sie genommen und in Meinen Wonnegarten verpflanzt, damit sie unter Meinem Licht wachse. Alles, was Ich von dir verlange, ist Liebe. Liebe Mich und sei Mir treu. Ich will Treue von dir. Ich will, daß jeder Tropfen Liebe aus deinem Herzen Mein Herz erfülle. Ich dürste nach Liebe, denn Ich bin der Lehrmeister der Liebe. Alles, was Ich deshalb von dir verlange, ist, Mich zu lieben. Wenn du jemanden liebst, hast du dann nicht den brennenden Wunsch, mit ihm zu sein jeden Augenblick deines Lebens?

Ja, das ist wahr.

Nun denn, was ist natürlicher, als dich Mir ganz zu schenken? Komm! Komm zu Mir, Ich bin dein Vater. Ich weiß, daß du unfähig bist ohne Mich; elend, wenn du dir selbst ausgeliefert bist; schwach, wenn du allein bist. Laß Mich dich bilden, damit Ich durch dich Meine Botschaft übermitteln kann. O Meine Tochter, wieviel hast du noch zu lernen!

Ich weiß, ich weiß, daß ich nichts weiß.

Vassula, Ich liebe dich. Zweifle nicht daran. Ich werde auf deine Frage antworten: Ich erwähle nicht nur die Seelen, die Meine Bräute sind im Ordensleben, Ich erwähle Mir auch solche, die Mich nicht kennen. Ich komme und klopfe an jede Tür. Ich klopfe an und warte, in der Hoffnung, gehört zu werden. Vassula, Ich wünsche sehnlichst, daß jede Seele Mich aufnimmt und annimmt. Ich liebe euch alle.

Ich glaubte, daß Deine Vorliebe den Ordensleuten gilt, die Dich immer glücklich machen.

Vassula, Ich liebe die Mir geweihten Seelen, Meine Priester und Meine Ordensleute ebenso wie Meine anderen Kinder. Ich liebe alle, ebenso die Sünder und jene, die Mich verfolgen. Vassula, Ich komme an jeden heran, ohne darauf zu achten, was er ist oder welche Kenntnisse er sich im Laufe des Lebens erworben hat. Ich habe die Macht, die Toten aufzuerwecken. Ich gebe dir Meine Kraft, um Mir auf diesem Weg zu begegnen, denn Ich bin der Herr. Je kleiner du bist, um so leichter kann Ich wirken. Du weißt ganz gut, daß Ich Mir selbst genüge. Deine Unzulänglichkeit wird Meinen Überfluß verherrlichen. Dein Elend zählt nicht in Meinen Augen. Überlaß dich Mir, und laß Meine Hände dich umgestalten. Ich habe nicht jemanden erwählt, der Autorität besitzt, denn Meine Autorität genügt vollständig. Mein Ruf des Friedens und der Liebe wird durch dich kommen, um Meine Barmherzigkeit der ganzen Menschheit zu offenbaren. Durch dich will Ich Mich offenbaren.

Ich verlange von Meinen Kindern nichts, was sie nicht schon besitzen. Wenn sie nur Sünden und Fehler haben, dann sollen sie sie Mir geben und Ich werde sie reinigen. Ich werde sie erleichtern, ihnen verzeihen. Ich werde sie nicht tadeln, Ich werde sie nur lieben. Ich liebe alle, die fallen und zu Mir zurückkommen und um Verzeihung bitten. Ich liebe sie nur um so mehr. Ich werde sie nicht zurückweisen, selbst wenn sie tausendmal fallen. Ich werde da sein, um ihnen zu verzeihen und ihre Sünden in Meinem Blut zu waschen. Ich werde nie ermüden, ihnen zu verzeihen, denn Ich bin ein Gott der Liebe und der Barmherzigkeit, voll Mitleid für den Schwachen. Mein Herz ist heilig und ein Abgrund von Erbarmen. Du brauchst nicht mehr zu tun, Meine Tochter. Ich liebe dich. Vertraue Mir, Vassula, und alles, was Ich zu sagen habe, wird geschrieben werden.

Später.

Weißt du, daß Ich glücklich bin, dich bei Mir zu haben? Ich, Jesus, liebe dich aus ganzem Herzen, und wegen dieser Liebe, die Ich für dich habe, haßt dich der Teufel. Man wird dir Fallen stellen, aber Ich werde neben dir sein, um dich zu warnen.

Ich will nicht fallen!

Ich werde dich nicht fallen lassen, Ich werde neben dir sein, um dich zu stützen.

Ich begreife nicht, warum ich Botschaften erhalten habe, bevor ich »ausgebildet« war.

Vassula, Ich, Gott, habe dir Meine Botschaften gegeben, damit viele Nutzen daraus ziehen. Wenn du doch wüßtest, welchen Wert die Seelen für Mich haben!

Ich hatte den Eindruck, Gott wolle keine Minute verlieren.

Ich weiß, was du denkst, und Ich werde auf deine Frage antworten. Hör Mir zu. Ich bin zu dir gekommen, um Meine Botschaft von Frieden und Liebe zu geben. Für diesen Auftrag habe Ich ein ganz schwaches Kind gewählt: unfähig, klein und ohne Ansehen, ein Nichts, um durch dieses Meine leidenschaftliche Liebe zu offenbaren, und um jene zu belehren, die immer noch nicht die Gnadenschätze Meines Herzens begreifen. Ich leide darunter, daß Meine Bevollmächtigten (Priester) so weit entfernt sind von allem, was göttlich ist. Ich leide unter ihrer Gleichgültigkeit Meinen Segnungen gegenüber, denn das Charisma ist ein Segen.

Es handelt sich um die Gleichgültigkeit jener Priester, von denen man gleich zu Beginn dieser Botschaft gesprochen hat.

Wie haben sich ihre Herzen doch verhärtet, die sie zu einer solchen geistigen Taubheit und Dürre geführt haben! Einmal mehr komme Ich, um zum Frieden und zur Liebe aufzurufen. Aber wieviele werden Mich noch zurückweisen? Wieviele unter euch werden nicht antworten? Wieviele unter euch, besonders Meine Bevollmächtigten, werden ihre Augen abwenden, um Mich nicht zu erkennen? O kleingläubige Menschen, wie kennt ihr Mich schlecht! Habt ihr vergessen, daß Ich der unendliche Reichtum bin? Warum seid ihr überrascht wegen der Auswahl der Werkzeuge, deren Ich Mich bediene? Meine Macht ist groß und ohne Grenzen, und Ich werde Meine Worte durch armselige Menschen bekannt machen. Vassula, viele werden von Mir ein Zeichen verlangen, als Beweis, daß diese Botschaft von Mir kommt, aber das Zeichen, das Ich geben werde, bist du. Ich habe dich befreit, indem Ich dich auferweckte, dich an Mein Herz gezogen habe und viele Meiner Werke über dich ausgegossen habe. Nimm an, was Ich dir gebe, denn die Weisheit leitet dich. Vassula, Ich liebe dich. Du bist klein, du gehörst Mir. Meine Tochter, gib Mir Liebe, gib Mir Ruhe. Laß Mich in deinem Herzen ausruhen. Nimm Mich an, verleugne Mich nicht. Vassula, weißt du, wieviele Jahre Ich auf dich gewartet habe, bis du Mich angenommen hast? O, wie weit entfernt warst du von Meinem Herzen! Habe Ich dir nie gesagt, was Ich damals empfand?

Ich erinnere mich nicht so recht daran.

Ich will es dir sagen. Ich hatte Angst um dich. Du hattest dich von Mir entfernt, und Mein Herz war ganz zerrissen vor Kummer. Wie könntest du also Meinem Ruf widerstehen, Geliebte? Ich habe so viele Jahre gewartet. Vassula, nimm Meine Liebe an. Meine Liebe heilt dich.

Ich will Dich ja gar nicht abweisen, Jesus, aber ich fühle mich wohler, wenn ich geben und lieben kann, als wenn ich empfange. Ich glaube, Du kennst mich doch.

Ich war traurig, denn ich hatte Jesus betrübt, ohne es zu wollen. Jesus hat das sofort gespürt.

Komm mit Mir, Ich will dir ein Geheimnis sagen. Vassula, weißt du, warum Ich dich liebe?

Ja, Du hast es mir schon gesagt.

Es gibt noch einen anderen Grund. Ich liebe dich, weil du Meine Kinder liebst. Komm doch näher zu Mir. Wirst du Mir erlauben, näher in dein Herz einzudringen?

Ja, Jesus.

Du machst Mich so glücklich, denn Ich weiß, daß Ich in dir ausruhen kann. Verleugne Mich nicht mehr, denn Ich habe nur einen Wunsch: in die Herzen einzudringen.

Du wirst wahrscheinlich Flecken darin finden.

Ich fühlte mich »beschämt« bei diesen Worten.

Alle Unreinheiten, die Ich darin finde, werde Ich waschen. Geliebte, Mein Blut wird dich reinigen.

1.2.1987

Vassula, Ich bin es, Jesus Christus. Ich liebe dich. Ich bin Liebe, Liebe, Liebe. Mein Herz ist ein Abgrund von Liebe. Die Art und Weise, mit der Ich dich führe, ist dir angepaßt. Betrachte dich wie ein kleines Kind, das seine ersten Schritte macht. Niemand erwartet von einem ganz Kleinen, daß es mit Vertrauen und Sicherheit geht. Meine Belehrungen sind für eine Anfängerin. Ich belehre dich schrittweise und Ich segne jeden Schritt, den du mit Mir machst. Ich bin dein Vater, der dir hilft und dich lehrt, mit Mir zu gehen, Mein Kind. Das ist Meine Antwort auf deinen Gedanken. Ich liebe euch alle auf dieselbe Weise.

Du sprichst von besonders auserwählten Seelen!

Bist du nicht eine auserwählte Seele? Ich liebe euch alle. Meine Tochter, Ich habe so sehr danach geseufzt, dich neben Mir zu haben. Wie habe Ich geseufzt, damit du Mich liebst, genau wie Ich geseufzt habe, damit alle Meine geliebten Kinder Mich lieben. Ich rufe sie. Ich verbringe Tag und Nacht hinter ihren Türen und warte und hoffe auf eine Antwort. Ich beobachte sie ohne Unterlaß. Meine Augen verlassen sie nie. Voll Kummer schaue Ich sie an. Wenn sie wüßten, in welchem Zustand der Armut sich ihre Seele befindet! Wenn sie nur wüßten, wie sie ihrer Seele schaden und sie verwunden!

Ich bin neben euch. Ich rufe euch zu, zu Mir zu kommen. Fürchtet euch nicht. Kommt zu Mir, arme Seelen, kommt Mir entgegen und lernt euren liebenden Vater kennen. Er selbst wird euch nähren mit Seinem eigenen Leib, Er wird euren Durst stillen mit Seinem eigenen Blut (vgl. Joh 6, 48-51). **Er wird euch heilen, wenn ihr krank seid. Er wird euch trösten, wenn ihr betrübt seid. Er wird euch mit Seiner Liebe umgeben und wird euch erwärmen, wenn ihr kalt seid. Weist Mich nicht zurück. Ich bin Liebe und Ich liebe euch trotz eurer Bosheit. Ich sage, daß Ich euch sogar liebe, wenn ihr Mich verachtet. Ich bin ein Gott voll Mitleid, immer bereit, euch aufzunehmen und euch in Meinem Herzen leben zu lassen. Meine Tochter, wie bin Ich traurig, wenn Ich sie einschlafen sehe, während sie langsam aber stetig in die abscheulichen Tiefen der Sünde hinabgleiten. Wenn sie nur ahnen könnten, in welchen Zustand ihre Missetaten ihre Seele versetzen!**

Ich sage euch: Euer Leben auf Erden ist nur ein vorübergehender Schatten, aber euer Leben im Himmel wird ewig dauern. Dort werdet ihr ewig bei eurem Schöpfer in Seiner Herrlichkeit leben. Ich will euch daran erinnern, daß ihr Seine eigenen Kinder seid. Vassula, Ich werde in Meiner nächsten Botschaft alle rufen, auch jene, die Mich verfolgen und Meinen Namen beschmutzen.

Ja, Herr.

2.2.1987

O Meine Tochter, alles, was Ich von euch verlange, ist Liebe. Mein Vater hat euch aus Liebe erschaffen. Er hat euch Seinen einzigen Sohn aus Liebe geschenkt. Ich habe für euch gelitten und Ich bin am Kreuz aus Liebe

*gestorben. Ich habe euch vom Tod errettet aus Liebe. Warum denn,
warum hassen und verfolgen Mich einige von euch? Haßt ihr Mich wegen
Meiner Gesetze? Hindere Ich euch daran, frei zu sein und zu rebellieren?
Vielleicht habt ihr nicht von Mir gehört, weil niemand da war, um euch
zu belehren? Habt ihr darum eure eigenen Gesetze in den Vordergrund
gestellt? Habt ihr darum so sehnsüchtig nach den Gütern und den Vergnügungen der Welt verlangt und seid euren eigenen Neigungen nachge-
gangen?*

*Kinder, Geliebte, das ist der Anfang eures Hasses gegen Mich: weil ihr
Mich nicht kennt. Kommt Mir doch entgegen. Ich bin Liebe, glaubt Mir.
Wenn ihr sagt, daß ihr Mich nicht kennt, dann sage Ich euch, daß Ich
euch vor eurer Geburt kannte und daß Ich euch geweiht habe. Wenn ihr
Mir sagt, daß ihr Mich haßt, dann sage Ich euch, daß Ich euch liebe.
Wenn ihr gesündigt habt, habe Ich euch verziehen. Wenn ihr Meinen
Namen entweiht habt, habe Ich über euch Meine Barmherzigkeit offen-
bart. Wenn ihr Mich verletzt habt, liebe Ich euch immer noch und lade
euch ein, Mein Reich im Himmel mit Mir zu teilen. Wenn ihr umkehrt,
verzeihe Ich euch vollständig.*

*Vassula, Ich liebe dich. Ruh dich aus. Ich werde später mit dem Diktieren
fortfahren.*

Später.

*Ich bin da. Ich bin es, Jesus Christus. Erlaube Mir, dir Meine Worte zu
diktieren, Meine Tochter. Hör Mir jetzt zu und erkenne Mich. Habt ihr
Angst vor Mir, verleugnet ihr Mich, weil Meine Augen durch euch hin-
durchsehen und alles lesen können, was eure Seele getan hat?*

*Habt keine Angst vor Mir, denn Ich habe euch schon verziehen. Mein
Blut ist für euer Heil geflossen. Ich bin Mensch geworden auf Erden, Ich
habe unter den Sündern gelebt, Ich habe die Kranken geheilt und die
Toten auferweckt. Ich habe euch nicht verlassen. Ich bin immer noch
unter euch, um euch zu heilen. Kommt zu Mir, um geheilt zu werden. Ich
werde eure Seelen an Mich ziehen. Ich werde euch lehren, Mich zu lieben
und euch gegenseitig zu lieben. Wenn ihr schwach seid, wird Meine Kraft
euch stützen. Wenn ihr verirrt seid, bin Ich da, um euch den Weg zu zeigen. Mein Gebot ist ein Gebot der Liebe. Befolgt es, und indem ihr es
befolgt, werde Ich eure Herzen öffnen, damit ihr Mich empfangen könnt.
Ich werde euch inspirieren. Ich werde euch lehren zu lieben, zu verzeihen,
heilig zu sein und heilig zu leben. Kommt doch, Meine Geliebten, kommt*

und lernt von Mir. Ich bin Liebe. Ich bin Friede. Ich bin Barmherzigkeit.
Ich bin sanft und demütig. Ich bin Verzeihung. Ich liebe euch alle.

3. 2. 1987

Herr, ich fühle mich leer und kalt wie ein Stein, nicht so wie gewöhnlich.
Vassula, Ich bin es, der deine Zweige beschneidet und dir Kraft gibt. Ich
bin dein treuer Beschützer. Wenn Ich dich beschneide, stärke Ich dich,
damit du zahlreiche Früchte bringst.

4. 2. 1987

Mein kleines Kind, weißt du, warum Ich dich liebe? Noch ein Grund:
Weil du Meine Blume bist, die es Mir erlaubt, dich zu beschneiden, und
es Mir ermöglicht, dich zu nähren und Mein Licht über dich leuchten zu
lassen. Ich helfe dir zu wachsen, damit du die Früchte des Friedens und
der Liebe hervorbringst. Ich bin dein Herr und Meister.

5. 2. 1987

Geliebte, Ich bin Jesus, und Meine Botschaften für die Kirche kommen
von Mir. Ich habe dich genährt, Ich bilde dich, Meine Tochter, erfülle
Mein Wort. Ich bin gekommen, um dich vom Teufel zu befreien, damit
du in Meinem Lichte seiest, denn du wirst Meine Botin sein. Ich werde
dir Kraft geben. Ich bin immer an deiner Seite, zweifle nie daran.
Meine Unfähigkeit ist groß, und ich habe Angst vor den kommenden Ereignissen.
Du hast nichts zu befürchten, denn Meine Macht wird dich umgeben und
wird dir so Meine Kraft verleihen, um über Meine Feinde hinwegzuschrei-
ten. Sei auf der Hut, denn viele werden versuchen, dich zu entmutigen.
Sie werden sagen, daß diese Botschaften nicht von Mir sind. Ich weiß, wie
klein und schwach du bist, bleibe deshalb neben Mir und laß dich durch
Meine Weisheit führen. Alle Autorität wird von Mir kommen. Begreife,
daß die Weisheit von Mir kommt. Wer Augen hat zu sehen, der sehe. Wer
ein Herz hat, der begreife, daß Ich, Jesus, es bin, der spricht. Ich habe
euch nie verlassen. Ich gebe euch Meine Weisheit, um Mein Wort wieder-
herzustellen. Ich komme, um alle an Meine Liebe zu euch zu erinnern und
um euch alle zu segnen. Ich will euch nicht verirrt sehen.

Wehe dem Unvorsichtigen! Reinigt euch, denn die Zeit ist nahe. Hört auf Meine Worte, denn wenn ihr tut, was ich verlange, werde Ich euch verzeihen. Ich führe euch, damit ihr im Frieden und in der Liebe lebt, denn Ich bin ein Gott des Friedens und der Liebe. Lebt heilig. Betet, um Verzeihung zu erlangen, und Ich werde euch segnen. Ihr seid alle Meine Kinder, die Ich aus Liebe erschaffen habe. Kommt und prägt Meine Worte in euer Herz ein, denn Ich bin es, der euch führt.

Herr, ich bin ohne Zuflucht und ich weiß nichts. Ich sehe nur einen gewaltigen Berg vor mir.

Fürchte dich nicht, Vassula, denn du bist nicht die erste unfähige Botin, die Ich erzogen habe, indem Ich ihr Mein Wort gab. Glaube Mir, vertrau Mir, und Ich werde dich führen.

9. 2. 1987

Der Friede sei mit dir! Ich liebe dich, Mein Kind. Ich habe dich erwählt, in erster Linie, weil Ich es wollte, aber auch, weil du so schwach bist.

Vater, ich liebe Dich sehr!

Ich weiß es, und Ich liebe dich auch, Meine Tochter. Hör Mir zu: Bevor du Mich liebtest, warst du da auch so glücklich wie jetzt?

Nein, niemals.

Liebe Mich, Vassula. Ich habe dich gelehrt, Mich zu lieben. Bist du bereit, Fortschritte zu machen?

Ja, um Dich verherrlichen zu können. Ich will alles tun, was Du von mir verlangst, denn ich will, daß du verherrlicht wirst.

Vassula, Ich werde dir helfen, Fortschritte zu machen. Ich möchte dich vor den Teufeln warnen. Sie hassen dich und stellen dir ohne Unterlaß Fallen. Ich bin neben dir und behüte dich, hab also keine Angst. Vassula, Ich liebe dich, Ich liebe alle Meine Kinder. Meine Liebe ist wie eine verzehrende Flamme, die beständig brennt! Meine Liebe ist eine eifersüchtige Liebe. Mich dürstet nach Liebe. Fürchte dich nicht, denn Ich spreche von der Liebe, Mein kleines Kind. Ich trage dich, und deine Kleinheit ist Meine Wonne. Mein kleines Kind, durch deine Gebrechlichkeit hindurch werde Ich Meinen Ruf nach Frieden und Liebe offenbaren. Ich werde dich mit Meinen Worten erfüllen. Ich werde dir Meine Offenbarungen eingeben. Mein kleines Kind, klammere dich an Mich, vertrau Mir, liebe Mich mit Eifer. Verkünde ihnen die Liebe, die Ich für sie habe.

10. 2. 1987

Vassula, Ich bin es, Jesus Christus. Ich bin mit dir, Geliebte. Weißt du, daß Ich dich durch das Fegefeuer führe?

Gott setzt meine Seele dem Fegefeuer aus. Es ist ein göttliches Werk.

Fürchte dich nicht, Mein Licht ist über dir und schützt dich vor dem Teufel (wenn Satan sich dreinmischt und mich angreift, um dieses Werk aufzuhalten).

Indem Ich deine Seele dem Fegefeuer aussetze, werden viele Seelen geheilt. Ich habe dich gelehrt, Mich zu lieben. Deine Liebe zu Mir heilt die Seelen. Ich benutze deine Liebe wie ein Heilmittel, um sie zu heilen. Heile sie, Vassula, heile sie. Du trägst Mein Kreuz mit Mir. Diese Werke sind göttliche Werke, die Mein Vater dir offenbart. Viele göttliche Werke sind noch verborgen und sind nur Geheimnisse für euch.

Viele werden das nicht annehmen, Jesus! Sie werden es meiner Einbildung zuschreiben.

Vassula, wieviele unter ihnen haben die Werke Meines Vaters auf Erden ganz begriffen? Einige Werke werden nicht verstanden und sind immer Geheimnisse.

Wie werden sie dann verstehen, was göttlich ist?

Vassula, die ganze Weisheit wird nur den Kindern gegeben. Mein Vater hat Freude an den Kindern. Sei glücklich, Meine Tochter, und preise Meinen Vater, denn Er ist gut zu dir. Meine Tochter, sei Meine Botin und verherrliche Ihn. Beunruhige dich nicht, Ich leite dich. Arbeite also auf diesem Weg, Ich bin dein Lehrmeister. Ich werde fortfahren dich zu bilden, Geliebte. Ich bilde dich, ebenso bilde Ich Meine anderen Kinder. Geh in Frieden und erinnere dich daran, daß du von Mir geleitet wirst. Hör Mir zu, Ich liebe dich und Ich will, daß du mit Mir bist. Vassula, Ich bin glücklich, daß dein Glaube zugenommen hat. Reinige dich, indem du Mich ißt und trinkst.

Ich werde es tun, Jesus, ich werde kommunizieren gehen.

Komm zu Mir, Meine ganze Liebe bedeckt dich. Ich liebe dich, Mein Kind.

Jesus, ich liebe dich, und ich werde für Dich kämpfen.

Du wirst im Frieden für den Frieden arbeiten. Erfüll Mich mit Freude, indem du so nahe wie möglich bei Mir bleibst. Ich liebe dich. Geh in Frieden.

11.2.1987

Vassula, Ich bin es, Jesus Christus. Meine Tochter, deine Leiden werden Meine Leiden sein und Meine Leiden die deinen. Du wirst alles mit Mir teilen, ja, sogar die Leiden. Ich werde neben dir sein, um dich zu trösten, wenn du Mich brauchst. Meinerseits will auch Ich getröstet werden, wenn Ich leide.

Jesus, Du brauchst wahrhaftig niemanden, und mich noch viel weniger.

Gewiß, Ich brauche niemanden. Ich genüge Mir. Aber teile Ich nicht alles, was Ich habe, mit dir? Ich bin dein Erlöser, derjenige, der dich heilt, dein Vater, dein Bräutigam. Ich bin dein Gott, der dich nie verlassen wird.

Ich spürte Seine Nähe. Er streichelte mir den Kopf. Ich sagte zu Ihm, daß meine Seele nach Ihm seufzt. Er hat mich getröstet und sagte mir, daß Er kommen werde, um mich zu befreien, sobald Er Seine Werke verrichtet habe.

Am Abend erwarteten wir Leute zum Essen. Ich hielt sechs Gläser in den Händen, um sie in den ersten Stock hinaufzutragen. Dem Aufgang zustrebend erblickte ich plötzlich in Höhe des ersten Treppenabsatzes ein großes dunkles Kreuz mit Jesus, dem Gekreuzigten. Er stöhnte in Seiner Todesangst. Er war zerschlagen und ganz mit Blut bedeckt. Sollte ich vorbeigehen? Ich wußte nicht, was ich machen sollte. Da hörte ich Jesus rufen: „O hilf Mir, Vassula, komm zu Mir." Ich habe die Gläser auf den Tisch gestellt und mein Heft geholt. Jesus hat geschrieben:

Mein Todeskampf ist unermeßlich, Meine Leiden sind zahlreich, willst du Mir nicht helfen? Ich bin für dich gestorben. Ich bin an Mein Kreuz geheftet und Ich kann nicht zu dir kommen, komm du deshalb zu Mir, Ich will dich näher bei Mir haben. O Vassula, wie sehr liebe Ich euch alle! Heile Meine Kinder, rufe sie, bringe sie dazu, Mich zu lieben. Sei gesegnet, sei neben Mir. Ich liebe dich.

Ich war erschüttert durch all das, was sich innerhalb einiger Sekunden zugetragen hatte und ich bemerkte, daß ich mit Schweiß bedeckt war.

Vassula, Ich, Jesus, Ich leide und du hast Mein Kreuz und Mich am Kreuz sehr wohl erkannt. Ich will, daß du Meinen Todeskampf nachempfindest. Leide mit Mir, Meine Tochter, und Ich werde dich Mein durchstochenes Herz fühlen lassen, das durch die Lanze und durch so viele geliebte Seelen verwundet wurde. Ich liebe dich.

Wirst du Mich verleugnen? Mich, der Ich gelitten habe und gestorben bin für dich? Wird dein Herz den Mut haben, Mir zu widerstehen? Ich habe aus Liebe gelitten, Ich habe dich gerufen aus Liebe. Ich habe dich gesegnet, Ich habe dich genährt. Nun, da Ich dich erwählt habe, erwarte Ich jetzt von dir, daß du Mich tröstest und Mich glühend liebst. Ich erwarte von dir eine Antwort. Vassula, fürchte dich nicht, schenk dich Mir ganz. Ja, ergib dich ganz, indem du dich Mir vollständig übergibst. Laß Mich frei mit dir machen, was Ich will.

Ich habe ja schon angenommen, für Dich zu arbeiten, Du kannst also jetzt mit mir machen, was Du willst, Herr.

Ja, ergib dich. Ich liebe dich. Es gefällt mir, von dir zu hören, daß du dich ergibst. Weise Mich nie zurück, denn Meine Liebe zu dir ist ohne Grenzen. Ich werde Meine Belehrungen fortsetzen, indem Ich dir ein Geheimnis verrate. Vassula, nimm dein Heft. Fürchte nichts, denn Meine Lehren kommen von der Weisheit. Nicht alle Geheimnisse sind schon enthüllt worden. Alle Werke sind jenen gegeben, die es verstehen, Mich zu lieben.

Ich habe mein Heft genommen, und Jesus hat mir ein Geheimnis enthüllt. (Es war das dritte Geheimnis.) Dann hat Er mir gesagt: „Ich werde dir später noch viele verborgene Geheimnisse offenbaren."

Jeder Tag, der vergeht, bringt dich näher zu Mir.

Was bedeutet das?

Das heißt, daß Ich bald mit dir sein werde.

Der Tod erschreckt mich gar nicht.

12.2.1987

Allmächtiger Gott, ich will nicht eitel werden und mein persönliches Interesse suchen. Ich bitte Dich, mir zu helfen! Ich will ein Nichts bleiben, ich will einfach bleiben und Dir alle Ehre erweisen!

Vassula, Ich liebe dich. Alle Autorität kommt von Mir, Mein kleines Kind. Ich werde dir immer deine Kleinheit vor Augen halten. Ich werde dir zu verstehen geben, wie Ich wirke. Besitze den Frieden, Vassula. Ich werde bald mit dir sein.

Ich fühlte mich erleichtert beim Gedanken, daß Gott mich immer an mein Nichts erinnern würde ... Ich habe einen schrecklichen Tag erlebt mit ständigen Zweifeln: Das alles ist ganz unmöglich, alles erscheint unwahrscheinlich!

Und doch habe ich Gott gehört, der mich rief. Ich empfand plötzlich, daß ich das elendeste aller Geschöpfe war. — Was geschieht wirklich?

Vassula, hast du vergessen, wie du noch vor einem Jahr warst? Meine Geliebte, laß Mich dich daran erinnern: Als Ich unter den Toten vorbeiging (die geistig Toten), *habe Ich dich unter den Bösen gesehen. Sie hielten dich fest, sie quälten dich. Ich habe dich da gesehen, allein, kämpfend, dem Tod ganz nahe. Ich hatte so großes Mitleid mit dir. Plötzlich hast du dich Meiner früheren Werke erinnert und du hast verstanden, daß Ich deine Zuflucht bin. Deshalb habe Ich deine flehentliche Bitte von der Erde her gehört. Meine Tochter, Ich habe dich immer geliebt, aber du hattest Mich vergessen. Ich sehnte Mich danach, von dir geliebt zu werden und dich zu hören, Mich »Vater« zu nennen. Wieviele Jahre habe Ich hinter deiner Tür gewartet, bis du Mich eines Tages hören würdest ... Ich war ganz nahe, ja, Ich war dir so nahe. Da hat Mein Herz deiner Bitte nicht widerstehen können. Ich bin gekommen, von Freude erfüllt.*

Endlich hast du Mich gerufen! Ich habe dich aufgehoben und an Meine Brust gedrückt, Meine Tochter, und Ich habe deine Wunden geheilt. Ich habe dich gelehrt, Mich zu lieben. Ich habe dich gelehrt, Mich aufzunehmen, indem Ich dich erhob. Ich habe über dir Mein Licht leuchten lassen. Meine Blume, verzweifle nicht. Nach und nach werde Ich dich lehren mit Worten, die du verstehst. Du fragst Mich, warum ein Teil Meiner Botschaft vor deiner »Bildung« geschrieben wurde. Ich werde auf deine Frage antworten, wenn du auf Meine Frage geantwortet hast: Weißt du, welchen Wert eine einzige Seele für Mich hat?

Ich weiß, daß die Seelen einen großen Wert haben, aber welchen genau, das weiß ich nicht, mein Gott.

Ich will dir nun sagen, welchen Wert die Seelen für Mich haben, um deine Frage zu beantworten. Eine Seele hat einen solchen Wert, daß ein Teil dieser Botschaft (eine Arbeit von sechs Monaten) *geschrieben wurde für nur eine einzige Seele* (eine bestimmte Person in Bangladesh), *für die sich später — wegen deiner Abreise — keine andere Gelegenheit mehr ergeben hätte. Verstehst du jetzt?*

Ich verstehe und ich weiß auch, von wem Du sprichst.

Ich liebe dich, Meine Tochter. Zweifle nicht im geringsten, daß diese Offenbarung von Mir kommt. Ich werde dich immer daran erinnern, wer dich aus deinem Schlaf aufgeweckt hat. Ich liebe dich. Sei Meiner Liebe immer gewiß. Arbeite im Frieden und vergiß Mich nicht.

13.2.1987

Der Friede sei mit dir! Ich bin da. Ich bin es, Jesus, der dich führt, hab keine Angst. Vereinige dich mit Mir, Vassula. Alles, was Ich von dir will, ist Liebe.

Ich bin beunruhigt wegen der Botschaften. Ich fühle mich verantwortlich. Ich weiß nicht recht, wie ich arbeiten muß.

Ich genüge Mir selbst, und Ich bin imstande, allen Meinen Kindern zu Hilfe zu kommen ohne deine Unterstützung. Aber wie ein Bräutigam will Ich alles teilen. Beunruhige dich nicht, denn Ich bin die Kraft, Geliebte. Stütze dich auf Mich und laß Mich dich führen. Erinnere dich, daß Ich dir Kraft gebe, Mir zu begegnen. Ich verlange von dir, daß du Mich treu liebst. Liebe Mich glühend.

Tröste Mich, wenn Ich Tröstung von dir verlange, denn viele von euch verletzen Mich. Jeden Tag werden so viele Sünden begangen, die Meine Seele betrüben, Mich mit Bitterkeit tränken und Meinen Kelch mit Schmerzen füllen. Wie haben sie Mich vergessen! Vassula, wenn ein Bräutigam sich traurig fühlt, an wen wird er sich wenden, um Trost zu finden, wenn nicht an seine Braut, die ihn liebt?

Ich werde Dich trösten, wenn ich es kann, aber wie soll ich es anstellen? Ich bin so unwürdig, ich weiß es. Ich beleidige Dich, wahrscheinlich ohne es zu wollen, da ich unfähig bin und eingeschüchtert, um mit Dir zu reden, und dazu ganz und gar unwürdig!

Ich weiß, daß alles, was du gesagt hast, der Wahrheit entspricht. Aber habe Ich dich nicht erwählt, obwohl Ich deine Schwachheiten kannte? Ich liebe dich, Vassula. Alles, was Ich von dir verlange, ist eine Antwort auf Meine Liebe.

Ich liebe Dich sehr. Du bist ständig in meinen Gedanken. Ich lebe für Dich. Ich liebe Dich. Ich kann nicht ermessen, wie sehr ich Dich liebe, aber Du kannst es. Ich kann Dich nur bitten, mich zu lehren, Dich noch mehr zu lieben, damit es eine Dimension erreiche ohne Maß.

Geliebte, neige deinen Kopf zu Mir, damit Ich dich mit Reinheit salbe, damit du eine Meiner Blumen werdest, die gesättigt wurden, nachdem sie von Mir ganz aufgesaugt worden sind. Komm, Ich werde dich nähren. Du wirst aus Meiner Hand essen. Ich werde dich lehren, Mich noch mehr zu lieben.

14. 2. 1987

Nachdem ich das Gebet des hl. Bernhard (»Gedenke, o gütigste Jungfrau Maria«) zur Gottesmutter gebetet hatte.

Maria: Die ganze Offenbarung kommt von Gott. Vassula, kannst du mich hören? Hör mir zu. Ich bin es, Maria, die heilige Jungfrau. Fürchte mich nicht. Ich kenne deine Schwierigkeiten: Du fragst dich, ob das alles wahr ist, aber ich bitte dich, auf Gott zu vertrauen. Vermehre deinen Glauben. Er wirkt in dir, mein Kind. Zögere nicht, dich zu unterwerfen. Überlaß dich Seinen Händen und tu, was Er von dir verlangt. Ich bin bei dir und helfe dir. Sei im Frieden, denn Er führt dich. Vassula, Jesus bildet dich, damit du stark wirst, damit du der Versuchung widerstehen kannst. Er nährt dich, indem Er dir alles gibt, was dir fehlt. Erinnere dich, meine Tochter: Die Weisheit hat dich erhoben, begreife wohl den Grund.

Das alles ist nicht nur für mich allein. Das gilt auch für andere!

Maria: Ja, du bist in Ausbildung, um die Botin Gottes zu sein.

Ich weiß nicht, wie ich die Botin Gottes bin.

Maria: Gott hat dir gepredigt und Er hat dich gelehrt, Ihn zu lieben. Vertraue Ihm, denn Seine Gnadenschätze sind unzählig und Seine Barmherzigkeit ist unergründlich. Er liebt dich mit einer unaussprechlichen Zärtlichkeit. Er wacht über dich mit Augen voll Liebe. Jedes göttliche Wort lebt ewig.

Ich muß lernen, mehr zu lieben.

Maria: Ich werde dich lehren. Hab Frieden.

Später.

Vassula, Ich bin es, Jesus. Ich gebe dir Kraft, um Mir zu begegnen. Mach Fortschritte mit Mir, denn Ich werde Meine Worte befestigen, damit viele sie lesen und Nutzen daraus ziehen können. Meine Tochter, wenn diese Offenbarung feststeht, werde Ich deine Begegnung mit Mir vorbereiten. Ich sehne Mich danach, dich neben Mir zu haben. Vassula, schau Mich an.

Ich habe in das Antlitz Jesu geschaut. Er hat mich direkt angeschaut.

Bist du glücklich, Mir so zu begegnen?

Ja, sehr glücklich. Ich verdiene dieses Charisma gar nicht.

Nimm es an. Nimm an, was Ich dir gebe, Ich gebe sogar den elendesten Seelen. Vassula, hast du gehört, daß Ich die Weisheit einfachen Kindern gebe und nicht den Gelehrten und Tüchtigen?

Ja, ich habe davon gehört. Warum das?

Ich habe unwürdige Seelen auserwählt, um sie zu bilden, solche, die wenig oder fast nichts wissen. Ich werde für dich Sorge tragen, Vassula, denn Ich bin reich. Mit Mir wird dir nichts fehlen. Ich liebe dich! Kannst du begreifen, warum du Mich glücklich machst, jedesmal, wenn wir uns begegnen? Ich bin glücklich, dich endlich bei Mir zu haben. Sollte ein Vater sich nicht freuen, sein verlorenes Kind wiedergefunden zu haben? Du warst verirrt, weit weg von Mir, und Ich habe dich gesucht und habe dich wiedergefunden. Wie sollte Ich also Mich nicht freuen, dich neben Mir zu haben? Vassula, bei Mir wirst du lernen. Ich werde dich alle Tugenden lehren, um dir zu ermöglichen, Mich zu verherrlichen. Mein Kind, lerne, den Tau der Tugend aufzunehmen, lerne Mich zu verherrlichen, lerne Weisheit. Ich liebe dich. Geh jetzt in Frieden und rufe Mich, so oft du es wünschest. Wir wollen miteinander beten.

Wir haben gebetet.

Sei jetzt Meine Gefährtin und bewahre Mich in deinem Herzen.

15. 2. 1987

Ich liebe dich, aber es ist möglich, daß ich Dich nicht so liebe, wie ich sollte. Ich weiß nicht, was recht und was falsch ist. Ich bete Dich an.

Vassula, Ich will, daß du Mich ohne Einschränkung liebst. Ich bin dein Vater, der dich innigst liebt. Komm näher zu Mir und liebe Mich innig. Ich will ganz vertraulich mit dir sein. Hab keine Angst, Ich will deine ganze Liebe. Vassula, Ich will, daß du heute Reue zeigst.

Muß ich vor Dir Reue zeigen, jetzt?

Ja, sei reuig, Ich höre zu.

Ich habe es getan.

Ja, Meine Tochter, Ich verzeihe dir all deine Sünden, denn sie sind zahlreich. Vassula, weißt du, daß Ich Meine Priester gelehrt habe, Reue zu erwecken? Das sind Meine Weisungen. Ich habe Meinen Priestern die Vollmacht gegeben, die Beichten Meiner Kinder zu hören. — Kind, Ich habe das geschrieben.

An dieser Stelle hatte ich das Wort »Beichten« ausradieren wollen, denn ich war gegen die Beichten. Gott hat meine Hand blockiert.

Vassula, verweigere Mir nichts. Ich werde viel von dir verlangen. Bist du bereit, deinem Gott und Erlöser zu folgen?

Ja, vorausgesetzt, daß ich erkenne, daß es von Dir kommt. Ich werde Dir folgen, denn ich liebe Dich.

Vassula, hab nie Angst vor Mir, vertrau Mir. Ich bereite dich auf größere Prüfungen vor. Bist du bereit, Mir zu folgen?

Mit Deiner Hilfe wird es mir gelingen.

Hab keine Angst, denn Ich bin bei dir, um dich zu unterstützen. Meine Tochter, übergib dich ganz in Meine Hände, laß Mich dich gebrauchen, Geliebte, um Seelen zu heilen. Laß dich mit Ketten der Liebe an Mich binden. Laß Mich spüren, daß du ganz Mir gehörst. Laß Mich dich besitzen, Mich, der Ich dein Schöpfer bin. Ich habe nach deiner Liebe geseufzt, laß jetzt Meine Liebe entflammen. Sei ganz Mein. Ich habe für dich geseufzt, Ich seufze für dich noch. Seufzt du nie für Mich, Vassula?

Sicher, es sei denn, ich bilde es mir ein.

Geliebte Vassula, indem du dich Mir schenkst, verherrlichst du Mich, und gleichzeitig wirst du rein. Nun binde Ich dich an Mich. Ich, Gott, der Allerhöchste, werde mit dir sein bis ans Ende. In Wahrheit sage Ich dir, daß Ich dich erwählt habe, obwohl Ich wußte, daß du ein Nichts bist, ohne Mittel, elend und eine Sünderin. Aber trotz all deiner Fehler liebe Ich dich. Ja, Ich liebe euch alle, trotz eurer Missetaten.

Herr, hast Du mich jetzt an Dich gebunden?

Ja, Ich hab es getan. Ich liebe dich. Es geschah aus Liebe, Ich will dich immer bei Mir haben. Geliebte, hör Mir zu: Meine Fesseln sind Fesseln der Liebe, Fesseln der Reinheit. Ich liebe dich. Meine Kinder sollen begreifen, wie sehr Ich sie lieben kann. Meine Milde ist ohne Grenzen. Meine Liebe ist eine verzehrende Flamme, die jedes Herz, das Mich aufnimmt, entzündet. Meine Tochter, geh nun und erinnere dich, daß Ich dich führe. Erinnere dich daran, wer dich gereinigt hat.

Ich zögerte, denn ich verstand nicht ...

Hast du vergessen? Habe Ich dich nicht selber gesalbt?

Gewiß, Herr.

Vassula, Ich selber habe dir Mein Brot und Meinen Wein gereicht. Erinnere dich, daß Ich den Moment gewählt habe für dich, um dich zu reinigen, Mein Kind.

Das ist wahr: In der Kirche habe ich Jesus ganz klar im Tabernakel erkannt, wie Er mit den anderen sang. Er selber hat mir das Brot und den Wein gereicht.

Liebe Mich, wir wollen miteinander arbeiten.

Das erinnert mich daran, wie ich zum ersten Mal in dieser Kirche kommunizierte. Ich war bei Pater Karl, einem Priester. Gott hatte mich zu ihm geschickt, um zu kommunizieren. Pater Karl war nicht sicher, ob er mir in diesem Fall die Kommunion geben könne, ohne die nötige Vorbereitung. Er hat mir dann vorgeschlagen, innerlich zu beten, damit Gott ihm eingebe, wie er sich zu verhalten habe. Meine Hand hat dann geschrieben: „I will", was bedeutet: „Ich selber werde es tun!"

Gott wollte mir also ausnahmsweise selber — und nicht durch den Priester — die Beichte abnehmen, und zwar in vier Tagen. Pater Karl sagte, daß ich danach, zum Empfang der hl. Kommunion, wiederkommen dürfe. Da ich nicht recht wußte, wie ich beichten sollte, erklärte es mir Gott selber. Ich tat alles so, wie es mir aufgetragen war. Am Tag nach der Beichte bin ich zu Pater Karl zurückgekehrt, der mir dann die hl. Kommunion gereicht hat.

16.2.1987

Ich beginne zu begreifen, daß ich ohne Gott nicht leben kann. Ich glaube, Er hat mich wirklich an Sich gebunden.

Ich bin Gott, Mein Kind. Ich bin es, wende dich Mir zu. Ich liebe dich, und wegen der großen Liebe, die Ich zu dir habe, gehörst du Mir. Hab keine Angst, Mein Kind, hör Mir zu. Wegen der unersättlichen Liebe, die Ich für dich empfinde, binde Ich dich an Mich. Stütze dich auf Mich, Vassula!

Du liebst uns also so sehr?

O Meine Tochter, hast du Meine Liebe nicht verspürt?

Ja, natürlich, und das ist unglaublich!

Meine Liebe zu dir will dich verzehren. Ich fühle Mich verherrlicht, wenn Ich fühle, wie du mit Mir verbunden bist. Meinerseits ist Meine Liebe unerschöpflich, und Ich werde Mich nie von dir trennen. Aber Ich habe Mich vorgesehen, damit auch du dich nie von Mir trennen wirst. Ich habe unsere Verbindung abgesichert, siehst du? Ich freue Mich über Meinen Triumph. Ich habe gewünscht, daß wir für immer verbunden bleiben, denn du brauchst Mich, du liebst Mich und du bist für immer an Mich gebunden. Und Ich bin an dich gebunden und du erlaubst Mir, dich ohne Einschränkung zu lieben und über dich zu herrschen. Ich, der Ich dich erwählt und als erster die Augen auf dich gerichtet habe, und dich mit Meinem Geist erfüllt habe, Ich habe dies gewollt, denn Ich, Vassula, bin dein Gott, der dich erhoben hat. Ich habe Mich versichert, daß die Fesseln, die dich an Mich binden, auf ewig bleiben. Du wirst dich nicht mehr von Mir lösen können, denn Ich bin der Allerhöchste.

Das ist ja schrecklich, auch wenn ich Dich liebe, Herr! Deine Macht und Deine Weisheit sind groß!

Warum, Vassula? Was hast du zu befürchten? Bin Ich nicht der Lehrmeister der Liebe? Ich werde Mich um dich kümmern. Ich werde dich beruhigen, wenn du leidest. Ich werde dich mit Meinen Segnungen einhüllen. Ich werde dir geben, was dir fehlt. Ich bin unendlicher Reichtum. Du hast nichts zu befürchten mit Mir. Ich bin derjenige, der die Grundfesten der Erde zusammenhält. Erlaube Mir, all das zu tun, was Ich mit dir tun will. Ich bin so glücklich, dich bei Mir zu haben, du bist ja so gebrechlich und schwach. Aber Ich weiß auch, daß dein Herz Mir gestatten wird, mit dir das zu tun, was Mir gefällt. Hab keine Angst, denn Ich liebe dich über jede menschliche Erkenntnis. Ich bin Gott. Solltest du es vorher nicht gehört haben, so sage Ich es dir jetzt: Ich bin bekannt für Meine Treue und Mein Wort ist sicher. Mein Kind, Ich habe dich vom Tod ins Leben zurückgeführt, damit Mein Wort geschrieben werde. Ich habe dich erzogen, damit du Meine Botin werdest. Da du Meine Botin sein sollst, mußt du geformt werden. Du mußt lernen, wie Ich fühle, wie Ich wirke und wie Meine Liebe die Herzen entflammt. Wie könntest du es sonst Meinen geliebten Kindern sagen? Komm, fühle Meine Gegenwart, wie Ich es dich gelehrt habe. Ich liebe dich, Mein kleines Kind. Erkenne Mich. Ich will, daß du ganz vertraut zu Mir bist. Vassula, morgen werde Ich dir eine Botschaft diktieren, die Meine Kinder belehren wird, wie man mit Mir sein soll. Geh nun und erfülle deine übrigen Pflichten. Geh in Frieden.

Später.

Vassula, schreibe. Du bist mit Mir vereinigt, du wirst mit Mir arbeiten, mit Mir leiden, du wirst Mir helfen. Ja, Ich werde alles, was Ich habe, mit dir teilen, und du wirst deinerseits dasselbe tun. Vereinigt sein heißt: für immer zusammen sein — denn Meine Bande sind ewige Bande. Meine grenzenlose Liebe bindet dich an Mich für immer. Meine Liebe entflammt sogar die Herzen aus Stein und entzündet sie, indem sie sie verzehrt.

Meine Tochter, Ich habe gesiegt. Du hast nichts zu befürchten. Ich habe dein Herz gewonnen, Geliebte, und Ich habe Mich versichert, daß auch du auf ewig Mir gehören wirst. O Vassula, wie habe Ich Mich danach gesehnt, dich in die Tiefen Meines Herzens zu tauchen, auf daß alle Flammen Meiner Liebe dich verzehren und dich verzückt in Mir, deinem Gott, belassen.

Liebst Du mich so sehr, daß Du das an mir getan hast?

Habe Ich nicht Mein Leben für dich gegeben? Ich habe Mein Leben aus Liebe gegeben. Aus Liebe habe Ich Mich geopfert für dein Heil. Aus Liebe habe ich Mein Blut für dich vergossen.

Warum?

Warum? Hast du vergessen, daß Ich der ganz Treue bin? Indem Ich dich an Mich gebunden habe, bin Ich sicher, daß du auch Mir treu sein wirst. Jetzt, da wir vereint sind, werden wir fortfahren, miteinander zu arbeiten. Ich werde deine Liebe zu Mir gebrauchen, um viele Seelen zu heilen, die im Begriffe sind, von den Flammen Satans verschlungen zu werden. Du und Ich werden diesen Seelen helfen. Alles, was du zu tun hast, ist, Mich inständig zu lieben. Es wird Momente geben, wo Ich kommen werde, um dir Mein Kreuz aufzuladen.

Aber, ich bin nichts!

Vassula, bleibe nichts und laß Mich alles sein, was dir fehlt. Du wirst Mir folgen, wo immer Ich hingehe. Du wirst nie allein sein, jetzt, wo du mit Mir verbunden bist. Wachse im Geist, Vassula, wachse, denn deine Aufgabe ist es, alle Botschaften, die Ich und Mein Vater dir gegeben haben, weiterzugeben. Die Weisheit wird dich unterrichten.

Ja, Vater.

Es ist so schön, wenn ich höre, daß du Mich Vater nennst! Ich habe Mich gefreut, als Ich von deinen Lippen das Wort »Vater« hörte.

17. 2. 1987

Ich wollte »zurückhaltender« sein im Umgang mit Gott, darum vermied ich es, Ihn Vater zu nennen.

Vassula, warum, warum vermeidest du es, Mich Vater zu nennen? Vassula, Ich habe es gern, wenn man Mich Vater nennt. Ich bin der Vater der ganzen Menschheit.

Ich liebe Dich, Vater.

Ich liebe dich auch.

Heft 8

Der Friede sei mit dir! Vassula, du brauchst dich nicht zu beeilen. Lerne, daß Ich mit Ruhe arbeite. Halte dich neben Mir auf. Mein Licht umgibt dich, und wer dir nahekommt, kann dich weder berühren noch verwunden. Mein Licht ist über dir. Deine Liebe zu Mir heilt und rettet viele Seelen, die in Gefahr sind. Vassula, sie sind wie kleine verlassene Kinder, die nicht wissen, wohin sie gehen sollen. Sie fühlen sich verirrt. Wenn Ich bei ihnen bin, nähre Ich sie mit Liebe. Dann kommen einige zu Mir. Du hilfst ihnen, Mich zu lieben und Mir zu folgen. Ich gebrauche dich auf diesem Weg, Vassula.

Muß ich geduldig mit ihnen sein (indem ich viel für sie bete)?

Ja, sei geduldig mit ihnen, denn sie sind von Mir geliebt. Heile sie, liebe sie, Vassula. Ich lehre dich die Weisheit. Die göttlichen Werke kommen von der Weisheit. Verstehe, wenn Ich dich belehre. Komm, stütze dich auf Mich. Willst du jetzt aufhören?

Nein, Jesus, wir fahren fort.

O Meine Tochter, Ich liebe dich, Geliebte. Arbeite mit Mir und verherrliche Mich. Ich liebe deine Kleinheit. Du bist Meine Blume, die gesättigt ist, weil sie Mich ganz aufgesaugt hat. Kind, bleibe in Mir, denn ohne Mich gehst du zugrunde. Ich werde dir alles geben, was du brauchst, bis ans Ende. Laß Mich ganz frei mit dir umgehen, denn Ich kenne deine Bedürfnisse.

Häufige Einmischungen und Beschimpfungen durch die Teufel hatten mich in arge Schwierigkeiten gebracht, so daß ich glaubte, daß ich nicht imstande sein würde, diese Offenbarung aufzunehmen. Manchmal habe ich den Eindruck, daß Gott mich ganz ihnen überlassen hat, wie als Spielzeug. Je mehr die Offenbarung Fortschritte macht, um so heftiger werden die Beschimpfungen der Teufel. Einen Moment glaubte ich, daß Gott mich verlassen habe. Die Beschimpfungen sind die häßlichsten Worte, die man aussprechen kann.

Vassula, werde Ich dich je verlassen? Ich bin der ganz Treue. Hast du Meine Worte vergessen?

Es ist meine Schuld, ich bin schwach.

Gib Mir jetzt deine Schwäche, und Meine Kraft wird sie auflösen. Komm, Ich selber werde dich heiligen. Erinnere dich, daß wir eins sind und daß unsere Bande Bande des Friedens und der Liebe sind.

Diese Fesseln, die deine Handgelenke und deine Füße an die Meinen binden, sind für die Ewigkeit, denn du gehörst Mir, Geliebte. Ich selbst habe dich gereinigt, indem Ich dich mit Mir vereinigte. Ich habe über dich gesiegt. Ich habe gewünscht, daß du Mich liebst. Hab keine Angst, denn Ich bin es, Jesus, der dich hält. Du mußt mit Mir sein und Meine Gegenwart spüren. Alles, was Ich von dir verlange, ist Liebe. Liebst du Mich?

Du weißt, daß ich Dich liebe.

Liebe Mich ohne Maß, schau Mich an, besitze Meinen Frieden. Hast du Mir etwas zu sagen?

Ja, Jesus.

Ich fühlte mich schuldig, weil ich dies Ihm zu sagen hatte:

Jesus, obschon ich gern mit Dir bin und diese Offenbarung erhalte, muß ich doch noch andere Sachen verrichten!

Vassula, glücklich jene, die auf ihre Beschäftigungen verzichten und Mir nachfolgen.

Jesus hat in allem Vorrang.

In der Tat widmest du Mir viel Zeit, um mit Mir zu schreiben, aber laß Mich dir noch etwas anderes sagen. Ich sehe dich auch gern arbeiten und kleinere Aufgaben erfüllen, Aufgaben, die weniger wichtig sind, wenn du sie nur mit Liebe verrichtest. Jede geringe Arbeit, die du verrichtest, sei sie noch so klein und unbedeutend, wird groß in Meinen Augen und ist Mir angenehm, vorausgesetzt, daß diese kleinen Handlungen mit Liebe getan werden. Sei gesegnet.

Für den Abend waren Gäste eingeladen, und ich zählte die Teller, die Servietten, usw... Ich überlegte, ob ich wohl alles auf das Tablett getan hatte. Ich zögerte, und da ich wußte, daß Jesus bei mir war, habe ich Ihn gefragt: „Was brauchen wir noch?" Ohne Zögern gab Er mir zur Antwort: „Vassula, wir brauchen Liebe."

19.2.1987

Vassula, verweigere das Leiden nicht. Alle Meine auserwählten Seelen haben gelitten. Durch das Leiden reinigt sich deine Seele. Wie das Gold sich im Feuer reinigt, so ist es mit der Seele. Dein Leiden ist in der Offenbarung.

Wie das: in der Offenbarung, Jesus?

Wie Ich dir gestatte, Mich jeden Augenblick zu rufen, so gestatte Ich auch, daß die Türen des Bösen offen sind. Die Offenbarung wird keine leichte Aufgabe sein, denn der Böse wird dich bekämpfen, um dich zu entmutigen, indem er dir das falsche Wort eingibt.

Aber, Herr, dann könnte Deine Offenbarung mich irreführen!

Nein, sie wird dich nie in die Irre führen, noch irgend einen anderen. Ich habe dich gelehrt, Mich zu erkennen, Vassula. Ich habe jemanden gewählt, der unfähig ist, eine Sprache zu beherrschen, jemanden, der ganz von Meinen Worten abhängig sein wird. Ich habe dich gelehrt, auf Mich zu hören. Ich übe dein Ohr. Komm, sei geduldig, lerne anzunehmen, lerne von Mir.

Ich begann unruhig zu werden.

Vassula, alles wird vollkommen werden! Schreib: Ich bin es, Jesus ...

Schon wieder Zweifel in mir!

O komm doch! Ich verlange so sehr, dir etwas zu sagen. Mein Himmel ist in dir, weil Ich Mich dort verherrliche und erholt fühle.

Jesus, ich liebe Dich, ja, und sogar sehr. Ich liebe Dich 24 Stunden am Tag. Sogar wenn ich nachts aufwache, bist Du mein erster Gedanke. Wenn ich esse, bist Du es, wenn ich arbeite im Hause, bist Du es. Ich fahre Auto, Du bist es. Ich spiele Tennis, Du bist in meinen Gedanken. Meine Liebe für Dich ist in meinem Blut, da mein Leib mir vor Liebe wehtut. Aber ich kann mir nicht vorstellen, daß Du Dich bei mir erholen kannst und Du Deinen Himmel in mir findest, denn was bin ich? Ein Sandkorn. Ich bin unmöglich! Und wenn Du mir das sagst, fühle ich mich noch schlimmer und beschämt in Deiner Gegenwart.

Alles, was du von dir selbst gesagt hast, ist wahr. Aber Ich liebe dich und Ich finde tatsächlich Erholung in dir. Ich habe dein Herz mit Meinem Blut berieselt und Ich habe es in das Meine gelegt. Ich habe es gereinigt und habe ihm Meinen Frieden und Meine Liebe geschenkt, Vassula, Geliebte. Ich bin zu dir gekommen. Ich habe immer deine Liebe gewollt. Jetzt habe Ich gesiegt. In dir ist Meine Wonne. Liebe Mich ohne Einschränkung, indem du Sühne leistest für jene, die Mich vergessen und die Meine Wunden nur vermehren. Liebe Mich, Vassula, indem du Meine geliebten Seelen heilst. Sei Mein Himmel.

Mein Gott, ich begreife, daß Du es bist, und trotzdem glaube ich nicht, daß ich mir darüber vollständig Rechenschaft gebe! Ich glaube, ich würde in Ohnmacht fallen, wenn ich es wirklich erfassen würde!

Vassula, eines Tages wirst du verstehen, wenn Mein Wort gefestigt sein wird. Vassula, Ich halte immer Mein Wort. Ich komme von oben, der Himmel ist durch Meine Gnade entstanden. Ich werde Mein Wort erfüllen, vertrau Mir, Vassula. Mach dir nicht zuviele Sorgen. Geliebte, sei bei Mir, fühle Mich, liebe Mich, verherrliche Mich. Den Rest laß Mich machen, lebe im Frieden. Ich bilde dich mit Weisheit, erhalte Meine Gnade. Hör nicht auf, Seelen zu heilen. Bist du jetzt glücklich, mit Mir vereinigt zu sein?

Ja, Herr, ich bin sehr glücklich, zu spüren, daß ich mit Dir vereinigt bin. Ich wage übrigens gar nicht, allzu oft daran zu denken!

Warum, Vassula?

Warum? Weil ich Deiner nicht würdig bin.

Vassula, Ich habe Mich immer danach gesehnt, mit Dir vereinigt zu sein und dir ganz vertraulich nahe zu sein. Vergiß jedoch nie, daß Ich dein Gott bin und heilig. Vassula, wirst du noch für Mich arbeiten?

Ich habe Dir meine Einwilligung gegeben. Ja, ich bin entschlossen, für Gott zu arbeiten.

Ich bin Gott. Sei gesegnet.

20.2.1987

Ich habe das Gebet zur heiligen Jungfrau gelesen: das »Gedenke, o gütigste Jungfrau« vom hl. Bernhard.

Maria: Meine Tochter, Jesus führt dich. Fürchte dich nicht, Vassula. Meine Tochter, hör mir zu, ich bin deine heilige Mutter. Ich bin hier zugegen, neben dir. Ich helfe dir. Ich liebe dich. Ich werde dir helfen zu verstehen, wie Jesus wirkt. Beunruhige dich nicht. Jesus hat dich mit Sich vereinigt, freue dich, Vassula! Du mußt mir glauben, wenn ich dir sage, daß deine Seele andere Seelen im Fegefeuer heilt. Vassula, tu, was Jesus von dir verlangt. Er kennt deine Bedürfnisse. Alles, was Er von dir will, ist Liebe. Liebe Ihn ohne Einschränkung. Verherrliche Ihn. Leiste Sühne für jene, die Ihm Bitterkeit bereiten. Rufe Ihn immer, um Ihm zu sagen, daß du Ihn liebst. Verlaß Ihn nicht. Erfülle auch alle übrigen Pflichten mit Liebe, für die Liebe.

Die Akte der Liebe zählen für Ihn am meisten, selbst wenn sie dir klein und unbedeutend erscheinen. Sie haben eine große Bedeutung in Seinen Augen und zählen viel. Folge Ihm und sühne für andere, die Ihn vernachlässigen. Meine Tochter, wenn du jetzt mit Ihm vereint bist, wirst du Sein Kreuz spüren, du wirst Sein Herz fühlen. Er wird von dir verlangen, daß du Seine Gefühle mit Ihm teilst, daß du Ihm hilfst, daß du Ihm Ruhe schenkst, daß du Sein Kreuz mit Ihm teilst. Leide, wenn Er leidet. Freue dich, wenn Er sich freut. Deine Leiden werden die Seinen sein. Unterwirf dich Seinen Wünschen, denn Er ist Gott. Lerne Ihn erkennen. Erinnere dich an alles, was Er dich gelehrt hat, denn Er ist ein liebender Gott, voll Barmherzigkeit. Er liebt euch alle mit einer unaussprechlichen Zärtlichkeit. Er wird von euch nie etwas verlangen, das euch schaden könnte. Er ist sanft und gut. Lerne Ihn erkennen, Vassula. Er wird über dich wachen, Er wird dich vor jedem Unheil beschützen, Er wird dich nie verlassen. Vassula, Mut, meine Tochter. Rufe mich, wenn du es wünschest. Ich liebe dich.

Ich liebe dich auch, Mutter. Lehre mich, dich mehr zu lieben!

Jesus, ich liebe Dich.

Ich bin da, Geliebte, Ich bin es, Jesus.

Ich schenke mich Ihm aufs neue.

Ich liebe dich. Gib mir dein kleines Herz, und Ich will Körner des Friedens und der Liebe hineinstreuen. Ich werde dich so bilden, wie Ich es haben will. Nichts wird umsonst sein. Alles geschieht zur Rettung Meiner Kinder. Hab keine Angst, laß Mich dich führen, Meine Tochter.

21.2.1987

Heute morgen war meine Liebe zu Jesus auf dem Höhepunkt. Ich bekam darum Angst, daß Er mich verläßt, da ich ein Nichts bin in Seinen Augen. Ein Nichts, das Gott liebt, beleidigt ohne Zweifel Seinen heiligen Namen.

O Meine Tochter, Ich liebe dich, sei mit Mir! Ich werde dich nie verlassen! O Mein kleines Kind, es gibt wenige, die Mich so verherrlichen wie du! Vassula, Meine Vassula, Ich kümmere Mich um dich. Wenn Meine Offenbarung vollendet sein wird, werde Ich nicht länger warten. Mein Herz seufzt nach deiner kleinen Seele ... O wie leide Ich selber, dich auf der Erde zu sehen. Ich werde dich zu Mir nehmen, um dich zu befreien und Mein Herz zu erfreuen, denn Ich brenne vor Verlangen, dich wieder bei Mir zu haben. Sei in Meinem Frieden, Ich werde bald mit dir sein. Vassula, willst du Meine nächste Botschaft schriftlich aufnehmen?

Ja, Herr.

Bist du bereit?

Ich bin bereit.

Während einiger Tage war ich dieser Botschaft aus dem Weg gegangen, jetzt aber fühlte ich mich bereit. Jesus hatte mir vor einiger Zeit davon gesprochen.

Liebst du Mich?

Ja, sehr. Du weißt, daß ich Dich liebe.

Wünschest du, daß auch andere Mich lieben?

Ja, das ist jetzt mein Wunsch.

Dann arbeite mit Mir und schreibe alles auf, was Ich dir sage.

Ich wollte Dir nur sagen, daß das alles wie ein Wunder ist, so von Dir geführt zu werden, Herr.

Ich habe es so gewollt, Vassula. Ich habe dich erwählt, um der Welt zu zeigen, daß Ich weder Autorität noch Heiligkeit brauche. Ich habe ein schwaches und sündiges Kind erwählt, das keine Autorität besitzt, das keine wichtigen Leute kennt, um mit Meiner Gnade — eben durch dieses schwache Werkzeug — den Frieden und die Liebe zu offenbaren, die Ich für euch habe.

Ich will Meine Botschaft dieser Welt von Finsternis übermitteln, um so der Welt Meine Liebeserweise zu verkünden, denn Meine Barmherzigkeit ist unaussprechlich und Meine Zuneigung über alle menschliche Erkenntnis. Der Himmel mit seiner ganzen Herrlichkeit herrscht ewig in Frieden und in Liebe, und Ich werde dafür sorgen, daß auch auf Erden der Friede und die Liebe das Böse beherrschen. Mein Friede wird die Erde bedecken wie der Nebel, der sich von den Höhen bis in die Tiefen ausbreitet, von einem Ende der Welt bis zum anderen. Ich komme, um euch allen Meine Botschaft zu verkünden, damit ihr euch von euren schlechten Taten abwendet. Mein Wort wird wie eine Zeder sein, die ihre Zweige wie Arme ausbreitet, um eure Bosheit zu heilen, euer Elend zu nähren und euch vom Unheil zu befreien. Ich komme noch einmal, um diese finstere Welt zu erleuchten, um diese flackernde Flamme, die am Erlöschen ist, neu zu beleben und euch mit Meinem Frieden zu umgeben.

Mein Gedanke war: Mit dieser Generation hat das gar keinen Sinn. Niemand wird bereit sein zu hören.

Ich liebe sie, Vassula. O diese Liebe, die Ich für sie habe! Habe Ich Mich nicht wie ein Lamm geopfert, um sie zu befreien? Ich habe für sie gelitten. Meine Geliebten, ist Mein Blut umsonst geflossen? Ich habe Mein Blut *vergossen, damit eure Sünden darin eingetaucht seien und so gereinigt werden. Ich habe euch in den Strömen Meines Blutes gebadet, um das Böse zu überwinden und euch zu befreien. Ich bin unter euch allen, aber trotzdem begleitet euch Satan, denn er hat Mittel und Wege gefunden, um euch zu verführen und in seinen gottlosen Netzen zu fangen. Ich, Gott, kann euch nicht ins Verderben stürzen lassen; Ich bin da, um euch von seinen Lastern zu befreien. So stehe Ich vor euch, damit ihr wißt, wer euer Erlöser ist. Ich komme noch einmal, mit Meinem Herzen in der Hand, um es euch anzubieten. Werdet ihr es zurückweisen? Werdet ihr Meinen Frieden verweigern? Ich komme, um alle diejenigen zu rufen, die Meine Kinder in ein Blutbad hineinreißen. Ich will, daß sie Meinen Ruf hören, denn Mein Wort wird kommen wie ein Hammer, der den Felsen zertrümmert* (gemeint ist der Fels, der unser Herz gefangenhält; vgl. Jer 23, 29).*

Mein Wort wird in jedes Herz eindringen. Ich frage euch: Habt ihr euren Gott verlassen, oder hat Er nur wenig Bedeutung in euren Augen? Fürchtet ihr Mich nicht? Ich bin eurer hochmütigen Ziele überdrüssig! Ich habe euch die Liebe gelehrt, aber auch die Furcht, denn Ich bin der Allerhöchste. Nun, was habt ihr gemacht? Ihr schaufelt eure eigenen Gräber aus. Weil ihr Körner der Bosheit gesät und sie über die Welt gestreut habt, erntet ihr sie nun und ernährt euch von ihren schlechten Früchten. Lernt, daß Mein ganzes Reich Frieden ist. Meine ganze Schöpfung wurde in Frieden und in Liebe erschaffen.

Meine Augen sind müde, zu sehen, wie ihr euch gegenseitig tötet. Ich mache Mir Sorgen um euch, denn Ich bin euer Vater, der euch liebt. Schaut! Ich komme mit Meiner ganzen Herrschaft, Ich, der Ich euer Gott bin, Ich komme zu euch, um euch Mein Herz anzubieten. Da ist es, nehmt es, es gehört euch ganz. Mein Herz ist gespalten und zerrissen, fühlt es. Es ist eine einzige große Wunde ... Ihr habt das Herz eures Gottes zerrissen, ihr habt es ganz durchbohrt, immer und immer wieder.

Kriegsführer! Muß Ich kommen und euch zertreten, um euch Meine Macht zu zeigen? Muß Ich Mich euch zeigen mit Meinem Zorn? Mein Kelch der Barmherzigkeit fließt über und Mein Kelch der Gerechtigkeit ist voll. Ich, der Ich euch das Leben eingehaucht habe und euch geweiht habe, Ich, der Gott der ganzen Schöpfung, der Ich euch in Meine Heiligkeit eingetaucht habe, Ich komme zu euch mit Meinem Frieden, um euch zu ermahnen, euch zu bekehren, damit ihr in Meinem Frieden lebt. Ich werde die ganze Welt mit Meinem Frieden bedecken und werde ihn über euch herrschen lassen, denn Ich bin Friede, Liebe und ganz Weisheit.

Mein Appell richtet sich an alle Nationen. Sie müssen lernen, daß der Friede in Meinem Reich herrscht. Ich komme trotz ihrer Bosheit, um sie zu segnen und über ihnen zu leuchten, denn sie sind Meine geliebten Söhne und Töchter. Hört auf das Herz, das Gott euch anbietet, ein Herz, das ihr vergessen habt und nicht mehr kennt, ein Herz, das euch liebt und euch sucht, um euch das Leben zu geben. Hört auf, Böses zu tun! Hört auf, gegen Mich zu rebellieren!

Habt ihr Angst vor Meinem Gesetz? Mein Gesetz ist kein Gesetz der Rebellion. Mein Gesetz ist ein Gesetz des Friedens und der Liebe. Folgt Meinem Gesetz, beobachtet es und ihr werdet das Heil erlangen. Eure Schwäche ist es, Meine Gebote zu ignorieren. Gefangen in eurem Egoismus, im Streit mit eurem Nächsten, sind eure Gesetze auf Gewalt gegründet und führen so die Menschheit ins Verderben. O Kinder! Habe Ich den Haß in eure Seele eingepflanzt? Meine Seele ist die Quelle der Liebe und des Lebens, und von Ihr kommt alles, was existiert.

Vassula, laß es genug sein. Ich liebe dich, vertrau Mir. Sei eins mit Mir, liebe und arbeite mit Mir.

Ich werde es tun, Vater. Hilf mir, mich würdig zu erweisen, damit ich Dich verherrlichen kann.

26.2.1987

Béatrice und ich sind im Flugzeug nach Chittagong gereist. Von dort mußten wir einen Fluß überqueren, um nach Diang zu gelangen, einem ganz kleinen Dorf in der Wildnis von Bangladesh. Dort angekommen suchten wir R.D. auf, einen katholischen Priester, Franzose, halb Einsiedler, Mystiker, ein wenig Hindu, Buddhist und Mohammedaner zugleich. Wir führten mit ihm einen Gedankenaustausch und zeigten ihm diese Offenbarung. Er hat sie so definiert: Offenbarungen des göttlichen Herzens. Was er gesagt hat, ging ganz in Richtung dieser Offenbarungen und ihrem Ziel: Sie seien nicht nur für mich bestimmt, sondern zum Wohl der Allgemeinheit. Unsere Reise hatte sich ohne Zwischenfall abgespielt, wie wenn jemand sie geleitet hätte.

Am Vorabend meiner Abfahrt nach Diang war ich beängstigt und fragte mich, warum ich dorthin ginge und was zu zeigen? Sudelschreiben? Den ganzen Tag fühlte ich mich beklommen.

Am anderen Tag, frühmorgens, erhielt ich als erstes folgende Worte: „Ein Lügner führt dich, nimm das Ganze und verbrenne es." Ich begriff sogleich. Mir wurde klar, daß seit dem vorhergehenden Tag der Teufel mich quälte und versuchte, mich von dieser Reise abzuhalten. Schon einige Sekunden später fühlte ich die Gegenwart Gottes. Er hat mich getröstet und geschrieben: „Ich werde bis ans Ende mit dir sein, wir sind für immer vereint, laß Mein Licht über dir leuchten, Mein Kind. Ich bin Gott, und Ich führe dich. Verherrliche Mich durch deine Liebe." Ich habe verstanden, daß Gott der Leiter dieser schwierigen Reise war.

1.3.1987

Mehrmals, wenn ich Seine Gegenwart fühlte, hat Er zu mir gesagt:

Vassula, werde nie müde zu schreiben. Ich wünsche, daß Meine Worte bei vielen bekannt werden: Worte, die direkt von Meinen Lippen kommen; denn alle Offenbarungen, die Ich dir eingegeben habe, kommen von Mir. Ich wirke auch auf diesem Weg. Von Zeit zu Zeit komme Ich, um alles, was Ich dich schon gelehrt habe, aufzufrischen. Ich bin euer Erlöser, immer neben euch, immer bereit, euch vom Bösen fernzuhalten. Ich komme in der Hoffnung, daß Meine Worte in die Herzen eindringen werden und in ihnen ruhen werden. Vassula, willst du für andere Sühne leisten?

Herr, was heißt hier genau »Sühne leisten«?

»Sühne leisten« heißt: ersetzen, ausgleichen für andere, die Meiner Liebe keine Antwort geben; Genugtuung schaffen für andere. Alles, was du zu tun hast, ist: Mich mit deinem ganzen Herzen und deiner ganzen Seele zu lieben.

Ich liebe Dich! Aber ich will lernen, Dich ohne Maß zu lieben, um noch mehr Sühne leisten zu können.

Komm, Ich werde dich unterrichten. Bin Ich nicht bekannt dafür, daß Ich Mein Wort immer halte? Meine Tochter, Ich bin dein Lehrmeister und du wirst alles von Mir lernen. Ich werde dich Fortschritte machen lassen.

Ich bin nicht würdig alles dessen, was Du mir gibst, ich sehe es ein. Wenn ich mich mit demütigen und treuen Gläubigen vergleiche, bin ich nicht stolz auf mich, als die elendeste auserwählt worden zu sein, um diese Offenbarung zu erhalten. Ich weiß, daß ich nicht wegen meiner guten Eigenschaften erwählt worden bin, vielmehr wegen meines Elends. Du hast es mir bestätigt, mein Herr!

Besitze Meinen Frieden, Vassula. Du bist elend, aber so oder so liebe Ich dich. Gib Mir dein ganzes Elend, und Meine Barmherzigkeit wird es verbrennen. Fühle dich von Mir geliebt. Komm, stütze dich auf Mich. Höre auf Mich, leiste Mir Gesellschaft, vergiß nicht, daß Ich dein heiliger Gefährte bin.

2.3.1987

Preis sei Gott dem Vater, der dich vom Bösen befreit hat.
Wer ist da?
Ich bin es, Jesus. Jedesmal, wenn du zweifelst, komm zu Mir.
Aber ich fühlte mich in Verlegenheit, weil ich von Zeit zu Zeit von Zweifeln geplagt war. Nachdem ich elf Hefte Botschaften aufgeschrieben habe, würde niemand so sein wie ich. Jede andere Person wäre an meiner Stelle heilig geworden zu dieser Zeit!
Ich bin es, Jesus. Jedesmal, wenn du zweifelst, komm zu Mir. Jedesmal, wenn du dich in Verlegenheit fühlst, liebe Ich dich noch mehr. Vassula, komm, du bist Meine Geliebte und Ich ruhe gerne in dir aus. Liebst du Mich?
Du weißt sehr gut, daß ich Dich liebe, Herr, aber manchmal fühle ich mich kalt wie ein Stein. Wie undankbar muß ich doch sein!
Sooft du dieses Gefühl hast, bediene Ich mich deiner Liebe, um andere Seelen zu erwärmen, Seelen, die Mir gegenüber kalt sind. Verstehst du jetzt? Meine Tochter, schreibe folgende Worte: „Ich, Gott, Ich werde euch mit Meiner Liebe umgeben. Ich werde euch Meinen Frieden geben. Ich werde Mein Wort allen Nationen verkünden, denn, schaut, in Mir bleiben Liebe, Friede, Barmherzigkeit und Weisheit. Ich werde Mein Reich auf Erden aufrichten, wie es im Himmel ist." Vassula, das ist nur ein Teil der Botschaft, später werde Ich dich den Rest schreiben lassen. Komm, bleibe bei Mir.

3.3.1987

Ich bin es, Jesus.
Verzeih mir all meine Sünden.

Ich verzeihe dir. Komm. Erinnerst du dich, wie Ich dir Meine Herrlichkeit gezeigt habe?

O ja!

Wünschest du diese Botschaft fortzusetzen? Ja?

Können wir ein wenig warten?

Ich fühlte mich nicht vorbereitet.

Einverstanden. Ich werde später darauf zurückkommen. Ich möchte dir mehr von Meiner Herrlichkeit zeigen, damit du Meinen Kindern beschreiben kannst, wie Mein Reich aussieht. Wie in der vorausgegangenen Botschaft werde Ich dich erkennen lassen, wenn Ich fühle, daß du bereit bist zum Schreiben. Vassula, erlaubst du Mir, daß Ich dich heute in Dienst nehme?

Auf welche Art?

Indem Ich das Wesen der Liebe, die du für Mich hast, gebrauche. Liebe Mich deshalb inständig, Vassula. Ich wünsche eine ganz besondere Seele vor dem Fall zu retten. Es ist eine Meiner auserwählten Seelen. Wir können sie noch retten, Vassula. Ich werde zwei reine Tropfen Meines Blutes auf deinem Herzen lassen. Diese beiden Tropfen werden genügen, um dein Herz einzuhüllen, und werden dich Meine Qual spüren lassen.

Was muß ich tun?

Könntest du arbeiten mit Liebe, für die Liebe?

Ich werde es versuchen, Herr.

Vereinige dich mit Mir. Wir werden heute ihre Seele heilen, wir werden sie stärken. Ich werde dich lehren, wie Ich wirke, denn diese Werke sind göttliche Werke. Alle heiligen Werke kommen von Mir. Die Weisheit unterrichtet dich. Vergiß nie: Du bist Meine Blume, die Ich in Meinem Lichte wachsen lasse. Ich werde deine Erde reinigen und werde dir geben, was dir fehlt. Ich werde zurückkommen, um dir vom Herzen dieser auserwählten Seele zu reden. Liebe Mich, Vassula, denn viele hängen von dieser Liebe ab.

Später, im Laufe des Nachmittags, bin ich vom Teufel angegriffen worden, der mir Vorwürfe machte. Ich wußte, daß das nicht von Gott kommen konnte.

Ich segne dich, Meine Tochter. Ich habe dich erwählt, um Mein Antlitz zu offenbaren. Betrachte, Vassula, fühle diese Liebe, die Ich für dich empfinde. Bald wirst du Mich sehen, Ich werde wiederkommen.

Herr, wenn Du mich holst, erwarte ich nichts, da ich nichts getan habe und unfähig bin, irgend etwas zu tun. Ich schließe wieder mit dem Wort »unwürdig« — und dennoch, wie sehr wünsche ich, bei Dir zu sein!

Vassula, spüre Meine Hand. Meine Hand versucht so stark, dich zu fassen und dich bei Mir zu behalten. Ich wünsche so sehr, dich zu beschützen. Ich nehme dich gern, um dich in die Tiefen Meines Herzens zu tauchen und dich dort zu verstecken, damit du ganz für Mich da bist. Du scheinst Meine Worte zu vergessen. Habe Ich dich nicht für die Ewigkeit an Mich gebunden? Sind wir nicht vereinigt worden durch Mich, der Ich einen Kranz von Liebe auf diese Vereinigung gelegt habe? Meine Geliebte, wir arbeiten zusammen, Ich bin dein Gott und Führer.

Mein Herr, ich bin schwach und brauche Dich. Ich muß in allem gestärkt werden, um Dich verherrlichen zu können.

Vassula, beobachte Meine Hände, lege deine Hände so, daß deine Fingerspitzen die Meinen berühren.

Ich habe eine Art Blitz aus Seinen Fingerspitzen hervorgehen sehen, wie elektrischer Strom. Ich habe meine Hände auf die Seinen gelegt, wie Er es mir gesagt hatte. Das geschah in der Erkenntnis und Betrachtung.

Fühle Meine Heiligkeit, Meine Kraft dringt durch deine Fingerspitzen in dich ein. Solche Werke sind göttliche Werke. Ich segne dich. Stütze dich auf Mich. Jetzt hast du Mich ganz aufgenommen. Behalte deine Hände in den Meinen, um Meine Wärme zu spüren.

Später.

Vassula, hör Mir zu. Wir haben jetzt diese Seele vor dem Fall bewahrt. Freu dich! Ich habe das Wesen deiner Liebe benützt. Wir arbeiten zusammen, um den Seelen zu helfen und sie zu heilen. Meine Tochter, werde nie müde, sie zu heilen.

Schon wieder bin ich von den Teufeln angegriffen worden. Sie haben mir gesagt: „Vassula, wirst du von hier verschwinden?"

Vassula, komm, komm näher zu Mir, besitze Meine Liebe. Verstehst du, warum sie dich verabscheuen? Du entreißest Meine geliebten Seelen den Händen des Teufels, indem du sie zu Mir zurückführst!

Herr, was geschieht mit all der Liebe, die andere Seelen Dir schenken, hilft das auch?

Gewiß! Jede Liebe wird gebraucht, um die Seelen wieder aufzurichten und zu heilen. Mein Reich wird sich ausbreiten und immer mehr wachsen durch die geschenkte Liebe. In Wahrheit sage Ich dir, daß all Meine

Leiden nicht umsonst sein werden. Durch eine außerordentliche Herrlichkeit werde Ich über alles Böse triumphieren. Ich werde jedes Herz entflammen, indem Ich Meine Körner der Liebe und des Friedens ausstreue und so Meine Kinder vereinige. Mein Licht wird sich über die ganze Welt verbreiten, denn das ist Mein Wille. Verherrliche Mich, Vassula, indem du Mich liebst.

Ich habe es auf mystische Weise getan, wie auf einem Bild. Ich habe gespürt, wieviel Freude von Gott ausging ... Gott war so glücklich!

Verherrlicht Mich immer. Ich liebe euch alle. Kommt näher zu Mir, Geliebte, denn Meine Liebe zu euch ist größer als alles, was ihr euch vorstellen könnt.

4. 3. 1987

Da ich mich kenne, wie untreu ich bin, habe ich Angst, daß ich eines Tages aus Schwäche Dich verlassen könnte. Es ist schrecklich, wenn ich daran denke! Ich weiß zwar nicht, wie das geschehen könnte, aber ich will nicht, daß es geschieht, oder daß Du mich verläßt!

Vassula, Ich liebe dich. Habe Ich dich je verlassen? Wir haben gemeinsame Bande. Da wir aneinander gebunden sind, wirst du unfähig sein, Mich zu verlassen, siehst du? Ich habe für unsere Verbindung Vorsorge getroffen. Wir werden bis ans Ende verbunden bleiben: Du, indem du Mich brauchst und Mich inständig liebst; Ich, indem Ich frei über dich herrsche und dich ohne Einschränkung liebe, verbunden mit dem ständigen Wunsch, dich für Mich zu befreien.

Mein Gott, hast Du das gesagt?

Ja, Ich habe es gesagt. — Willst du Mir eine Frage stellen?

Ich wage es nicht!

Warum? Hab keine Angst vor Mir.

Ich wußte, daß Er meine Frage kannte, aber ich wollte sie nicht schreiben.

Ich bitte Dich, Mein Gott!

Komm, wir wollen lernen: Ich bin der Allmächtige und weiß, was für deine Seele am besten ist. Wenn einer von euch Mir eine Frage stellt oder von Mir eine Gunst verlangt, werde Ich ihm antworten. Meine Antwort wird die beste sein, wovon die Seele sich nähren kann. Es ist wie wenn Ich unter allen Früchten die ideale Frucht auswählte, die die besten Resultate für die Seele hervorbringen würde. Hast du gehört, wie oft Ich verzeihen kann?

Vassula, Ich bin ein allbarmherziger Gott, ein heiliger Vater, der euch alle liebt. Ich kenne eure Bedürfnisse und eure Schwächen. Meine Liebe zu euch allen ist eine eifersüchtige Liebe. Kommt, kommt näher zu Mir. Ich ergreife jede Gelegenheit, um euch zu erreichen.

Mein Vater, wenn ich mit Dir bin, fühle ich mich so geliebt von Dir, und meine Liebe zu Dir ist ständig im Wachsen. Dennoch habe ich Angst zu scheitern, da ich voller Sünden bin.

Vassula, weiß Ich das alles nicht? Du bist nur eine Fingerspitze voll Staub, und wenn Ich auf dich blase, verschwindest du. Ich weiß, wie zerbrechlich du bist, denn schließlich bist du nichts als ein flüchtiger Schatten auf Erden. Aber trotz deines Nichts und deines Elends verlassen dich Meine Augen nie. Mit Mitleid und Liebe schaue Ich auf deine Schwächen. Hab keine Angst, denn Ich werde dich stärken. Ich nehme deine Sünden und schenke dir Mein Verzeihen. Vassula, laß es für heute genug sein. Ich werde dich morgen wieder rufen. Sei in Meinem Frieden.

5. 3. 1987

Der Friede sei mit dir, Vassula. Liebst du Mich?

Ich liebe Dich, Mein Gott, aus ganzem Herzen, und ich wünsche, bei Dir zu bleiben.

Ich liebe dich auch, Ich werde dich nie verlassen. Vassula, Ich bin König und Herrscher des Friedens und der Liebe. Vor dir bin Ich und offenbare euch allen Mein heiliges Antlitz. Das ist der Anfang Meines Rufes des Friedens und der Liebe. Meine Tochter, Ich werde dich noch mehr durch Meine Weisheit belehren. Ich bin mit dir sehr zufrieden. Erfreue Mich, indem du auf Meinen Ruf hörst und ihn aufschreibst. Werde nie müde zu schreiben. Komm! Alles wird nicht umsonst sein. Ich gebe dir Meinen Segen. Komm, stütze dich auf Mich. Verherrliche Mich durch deine Liebe, Meine Tochter. Suche Mich immer, verleugne Mich nie, sühne für andere, erfülle Mein Wort. Sei in Meinem ewigen Frieden.

Vassula, bleibe bei Mir. Ich werde dich daran erinnern, daß Ich dein Bräutigam bin und dir deshalb in Fülle alles geben werde, was dir fehlt. Ich liebe dich. Jedes Wort, das Ich sage, wird geschrieben. Wir werden zusammen arbeiten. Werde nicht müde zu schreiben.

Ich habe das Gebet zum heiligen Michael gelesen. Er hat mir geantwortet:

Hl. Michael: Mit der Macht Gottes werde ich, der heilige Michael, den Satan in die Hölle stürzen, ebenso alle anderen bösen Geister, die die Seelen verderben.

Später habe ich das Gebet zur hl. Jungfrau gebetet (»Gedenke, o gütigste«).

Maria: Meine geliebte Tochter, ich werde dir helfen. Sei in meinem ewigen Frieden. Ich bin bei dir bis ans Ende. Erfülle die Botschaft, Vassula, erfülle das Wort Gottes. Stütze dich auf Gott, denn Er ist allmächtig. Liebe Ihn. Verherrliche Ihn. Wirst du das alles tun? Bleibe bei Uns. Ich liebe dich.

6.3.1987

Vassula, Ich bin es, Jesus, dein Erlöser. Hast du Hunger?

In der Tat, Jesus, in diesem Moment habe ich Hunger.

Hungere immer, hungere nach Meinem Brot. Komm, Mein Brot kostet nichts, und wenn du es ißt, wirst du gesättigt sein.

Jesus, ich sprach vom irdischen Brot!

Ich weiß, Vassula, aber welches würdest du vorziehen?

Beides, Jesus.

Dein Brot wird dir nur einen Augenblick genügen; wenn du aber Mein Brot ißt, wirst du gesättigt werden. Wer von Meinem Brote ißt, wird immer leben. Ich werde dich nähren, Vassula.

Jesus, ich liebe Dich.

O Meine Tochter, wie verlange Ich danach, diese Worte von allen Lippen zu hören! „Jesus, ich liebe Dich!" Willst du Mein Herz fühlen? Schau Mich an, Ich bin dir gegenüber.

Ich habe Sein Herz angeschaut. Seine ganze Brust war erleuchtet!

Mein Herz ist von glühender Liebe entflammt. Mein Herz will dich in Seiner Liebe verzehren. Mein Herz will dich in Seinen Bann ziehen, damit du für immer Mir gehörst! Komm, Meine Tochter, rufe die Liebe, rufe den Frieden, sei mit Mir vereint bis ans Ende. Komm, wir wollen die anderen wiederbeleben. Liebe Mich mit deiner ganzen Seele und mit deinem ganzen Geist, um Mich verherrlichen zu können, Geliebte.

Jesus, Dich lieben, bringt uns Leid, weil man wünscht, bei Dir zu sein. Ich will damit sagen: von seinem eigenen Leib befreit zu sein und bei Dir zu sein. Darum ist Lieben ein Schmerz.

Ich leide auch wegen der großen Liebe, die Ich für euch alle habe. Ich habe grausam gelitten wegen der Liebe. Ich liebe auch, wenn Ich keine Antwort erhalte auf die Liebe, die Ich für euch habe. Kannst du dir vorstellen, wie Ich Mich fühle, Geliebte? Ich brauche Seelen, die Mich wirklich lieben, Seelen, die sühnen könnten für jene, die Mich ignorieren. Sage ihnen, gib ihnen zu erkennen, wie man sich fühlt, wenn man jemanden liebt, — für den Ich Mein Leben hingegeben habe aus Liebe, und von dem Ich trotzdem keine Antwort erhalte, keine Liebe. Werde nicht müde, Mein Kreuz des Friedens und der Liebe zu tragen.

Jesus, ich werde tun, was Du verlangst, und versuche zu verstehen, was Du mir sagst.

Gegen Abend war meine Seele bedrückt und traurig.

7.3.1987

Vassula, Ich, Jesus, Ich liebe dich. Wir wollen mit Liebe arbeiten und Sühne leisten. Komm, Ich werde dich sühnen lehren. Ich bin das Lebenselixier, Ich bin die Auferstehung.

Jesus, wie sehr wünsche ich, daß jede Seele Dich liebt! Das muß schrecklich sein, keine Antwort zu erhalten auf eine so große Liebe wie die Deine!

Vassula, Mein Wunsch ist bereits in deiner Seele eingepflanzt. Meine Tochter, erfülle Mich mit Freude und lerne sagen: Wir wollen arbeiten gehen, wir wollen dieses oder jenes tun. Gebrauche das Wort »wir«. Wir sind für immer eins! Mach Mir Freude, indem du sagst: „Vater, Dein Wille geschehe." Verweigere Mir nichts, Meine Tochter, heute wirst du Mir in den dunklen Raum Meines Feindes folgen, damit du siehst, wie sehr die Seelen leiden, die Mich abgewiesen haben (in der Hölle, und auch im Fegefeuer, das der Hölle am nächsten ist).

Jesus, sind sie für immer verloren?

Diejenigen, die in der Hölle sind, sind es für immer. Die anderen im Fegefeuer (selbst im Fegefeuer, das sich an den Toren der Hölle befindet) *sind durch Mich gerettet, mit Meinen Geliebten, die sühnen und Buße tun. Hab keine Angst, denn Mein Licht beschützt dich, und Ich bin mit dir.*

Ich war unter der Erde. Das Ganze glich einer dunklen unterirdischen Höhle, die nur von Feuer erleuchtet war. Der Boden war feucht und klebte an den Füßen wie schmutziger schwarzer Schlamm. Ich habe mehrere

Seelen gesehen, die nebeneinander standen. Sie waren angebunden und nur ihre Köpfe waren sichtbar: Gesichter, gezeichnet vom Todesringen. Es war ein großer Lärm wie bei Maschinen, die im Betrieb sind; dazwischen häufiges Fluchen, Hämmern und herzzerreißende Schreie.

Vor diesen Köpfen stand einer mit ausgestreckter Hand, die mit Lava gefüllt war, und bespritzte damit von links nach rechts die Gesichter, die von den Verbrennungen ganz geschwollen waren. Ich verstand, daß dieser jemand der Satan war. Als er unsere Gegenwart bemerkte, wandte er sich gegen mich um und schrie: „Schaut sie an!" Mit Ekel und Wut spuckte er auf den Boden. „Elender Wurm. Schaut sie an! Heutzutage haben wir sogar Würmer, die unser Blut aussaugen. Scher dich zum ..." Er sagte mir noch: „Schau!" Dabei warf er Lava auf die Gesichter. Ich habe sie schreien hören: „O laß uns sterben!"

Und Satan, der aussah wie ein Verrückter, der vor Wut explodierte, schrie: „Geschöpfe der Erde, hört mich an. Ihr werdet zu mir kommen!" Dabei dachte ich ganz einfach, daß er verrückt sei, sich einzubilden, daß er am Ende doch gewinnen werde. Er hat sicher meine Gedanken gelesen, denn er sagte mir mit Verachtung und Drohen: „Ich bin nicht verrückt!" Dann wandte er sich mit einem häßlichen Lachen an die Seelen und sagte zu ihnen in ironischem Ton: „Habt ihr gehört? Sie hat mich als einen Verrückten bezeichnet!" Höhnisch fuhr er weiter: „Liebe und geliebte Seelen, diese Worte werde ich euch heimzahlen." Während er so sprach, wollte er wieder Lava nehmen ...

Verzweifelt wandte ich mich an Jesus, um Ihn zu bitten, etwas zu unternehmen, damit er aufhöre! Jesus gab zur Antwort: „Ich werde ihn aufhalten." Im Augenblick, als Satan den Arm erhob, um die Lava auf die Gesichter zu werfen, schmerzte ihn der Arm so sehr, daß er ihn an der Ausführung seiner Absicht hinderte. Er schrie vor Schmerz und fluchte Jesus an. Dann sagte er zu mir: „Hexe! Verschwinde! Ja, verschwinde, laß uns!"

Vom letzten Fegefeuer, das den Toren der Hölle nahe ist, hörte ich Stimmen von Seelen schreien: „Rettet uns! Rettet uns!" (Mit Gebeten können wir die Seelen aus dem Fegefeuer befreien.) Dann trat einer vor, einer seiner Gesellen, und Satan fragte ihn: „Bist du an deiner Arbeit? Tust du, was ich dir aufgetragen habe? Verwunde sie, zerstöre sie, entmutige sie!" Ich wußte, daß Satan mit diesen Worten mich meinte. Er wollte, daß sein Scherge mich entmutige, Jesus zu begegnen, indem er mir falsche Wörter eingab oder die Botschaft, die ich erhalte, vernichte. Ich sagte zu Jesus: „Können wir jetzt gehen?" Jesus sagte:

Komm, wir wollen gehen. Ich will, daß du das alles schriftlich festhältst. Ich werde dir diktieren. Sei bei Mir, Geliebte. Ich will, daß Meine Seelen begreifen, daß ihre Seelen existieren, und daß der Teufel eine Wirklichkeit ist. Nichts von dem, was in Meinen Heiligen Schriften geschrieben ist, ist Mythos.

Satan existiert und versucht, eure Seelen ins Verderben zu stürzen. Ich leide, wenn Ich sehe, daß ihr eingeschlafen seid und seine Existenz ignoriert. Ich komme, um euch Warnungen zu geben, Zeichen. Aber wieviele von euch werden diese Warnungen lesen, wie man Märchen liest? Geliebte, Ich bin euer Erlöser, verleugnet Mein Wort nicht, kehrt zu Mir zurück und fühlt die Ängste der Liebe, die Ich für euch empfinde. Warum, warum habt ihr es so eilig, euch zu den Füßen Satans zu werfen? O kommt, ihr, die ihr nicht mehr an Mich glaubt, kommt alle, die ihr Mich verlassen habt! Kommt und seht, denn jetzt ist der Augenblick gekommen, auf Mich zu hören. Ihr alle, die ihr Meine Seele verletzt, erhebt euch, kommt zum Leben zurück und schaut Mein Licht. Habt keine Angst vor Mir. Ich habe euch verziehen, Ich werde eure Sünden auf Mich nehmen, und Mein Blut wird sie waschen, Ich werde eure Schwächen entschuldigen und werde euch verzeihen. Kommt und saugt den Tau der Tugend in euch auf, der eure Seelen wiederherstellen wird, die sonst direkt dem Verderben entgegengehen. Ich komme, um euch zu suchen. Ich hole Meine verlorenen Schafe heim. Ich, euer guter Hirte, kann Ich euch verirrt und gleichgültig lassen?

Vassula, bist du bereit, für alle, die auf dem Weg des Verderbens sind, zu beten?

Jetzt, Jesus?

Ja, jetzt.

Ich weiß nicht, was ich sagen soll.

Ich werde dich lehren. Höre auf Mich und sprich Mir nach:
»O Himmlischer Vater, durch Deine Macht und Deine Barmherzigkeit flehe ich zu Dir, vereinige alle Deine Schafe. Verzeih ihnen und laß sie in Dein geliebtes Haus zurückkehren. Betrachte sie wie Deine Kinder und segne sie mit Deiner Hand. Amen.«
Vassula, komm in Mein Herz, denn dort ist der tiefe Friede.

* * *

Heft 9

8. 3. 1987

Vassula, Geliebte, Ich will dich noch einmal daran erinnern: Ich bevorzu-
ge dich nicht mehr als Meine anderen Kinder. Deine Verdienste sind wert-
los und deine Würde ist noch wertloser in Meinen Augen, aber sogar so
liebe Ich dich. Ich habe dir diese Gnade gegeben, denn das ist Mein Wil-
le: Sei Meine Botin, und Ich werde Mich durch dich offenbaren. Glaube
nicht, daß Ich Mir widerspreche. Meine Liebe zu dir ist grenzenlos, und
du bist Meine Geliebte, da Ich dich erwählt habe. Glaube auch nicht
einen Augenblick, daß Ich dich weniger liebe, weil Ich dich auf deine
Schwächen aufmerksam mache. Ich bin dein Gott, der dich kennt. Wenn
Ich dich nicht auf deine Fehler aufmerksam mache, wer würde es dann
tun? Du bist Meine gebrechliche Blume, die Ich bilde, indem Ich dich aus
Meiner Kraft schöpfen lasse, damit du wachsen kannst, Vassula.

Ich will dir in Erinnerung rufen, daß die Offenbarungen, die Ich dir ein-
gebe, nicht nur zu deinem Nutzen sind, sondern auch zum Nutzen all
jener, die unbedingt Mein Brot nötig haben. Ich komme, um euch zu näh-
ren, ihr alle, die ihr hungrig seid. Meine Botschaft ist eine Botschaft des
Friedens und der Liebe, um euch an eure Grundlagen zu erinnern, und
an den, der euch erschaffen hat.

Ich komme, um euch zu sagen: Mein Leib ist Meine Kirche. Ja! Meine Kir-
che, die die ganze Schöpfung erfüllt. Ich komme, um dieser Welt Meine
Barmherzigkeit zu zeigen. Du, Vassula, du befandest dich unter dieser
Menge, die Mein Herz verwundet, die Meiner Liebe nie entspricht und
Mich mit Bitterkeit erfüllt. Was gibt es Bittereres als keine Antwort zu
erhalten auf eine Liebe, die so hungrig und so groß ist wie die Meine?
Vielmehr suchtest du in deiner Wüste nur materielle Vergnügungen auf.
Sie waren für dich wie Götter, die du anbetetest. — So hast du dich immer
mehr von Mir entfernt. Du hast Mich mit Bitterkeit getränkt und hast
Mein Herz verletzt: dieses Herz eines lebendigen Gottes, den du gar nicht
suchtest und nicht liebtest, den du ganz vergessen hattest. Meine Tochter,
war Ich denn so weit weg von dir?

Komm, komm und fühle Mein Herz. Mein Herz ruft euch alle. Meine Söh-
ne, Meine Töchter, kommt ... Kommt näher zu Mir, kommt zu Mir zurück.
Laßt Mich euch umarmen. Laßt Mich euch in die Tiefen Meines Herzens
tauchen. Laßt euch von Ihm verschlingen und euch einen tiefen Frieden
bringen.

Kommt, tretet ein in Meinen geistigen Raum des Friedens und der Liebe. Kommt zu Mir und eßt Meinen Leib. Mein Leib (der eucharistische Leib) *ruft so sehr nach euch! Besucht Mich, der Ich Tag und Nacht im Tabernakel verweile, und auf euch warte, um euch Nahrung zu sein. Zögert nicht, habt keine Angst vor Mir. Verleugnet Mich nicht. Warum verweigert ihr Mir einen Platz in eurem Herzen? Kommt und erkennt Mich, und ihr werdet Mich lieben. Wie könntet ihr jemanden lieben, den ihr nicht kennt oder nur wenig kennt? Bemüht euch, Mich gut zu kennen, und ihr werdet Mich inständig lieben.*

Vassula, du warst verirrt und hattest dich von Mir getrennt. Du kehrtest der Wahrheit den Rücken, indem du Gutes in Böses verwandelt hast und mehr vom Bösen als vom Guten angezogen warst.

Kommt doch, ihr alle, die ihr Mich meidet, und gebt mir eure Sünden, damit Ich sie euch verzeihe. Kommt, ernährt euch von Mir. Leert eure Herzen in Mir aus, und laßt Mich sie mit Liebe erfüllen. Ich weiß, daß ihr schwach seid, aber erlaubt Mir, in euch wirksam zu werden. Gebt Mir eure Einwilligung dazu, Geliebte. Laßt Mich all eure Missetaten ausreißen, sie weit fortwerfen und in euch Meine Körner des Friedens und der Liebe säen. Laßt Mich euch reinigen. Vassula, mach nicht weiter, Ich werde später fortfahren. Vergiß Meine Gegenwart nicht. Erinnere dich immer: »wir«!

Ich werde daran denken, ich werde es versuchen, Herr.

Wir wollen gehen.

Wir gehen.

Später.

Kommt, um Mich kennenzulernen. Ich bin nicht unerreichbar, wir gehen Seite an Seite. Ihr lebt in Mir und Ich in euch. Wir sind nie getrennt. Kommt, schöpft aus Meiner unendlichen Güte und laßt eure Härte sich auflösen in Meiner Reinheit.

O Meine Tochter, obwohl viele Meiner geliebten Kinder durch die Taufe geheiligt worden sind, gibt es doch wenige, die Mich so kennen, wie Ich wirklich bin. Sie vergessen, in Mir einen liebenden Vater zu sehen. Viele von ihnen verlassen Mich, weil sie glauben, Ich sei für sie unerreichbar. Viele von ihnen kennen Mich auf ihre Art, indem sie ständig Gefühle der Verachtung für Mich hegen. Einige denken nur mit Angst an Mich, andere wiederum zweifeln an Meiner unendlichen Liebe.

Hier wurde ich unterbrochen. Das Bild des »heiligen Antlitzes«, das ich bestellt hatte, war soeben angekommen. — Ich habe es betrachtet und dann wieder angefangen zu schreiben, dabei habe ich immer wieder das Bild angeschaut.

Erinnere dich: Ich leide immer noch. Vassula, wie bin Ich mit Bitterkeit getränkt! Warum, warum sind so viele Meiner Schafe zerstreut? Nähre Meine Schafe und höre nicht auf zu schreiben.

Nein, Herr, ich werde nicht nachlassen.

Ich werde dir die notwendige Kraft verleihen. Komm, wir wollen fortfahren, wir wollen arbeiten. Ich bin dein Lehrmeister. Erfreue Mich und vergiß Meine Gegenwart nicht. Vassula, du hast Meine Gegenwart gespürt, Ich saß nämlich am Ende deines Bettes. Laß Mich schreiben, was ich dir gesagt habe: Ich bin es, Jesus. Ich sitze jetzt, aber in diesem Augenblick werde Ich aufstehen, weil auch du aufstehen wirst.

Kaum hatte Er fertigdiktiert, hat jemand sehr stark an die Tür geklopft. Ich sprang auf und stieg rasch aus dem Bett, ganz verwirrt. An der Tür stand mein Hausangestellter, um mir etwas mitzuteilen.

Ich liebe dich. Werde nicht müde zu schreiben und gib mir weiter die Freiheit, dich in Dienst zu nehmen. Das ist es, was Ich wünsche.

Jesus, du bist wunderbar!

Sei immer fröhlich, wenn Ich fröhlich bin. Folge Mir. Du würdest Mich verletzten, wenn Du Meine Gegenwart vergäßest. Vergiß nie Meine Gegenwart. Nie!

Aber, Herr, das ist schwer! Manchmal muß ich mit dem Auto fahren, ich muß mich auf die Straße konzentrieren. Ich unterhalte mich mit Freunden über nichtige Dinge. Ich helfe meinem Sohn bei seinen Hausaufgaben. Wie könnte ich also ständig Deine Gegenwart in meinen Gedanken haben? Das ist fast unmöglich!

Vassula, Meine Blume, wenn du in solchen Situationen bist, mußt du dich nur der Tugenden befleißigen, indem du demütig, dienstbereit, sanft, liebenswürdig, ehrlich und freundlich bist. Ja, tugendhaft sein heißt: sich Meiner erinnern. Komm, wir wollen gehen. Ich möchte dir zu verstehen geben, daß Ich nämlich auf übernatürliche Weise Mich dir nähere, wenn Ich dir Meine Botschaften übermittle. Vergiß nicht, daß Ich der Gott der Barmherzigkeit bin. Trotz deines Elends und trotz der Gleichgültigkeit, die du Mir gegenüber hattest, liebe Ich dich. Ich habe dir dieses Charisma gegeben, damit du direkt von Meinen Lippen lernst. Vassula, Ich fühle Mich wohl, wenn du Mich in deinem Herzen ruhen läßt.

Später hat mich wieder eine Welle von Zweifeln erfaßt.

Komm, das Leid reinigt dich. Stütze dich auf Mich. Nimm das Leiden an, sühne, sühne, sühne für andere. Komm, wir wollen alle Meine Kinder neu beleben.

Da war ich verzweifelt!

Aber, mein Gott, ich habe keine Mittel dazu. Wie könnte ich irgend etwas tun?

Sehr zärtlich sagte Er zu mir:

Werde Ich dich je verlassen? Nimm Meine Körner, die Früchte des Friedens und der Liebe hervorbringen, und säe sie auf Felder. Mein Wort soll von allen gekannt werden. Ich werde immer mit dir sein.

Wenn sie aber Dein Wort verweigern und es auf die Seite schieben, weil sie daran zweifeln? Nehmen wir an, sie denken, das Wort sei nicht wahr. Nehmen wir an, sie zweifeln, daß es von Dir kommt!

Hör Mir zu, Meine Vassula, warum hast du Angst? Die ganze Schöpfung ist von Meiner Hand geschaffen worden. Hast du vergessen, daß Ich allmächtig bin? Die ganze Schöpfung gehorcht Meinem Willen. Kleines Kind, Ich bin der Allerhöchste. Verherrliche Mich, sei wie eine Blume, die Mein Licht braucht, um leben zu können.

17.3.1987

Jesus ist mit Seinem Kreuz gekommen.

Vassula, willst du jetzt Mein Kreuz tragen?

Ich tu nur Deinen Willen, Jesus.

Fühle, fühle, wie schwer es ist. Folge Mir. Komm näher zu Mir, damit Ich Mein kostbares Kreuz auf dich legen kann.

Später, im Laufe des Tages, fühlte ich mich schrecklich melancholisch und ich empfand ein großes Bedürfnis, von Ihm unterstützt zu werden, aber ich fand Ihn nicht.

Du hast Meine unermeßliche Last auf dir gespürt. Verweigere nie Mein Kreuz. Meine Last ist schwer. Vassula, versuche nicht zu verstehen, warum Ich dich zu Mir erhebe.

Jesus verlangt von mir, alles anzunehmen, was mit mir geschieht.

Laß Mich frei, mit dir zu machen, was Mir gefällt, bis Ich komme, um dich zu befreien. Geliebte, diese Botschaft hat ihr Martyrium. Die Wahrheit zu erkennen suchen, ohne sie zu finden, bereitet dir ein Martyrium. Leide für Mich. Das Leiden reinigt deine Seele. Opfere dich Mir auf und suche nicht zu verstehen, glaube nur. Laß Mich frei, in dir und durch dich zu handeln, Ich werde Mein Wort offenbaren, und so werde Ich Meine Kinder heilen. Glaube an Meine Erlöserliebe. Mein Kreuz ist schwer, Ich weiß es, und Ich werde es sehr oft dir anvertrauen. Du bist Meine Braut, Meine Geliebte und Meine Blume. Indem du Mein Kreuz für Mich trägst, erleichterst du Mich.

Im Innern Meiner Offenbarungen, die Ich dir eingebe, gibt es bittere Leiden, Traurigkeit und Schmerzen aller Art, die aus der Tiefe Meiner Seele hervorkommen. Komm näher und höre noch einmal Mein Herz, fühle, wie es sich sehnt. Fühle, wie es euch alle sucht!

Jesus konnte sich nicht mehr zurückhalten und es stieg ein Schrei aus den Tiefen Seiner leidenden Seele, wie wenn Er im Begriffe wäre, vor Kummer zu »sterben«.

O Schöpfung, die Mein Vater mit eigenen Händen geschaffen hat, warum? Warum bereitest du Mir so viel Kummer?

Danach wandte Er sich mir zu. Sein Antlitz und der Ton Seiner Stimme waren ernst, als Er zu mir sagte:

Hast du je an Mich gedacht, bevor Ich zu dir kam?

Nein, ich hatte nie an Dich gedacht.

Immer noch ernst:

Wärest du zu Mir gekommen, wenn Ich dich nicht gesucht hätte?

Nein, ich glaube nicht.

Ich fühlte mich noch schuldiger.

Und jetzt, liebst du Mich?

Ja, Herr, ich liebe Dich.

Meine Lehren haben dich verändert, nicht wahr?

Ja, sie haben mich verändert.

Da habe ich wirklich gespürt, daß ich ein Nichts bin und daß Er sich mir nicht genähert hatte wegen meiner Verdienste. Ja, ich hatte Ihn sogar, ganz am Anfang, fast zurückgestoßen!

Willst du Meine Kinder sammeln und sie ernähren?

Ich fühlte mich hilflos.

Mein Gott, wie könnte ich es, mit welchen Mitteln?

Ich will Ihm angenehm sein, Ihm danken, aber es gelingt mir nicht.

Hab Vertrauen in Mich, laß Mich dich führen, Vassula, laß Mich Meine Kinder sammeln. Ich weiß, daß du hilflos bist. Ich weiß, daß du schwach bist. Siehst du, ohne Mich kannst du nichts tun. Jetzt, da du es weißt, wirst du Mir gestatten, daß Ich dich wie Mein Werkzeug gebrauche, bis Ich Meine Botschaft abgeschlossen habe?

Ja, vorausgesetzt, daß die Botschaft von Dir kommt, Jesus.

Ich bin Jesus! Zweifle nie daran. Werde nicht müde zu schreiben. Jedes Wort, das Meine Lippen sprechen werden, wird dich Meine Wunden fühlen lassen. Ich ziehe dich mit Mir in den finsteren Bereich Meines Feindes, um dir zu zeigen, wie die Seelen leiden (als Er mir die Hölle gezeigt hat). *Ich schütte all Meine Leiden, die Mich tief verletzen, über dich aus. Du wirst mit Mir gehen. Ich werde dich nie verlassen. Miteinander werden wir Mein Kreuz tragen, miteinander werden wir leiden, miteinander werden wir kämpfen. Du wirst deine Ruhe in Mir finden, und Ich in dir.*

18.3.1987

Ich habe dich gelehrt, Mich zu lieben und Mich zu erkennen. Ich habe dir Meine göttlichen Werke gezeigt, indem Ich dir alle Geheimnisse Meines Herzens eröffnete. Ich habe dir Meine unaussprechliche Barmherzigkeit gezeigt. Ich habe dich gereinigt, damit du die Quelle Meiner Offenbarungen werden konntest und so der Welt Meine Gnade zeigst. Ich habe dir in der Tat Meine ganze unersättliche Liebe geschenkt, um Meinen Kindern zu zeigen, wie sehr Ich sie lieben kann.

Jesus stellt mich vor wie ein Widerschein der Liebe, die Er zu Seinen anderen Kindern hat.

Trotzdem erinnere Ich dich daran, daß du dich nicht von Meinen anderen Kindern unterscheidest und daß du diese Botschaft nicht verbergen darfst. Ich will, daß Meine Gnadenergüsse die Welt bedecken, denn das ist Mein Wille. Vassula, erlaube Mir, in dir zu handeln, wie es Mir gefällt. Und nun komm und tröste Mich, ja, indem du Mich liebst. Ich bin Gott, und du stützest dich auf Mich, kommst zu Mir und meditierst. Mich rufst du an in deinen Gebeten: Beunruhige dich deshalb nicht, weil du Mich anbetest und niemand sonst.

Er bezieht sich auf meine Momente der Unsicherheit in bezug auf diese Botschaft.

Mein Wunsch ist es, daß alle Meine Kinder zu Mir zurückkommen. Meine Tochter, Ich habe dich für diese Botschaft erzogen. Willst du Mein Wort erfüllen, Vassula? Bist du bereit, fortzufahren für Mich zu arbeiten?

Ja, Herr, sooft ich erkenne, daß es von Dir kommt.

Mein kleines Kind, Ich bin Gott! Sei in Meinem Frieden, wachse. Werde nie müde zu schreiben. Gestatte Mir, dich bis zum Abschluß Meiner Botschaft zu gebrauchen. Mein kleines Kind, wer ist dein Vater?

Diese Frage hat mich überrascht.

Das bist Du.

Ja, ich bin es. Und du bist Meine Saat, du gehörst Mir. Meine Kinder haben sich von Mir abgewendet, und ihre Herzen sind erfroren vor Egoismus. Sie haben Mich vergessen. Ich will sie fragen: Warum stoßt ihr Mich zurück? Mit offenen Armen stehe Ich vor euch und bitte euch, zu Mir zurückzukehren, um diese Liebe zu spüren, die Ich euch geben will. Laßt Mich euer Herz entflammen, kommt und erkennt Mich! Kommt, ihr, die ihr Mir aus dem Wege geht und Mich fürchtet. Ihr alle, die ihr Mich nicht kennt, kommt!

Nähert euch mir, und ihr werdet verstehen, daß Ich ein Gott bin voll Liebe, voll Mitleid und voll Barmherzigkeit. Stoßt Mich nicht zurück, bevor ihr Mich kennt. Meine überreiche Liebe bietet euch die Gnade an, wählen zu können zwischen Gut und Böse. Ich habe euch die Freiheit gegeben zu wählen, aber auch Eigenschaften, die euch zu höheren Wesen machen. Ich habe euch Gaben geschenkt; benützt die Gaben, die Ich euch gegeben habe, mit dem Verstand und dem Herzen. Versteht und schreitet vorwärts, indem ihr Mich annehmt, um Mich besser zu kennen. Ich habe eure Herzen erleuchtet, damit ihr Mich lieben könnt. Ich habe euch diese Gnade gegeben. Werdet ihr diese Gnade annehmen?

Ich erinnerte mich daran, wer ich war, bevor ich diese Botschaft erhielt.

Aber, Herr, einige haben nicht das Glück gehabt, Dich kennenzulernen. Niemand hat sie belehrt. Es ist wirklich nicht ihr Fehler, nicht wahr? Wie ist es dann möglich, daß sie sogar an Dich denken?

Vassula, wie wahr ist das! Meine Tochter, Meine Kirche muß neu belebt werden ... Ich bin gekommen, um Meine Kirche zu festigen, sonst würden sehr viele verlorengehen.

Vassula, Ich werde wiederkommen, um Meinen treuen Seelen eine Bot-
schaft zu geben. Laß Mich aber Meine Wünsche erfüllen gegenüber jenen
Seelen, die sich von Mir abgewandt haben. Ich bin die Quelle der Liebe,
und aus dieser Quelle ergießt sich diese unendliche Liebe, die die ganze
Schöpfung umgibt. Alles, was Ich von euch verlange, ist eine Rückkehr
zur Liebe. Viele von euch glauben, Ich sei ein Gott, der schnell zum Zorn
neigt, und deshalb fürchten sie Mich, und ihr habt Angst, Mir näherzu-
kommen. Andere glauben, Ich sei unerreichbar und erfreue Mich nur an
Meinem Ruhm, ohne Mich je um euch zu kümmern. Sie glauben, Meine
Augen seien nur auf Meine Getreuen gerichtet, und so bilden sie sich ein,
Ich sei ein Gott voller Vorzugsliebe. Wißt ihr denn nicht: Je schwächer
und elender ihr seid, um so mehr suche und liebe Ich euch? Ich bin heilig,
aber Ich will auch, daß ihr Meinen Wunsch begreift, vertraut mit euch
zu werden und euer Lebensgefährte zu sein. Vassula, kennst du das
Gleichnis vom verlorenen Sohn?

Ja, zum Teil.

Er hat gesündigt, aber, wie hat ihn sein Vater aufgenommen?

Mit großer Freude?

Mehr noch. Er hat ihn mit einer großen Liebe empfangen, und er hat die-
ses Ereignis gefeiert. Betrübt Mich nicht, Meine Geliebten. Kommt zu Mir
zurück, Ich werde euch nicht zurückweisen. Ich werde euch in Meine
Arme nehmen. Kommt ohne Furcht zu Mir zurück.

19. 3. 1987

Ich bin da. Ich bin es, Jesus. Vassula, erhebe dich zu Mir. Ich will, daß
du vollkommen bist. Erfreue Mich und werde vollkommen. Bist du bereit,
vollkommen zu werden?

Ich war sprachlos.

Ich will, daß du vollkommen bist. Ich verlange das von dir, Vassula.

Aber, Herr, es ist unmöglich, vollkommen zu werden in der Situation, in der
ich gegenwärtig lebe! Für mich bedeutet es schon etwas, gerade gut zu sein ...

Vassula, Ich werde dich lehren, vollkommen zu sein. In Wahrheit sage Ich
dir, daß das nicht unmöglich ist, aber du mußt Mich dich umgestalten las-
sen. Überlaß dich ganz Mir, und Ich werde dich gestalten zu dem, was
Ich von dir wünsche.

Jesus, ich glaube nicht, daß ich das je sein kann! Ich bin so schwierig zu formen. Es ist, wie wenn man einen Felsen bearbeiten wollte.

Vassula, Vassula, hast du kein Vertrauen zu Mir? Ich bin Gott, und Ich kann selbst Felsen umgestalten, in alle Formen, die Ich wünsche. Weißt du, warum Ich dich erwählt habe?

Ja, Herr.

Da gibt es noch einen Grund: Ich habe dich erwählt, weil du schwach bist, und weil deine Schwachheit Mich angzogen hat. Mein Kind, komm und fühle Mein Herz. Mein Herz will geliebt werden. Komm und fühle Mein Herz durch deinen Geist. Vassula, bist du bereit? Fühle Mich.

Ich war wie versteinert.

Betrübe Mich nicht. Komm und fühle Mich ... Du spürst Mich nicht.

Nein, ich habe Dich nicht gespürt. Ich hatte nicht den Mut, es zu tun.

Willst du Mir dein Problem erklären?

Jetzt ist es noch schlimmer.

Warum?

Meine Verlegenheit. Ich fühle mich verlegen, ich fühle mich gedemütigt.

Vassula, warum? Betrübe Mich nicht und erkläre Mir dein Problem.

Ich fühlte mich beschämt, Dein Herz zu berühren. Ich sehe mich wie eine Aussätzige, die kommt, um eine gesunde Person zu berühren. Wer bin ich, um mich Dir so zu nähern?

Jedesmal, wenn du dich in Verlegenheit fühlst, liebe Ich dich noch mehr. Meine Tochter, da wir für die Ewigkeit miteinander verbunden sind und da du Mein bist, werde Ich Mir erlauben, tief in dein Herz hinabzusteigen. Mich mit dir vermählen verherrlicht Mich und reinigt dich. Wir sind eins.

Ja, Herr, aber schau, mit wem Du vereinigt bist!

Ich liebe dich. Komm und stütze dich jetzt auf Mich.

Später.

Vassula, fühle Mein Herz.

Ich habe Sein Herz gespürt. Es war so warm und pochte vor Verlangen, geliebt zu werden.

Du mußt nicht beschämt sein, wenn du Mein Herz fühlst. Dein Gott ist es, der das von dir verlangt. Erlaube Mir, dich zu gebrauchen, wie Ich es wünsche.

Ich hatte wieder einen Verdacht: Ist es der Teufel, der mich in eine seiner Fallen locken will?

Ich bin der Herr Jesus Christus. Hab keine Angst!

Ich war immer noch auf der Hut. Ich habe zwar den Teufel nicht um mich herum gespürt, aber ich war trotzdem mißtrauisch.

Hab keine Angst!

Ich konnte mich nicht »befreien«. Das Gefühl einer Aussätzigen kam mir wieder in den Sinn. Ich habe mich nicht vom Platz gerührt.

Weißt du, wie sehr Ich dich liebe?

Ja, ich weiß, Jesus.

Warum verweigerst du Mir denn Meinen Kuß?

Weil ich nicht würdig bin, von Dir einen Kuß zu erhalten.

Vassula, habe Ich dir vorher nicht gesagt, daß du Mir nichts verweigern sollst? Was hast du Mir geantwortet?

Daß ich Dir niemals etwas verweigern werde.

Ja, warum verweigerst du Mir also Meinen Kuß? Vassula, verweigere Mich nie. Wenn Ich etwas von dir verlange, dann geschieht es aus Liebe. Erlaube Mir, dich zu umarmen, erlaube Mir, es zu tun! Komm zu Mir und fühle Meinen Kuß, einen göttlichen Kuß auf deiner Stirn. Bist du bereit?

Jesus hat meine Stirn geküßt. Er hat mich ganz ... wie soll ich das nur ausdrücken? Er ließ ein außerordentliches Gefühl von Frieden in meiner Seele zurück. Mein Atem schien die Lungen zu durchbrechen und ganz in meinen Körper einzudringen. Ich hatte das Gefühl, wie reine Luft zu sein.

Ich liebe dich.

Die beiden folgenden Tage fühlte ich mich leer, durchsichtig wie Glas, wie Kristall!

20.3.1987

Vassula, laß Mich dir etwas sagen: „Liebe Mich bis zum Ende, denn das Ende wird sanft sein und Ich werde mit dir sein."

Wie sehr hast Du leiden müssen!

Meine Leiden sind nicht umsonst gewesen. Ich habe euch vom Bösen befreit.

Ich wünsche so sehr, daß Du glücklich bist, wenigstens hie und da.

Ich bin glücklich, wenn Ich bei Meinen Geliebten bin. Ich bin immer noch unter euch, Meine Tochter. Ich bin Frieden. Ich werde dir immer Meinen Frieden geben. Integriere dein ganzes Wesen in Mir, und Ich werde dich in Mir auflösen. Vassula, komm immer zu Mir und spüre Meinen Frieden. Bist du immer bereit, dich von Mir gestalten zu lassen?

Ja, Jesus, immer.

Ja, laß Mich frei, mit dir zu tun, was Ich will. Ich werde dich umgestalten in ein reines Wesen, das Meinen Interessen ganz ergeben ist. Mit Meiner Kraft wirst du Prüfungen durchstehen, nur für Meine Interessen. Mein Wort wird wie ein Strom sein, der fließt, der breiter wird, sich beschleunigt, der überläuft und sich in einen Ozean verwandelt, einen Ozean des Friedens und der Liebe.

Später.

Vassula, warum lobst du Mich nie? Ich bin der Herr, der dich aus der Finsternis gerettet hat. Begreife, was du bist: Unter den elendesten Geschöpfen bist du bei weitem das schlimmste.

Ich habe geseufzt.

Ich liebe dich trotzdem. Vassula, lobe Mich, weil Ich dich befreit habe.

Ich überlegte, was ich sagen sollte.

Sag folgendes:
»Mein Gott, ich liebe Dich. In der Fülle Deiner Liebe und Deiner Barmherzigkeit hast Du mir Dein Licht gezeigt. Gelobt sei Dein heiliger Name. Amen.«

Ich habe Seine Worte wiederholt.

21.3.1987

Ich bin es, Jesus. Vassula, willst du üben, Geliebte, Mich durch deinen Geist zu erkennen? Vassula, schau Mich an.

Ich habe Ihn angeschaut.

Ja, so ist es gut.

Hast Du Deine Hände auf den Schreibtisch gelegt?

Ja.

Und jetzt, hast Du die Arme gekreuzt?

Ja.

Jetzt hast Du einen Arm erhoben. Du hast die Hand Deinem Gesicht genähert und hast Deinen Zeigefinger auf Deine Wange gedrückt, ohne den anderen Arm zu bewegen, wie wenn Du nachdenken würdest.

Gut! Ich werde Meine Gegenwart verstärken. Vassula, schau Mich an.

Hast Du ein Buch, das Du von links mit Deiner rechten Hand aus Deinem Mantel hervorgeholt hast?

Ich habe ein Buch.

Es ist nicht sehr groß.

Genau. Du unterscheidest gut, Vassula. Schau in das Buch hinein und lies, was dort steht.

Ich versuchte es, aber es gelang mir nicht ...

Er sagt: „Mein Altar, das bist du ..." — Jesus, es gelingt mir nicht, ich kann den Rest nicht lesen!

Versuch es noch einmal.

„Mein Altar, auf welchen ..." Es gelingt mir nicht. Ich glaube, daß ich nicht richtig lese ...

Mein kleines Kind, was würdest du ohne Mich machen? Du mußt deine Seele mehr zu Mir erheben. Vassula, Ich werde dir helfen. Überlaß dich Mir ganz, entmutige dich nicht. Ich werde später mit Meinem Buch zurückkommen.

Ich war entmutigt. Ich glaubte, Ihn enttäuscht zu haben, weil ich meine Seele nicht genug zu Ihm erhoben habe. Ich hatte Angst, daß Seine Geduld Grenzen habe, daß Er meiner überdrüssig würde und mich durch eine andere Seele ersetzen würde!

Vassula, glaube nie, daß Ich dich durch eine andere Seele ersetzen werde. Wirst du Mir wohl glauben? Komm, wir werden es ein anderes Mal probieren. Versuche, Mich besser zu erkennen durch deinen Geist, wie du es jetzt getan hast. Vassula, laß dein ganzes Wesen in Mich eindringen und sich ganz in Mir auflösen. Liebe Mich und sühne für andere. Erhebe dich, Ich werde dich lehren, deine Seele zu erheben. Wir wollen gehen.

22.3.1987

Die Ruhe, das ist es, was Ich gern sehe. Du wirst mit Ruhe arbeiten, nicht mit Hast. Ich bin mit Meinem Buch zurückgekommen.

Was steht in diesem Buch?

In diesem Buch habe Ich Namen von Seelen aufgeschrieben, Seelen, die Meine Flamme neu entfachen werden, die Liebesflamme. Willst du lesen an der Stelle, die Ich dir zeige?

Ja, Herr. Ich habe mir Sorgen gemacht wegen dieses kleinen Buches, das ich nicht lesen konnte.

Ich weiß.

Ich kann den Bucheinband sehen. Ist er biegsam und vergoldet?

Ja, sein Einband ist vergoldet. Schau hinein und lies.

„Ich werde aus dir Meinen Altar machen, auf welchen Ich die brennenden Wünsche Meines Herzens legen werde. Meine Flamme wird in dir leben. Schöpfe aus Meinem Herzen, um dein Herz zu füllen. Ich, der Herr, Ich werde Meine entzündete Flamme auf ewig bewahren."

Willst du jetzt Mein Buch küssen, Meine Tochter?

Ich habe es geküßt. Ich hatte aber noch eine Frage ...

Ich werde es dir sagen. Es handelt sich um eine geistige Führung für Meine auserwählten Seelen.

Später hat eine Welle von Unsicherheiten mich aufs neue erfaßt.

Vassula, hab keine Angst. Ich bin es, Jesus. Hör Mir zu, Geliebte: Alle Offenbarungen bringen auch ihre Leiden mit sich. Was dich betrifft, so ist es die Unsicherheit, die dir Leid verursacht. Habe Ich dir nicht gesagt, daß das Leiden deine Seele reinigt? Nimm es an, und laß Mich frei tun, was für dich besser ist. Laß Mich in dir handeln. Willst du das wohl?

Ich nehme es an, solange es von Dir kommt, Jesus.

Ich bin Jesus, dein Erlöser. Wir werden miteinander leiden und miteinander kämpfen. Schau, stütze dich auf Mich, komm, wir wollen miteinander lesen.

Später.

Ich bin hier! Lebe für Mich, verherrliche Mich, indem du Mich liebst. Komm, das alles geschieht für Meine Absichten der Liebe und des Friedens. Verleugne Mich nie. Der Teufel wird immer wieder versuchen sich einzumischen, um Meine Pläne zu vereiteln, aber Ich werde den Sieg davontragen, schenk Mir doch Vertrauen.

Herr, darf ich mich über gewisse Dinge beklagen?

Fühle dich frei mit Mir, Vassula.

Ich möchte dir sagen, was mich verwirrt. Wahrscheinlich ist alles, was ich denke oder sage, falsch, aber was immer ich auch tun werde, es wird falsch sein.

Tatsächlich habe ich wirklich keine feste Unterstützung, auf die ich mich ver-
lassen könnte. Ich bin da und schreibe Botschaften, die ich von Dir erhalte, und
ich schreibe und schreibe ...

Andere Personen erhalten Botschaften oder Offenbarungen, die von Dir kom-
men, und diese Personen befinden sich zumeist in Klöstern, gut umgeben von
Ordensleuten, Priestern, Bischöfen ... Wenn sich etwas Übernatürliches ereigne-
te oder noch ereignet im Leben dieser Personen, dann sind sie sorgfältig beob-
achtet und begleitet. So ist es für sie leicht, ihre Niederschriften ihren Oberen
weiterzugeben, und von dort dem Bischof und dann dem Papst, wenn sie alle
übereinstimmen und anerkennen, daß es von Dir kommt.

Wahrscheinlich bin ich im Irrtum, aber damit diese Vorgesetzten das alles
leichter annehmen, müßte man aus ihrem Milieu stammen, das sie gut kennen.
Dann könnten diese Schriften leichter veröffentlicht werden, wenigstens zum
Teil.

Diese Personen, die von Dir Botschaften erhielten oder noch erhalten, sind in
ihrem religiösen Milieu gut aufgenommen und sind auf diese Weise sehr
erleichtert, während im anderen Fall das Wort schwer auf einem lasten kann.
Ich selber habe Kontakt gehabt mit Priestern, die zufällig katholisch waren.
Gegenwärtig haben mehrere Priester Kenntnis erhalten von diesen Offenba-
rungen, aber ihre Meinungen sind sehr verschieden:

Einer von ihnen behauptet bis heute, daß diese Botschaften vom Teufel seien,
mit anderen Worten: daß ich von einem Geist besessen sei. Ich aber weiß doch,
daß es von Dir kommt, dem allmächtigen Gott. Er hat einen Teil gelesen, aber
er bleibt überzeugt von seinem ersten Gedanken. Er fand sogar, das alles sei
banal und alltäglich, denn es gäbe viele Bücher, die über Botschaften berichten,
die meistens an Personen aus dem Ordensstand gerichtet seien. Wenn er viel-
leicht einmal begreifen wird, daß ich nicht besessen bin, wird er mir vielleicht
noch sagen, das alles geschehe aus meinem Unterbewußtsein heraus. Alles, nur
nicht, daß es von Dir kommt!

Die Reaktion eines anderen Priesters war folgende: „Ja, fahre fort zu schreiben,
denn das ist göttlich." Er glaubt also, daß es Deine Worte sind, aber er ist zu
sehr beschäftigt, um sich wirklich dafür zu interessieren und Deiner Botschaft
zu folgen. Das ist es, was mich erstaunt: Wenn er glaubt, daß es von Dir
kommt, unserem Gott, warum interessiert er sich nicht ernsthaft dafür?

Ich habe einem dritten Priester von der Botschaft gesprochen. Er hat mir gedul-
dig zugehört, schaute aber immer wieder auf seine Uhr und sagte mir dann
zum Schluß: „Sehr gut, sehr gut, fahre nur weiter so fort. Das ist wunderbar!"

Ich habe ihn eingeladen, mich doch einmal zu besuchen, um etwas länger darüber zu diskutieren. Ich habe ihn nie wieder gesehen.

Wieder ein anderer Priester begnügte sich damit, nachdem er zwei Seiten gelesen hatte, zu sagen, daß er keine Meinung äußern wolle, und daß die Katholiken diesen Dingen gegenüber mißtrauisch sein sollen, denn sie könnten vom Teufel sein. (Vielleicht, aber für wie lange? Bis die Massen zu Gott zurückkommen? Denn die Massen setzen sich schon in Bewegung, und das ist der Anfang.) *Er behauptete zwar nicht, es sei vom Teufel, empfahl aber doch, man müsse klug vorgehen.*

Wenn all diese Priester sich über den übernatürlichen Charakter dieser Geschehnisse einig sind, warum nehmen sie diese Schriften nicht ernst, indem sie versuchen, die Ereignisse zu verstehen und sie nachträglich zu erklären? Denn auch sie, und sie besonders, suchen Gott!

Ein anderer Priester endlich hat mir gesagt, daß es Offenbarungen des Herzens sind und von Gott kommen. Er gab mir den Rat, einen mystischen Priester aufzusuchen, der mich beraten könnte.

Wenn ich recht verstehe, wäre es für mich leichter gewesen, wenn ich zu ihnen gehörte. Da ich nicht aus ihrem Milieu bin, wird für mich alles komplizierter sein. Dazu kommt noch, daß mein ganzes Äußeres sie schockieren muß.

Ich bin Jesus. Vassula, stütze dich auf Mich und ruhe dich aus. O Jahrhundert! Hast du eine Meinung abgegeben, bevor du einen Blick auf Meine Worte geworfen hast? Gibst du dir den Anschein, Mich zu verherrlichen, während du dich in Wirklichkeit über Mich lustig machst? Vassula, Ich liebe dich. Stütze dich auf Mich, Meine Geliebte.

Herr, es gibt da noch etwas anderes. Wenn Gefühle des Zweifels in mir wegen all dieser Sachen aufkommen, dann weiß ich mit Sicherheit, daß ich Dich beleidige. Wenn ich annehmen würde, ohne zu zweifeln, und das alles nicht von Dir wäre, würde ich Dich auch beleidigen. Was immer ich tue, ob ich zweifle oder ob ich glaube, verletze ich Dich! Ich bin die letzte, die Dich beleidigen wollte, und diese Ungewißheit ist für mich Ursache des Leidens.

O Meine Tochter, betrübe dich nicht. Glaube nie, daß die Liebe Mich beleidigen kann. Du tust nichts anderes, als dich von Mir ernähren. Ich bin Jesus, Jesus Christus. Es ist Mein Brot, das du ißt, Seele! O geliebte Seele, betrübe dich nicht weiter, glaube Mir und fühle dich von Mir geliebt.

Verzeih mir, daß ich so schwach bin.

Ich verzeihe dir vollständig. Spüre, wie Ich dich liebe. Deine Schwäche ist es, die Mich am meisten anzieht, deine unaussprechliche Schwäche! Dein Elend übersteigt jedes Sagen. O, komm in Mein Herz, laß deine Seele ganz in Mir vernichtet sein. Sei Mein Himmel. Ich liebe dich. Sei nun in Meinem Frieden.

23.3.1987

Ich will, daß unsere Vereinigung vollkommen sei. Erkenne Mich aufmerksam. Ja, du hast richtig gesehen, Ich habe zwei Ringe mit Mir.

Sie sind versilbert? Sehr glänzend!

Sie sind aus reinem Weißgold.

In diesem Augenblick glaubte ich, daß der Teufel mir eine Falle stellte. Wie konnte so etwas möglich sein?

Hör zu, Vassula. Ich bin es, Jesus, fürchte dich nicht. Geliebte, Ich habe dir diesen Ring gebracht und jetzt will ich, daß du ihn trägst. Erkenne Mich.

Aber, ist das möglich?

Ja, Ich segne unsere Verbindung! Geliebte, dieser Akt ist ein geistig göttlicher Akt. In Wahrheit sage Ich dir: Deine Seele ist mit Mir vereinigt. Glaube Mir, Ich werde unsere Vermählung heiligen. Gestatte Mir, diesen Ring an deinen Finger zu stecken. Ich liebe dich und segne dich.

Jesus hat den anderen Ring an Seinen Finger gesteckt.

Siehst du? Was kannst du unterscheiden?

Ich sehe zwei Ringe, die mit einem Band verbunden sind.

Jetzt sind wir verbunden. Ich kröne unsere Verbindung.

Jesus, viele Leute werden meine Phantasie tadeln!

Warum? Viele kommen zu Mir und vermählen sich mit Mir, indem sie Mich verherrlichen. Ich freue Mich so sehr, mit ihnen verbunden zu sein! Vassula, Ich habe dich von den Toten heraufgeholt. Ich habe Mein Licht über dich ausgegossen. Ich habe auf dich achtgegeben und habe dich getröstet. Laß Mich frei Meine Werke an dir weiterführen, Meine Tochter. Sei wie weicher Gips, der sich formen läßt, wie Ich es wünsche. Überlaß dich frei Meinen Händen und leiste keinen Widerstand.

Herr, ich bin so glücklich, sogar zu viel, und ich habe solche Angst, mich zu täuschen!

Nein, du hast gut erkannt: Ich liebe dich so sehr, daß Ich bereit bin, dich sofort zu holen. Ich seufze beim Gedanken, dich zu befreien und dich neben Mir zu haben, aber Ich habe dich für diese Botschaft geschaffen.

Herr, ich fürchte, vielleicht falsch verstanden zu haben und Deinen Namen beleidigt zu haben wegen des Gedankens, daß Du mir einen Ring gegeben hast und daß Du uns vereinigt hast. Trotzdem bin ich sicher, daß ...

Meine Braut, Meine armselige Braut, warum hast du Angst vor Mir? Bereite Mir keinen Kummer. Komm näher zu Mir. Ich liebe dich. Stütze dich auf Mich und erinnere dich daran, daß Ich unsere Vermählung geheiligt habe. Beunruhige dich nicht, denn Ich bin es, Jesus. Laß deine Angst und komm näher zu Mir. Ich habe deine Hand gespürt.

Jesus hat sogleich reagiert. Als ich Sein heiliges Antlitz auf dem Bild des heiligen Grabtuches berührte, habe ich im Geiste zärtlich Seine Haare auf der linken Seite nach hinten geschoben. Seine sofortige Reaktion hat mich überrascht!

Jesus, hast Du wirklich meine Hand gespürt?

Ja, Vassula. Begreifst du, daß Ich Gott bin?

Ich bedaure, das getan zu haben.

Sei nicht betrübt deswegen, sei vertraulich mit Mir, so wie du bist. Komm, gib Mir deine Hand und Ich werde sie in Meiner Hand halten.

In diesem Moment hat Gott mir eine Vision gegeben.

26. 3. 1987

Erfreue Mich, Vassula, und begreife, daß Ich, Gott, der Eine bin. Ich möchte dir so sehr etwas mehr von Meiner Herrlichkeit zeigen. Mein Kind, weißt du, wie der Himmel erschaffen wurde?

Durch Dich.

Ja, Ich habe jede Breite, Höhe und Tiefe gemessen, und jede Dimension ist vollkommen. Jedes kleine lebende Geschöpf kommt von Mir und gehört Mir wirklich. Jedes Leben kommt von Mir. Mein Hauch ist Leben. Möchtest du mehr lernen über Meine göttlichen Werke?

Ja, Herr.

Nun gut, wir wollen einen Ausflug machen in Meine Herrlichkeit.

Ich befand mich in der Gegenwart Gottes in einem wunderschönen Garten, der buntfarbig und in Licht getaucht war, aber es war nicht das Licht einer normalen Sonne. Beim Gehen habe ich eine gewaltige Lichtkugel erblickt, die den Horizont berührte. Es war wie eine große Sonne, aber man konnte leicht hinschauen, ohne sich die Augen zu verbrennen.

Wie fühlst du dich, Meine Tochter?

Es ist wunderbar und so merkwürdig!

Was siehst du?

Eine Art »Sonne«.

Ja, das ist Meine heilige Wohnung. Was siehst du um dieses Licht herum?

Zuerst sah ich Flecken, die sich um dieses Licht hin und her bewegten. Es stellte sich heraus, daß diese Flecken ganze Legionen kleiner Engel waren, die das Licht umkreisten.

Das sind Cherubim, die Meine Herrlichkeit umkreisen. Was siehst du noch?

Einige Stufen, die in das Innere der »Sonne« führen?

Wir wollen in das Licht hineingehen. Bist du bereit? Zieh deine Schuhe aus, denn wir treten in einen heiligen Raum ein. — Jetzt sind wir im Innern des Lichtes.

Beim Eintreten dachte ich, daß ich mich in einem sehr hellen Lichte befinden würde. Dem war aber nicht so. Alles war von einer beruhigenden blauen Farbe. Was mir besonders aufgefallen ist, das war die Stille, ein Gefühl von Friede und Heiligkeit. Wir befanden uns im Innern einer Kugel.

Ja, es ist eine Kugel.

Die »Mauer«, die uns umgab, war keine Mauer. Es waren lebende Wesen, es waren Engel, eine Mauer von Engeln. Die »Decke« war wie ein Gewölbe, das von großen Engeln gebildet wurde ... Sie waren alle blau. Es waren Millionen, Milliarden, eng angeschlossen, der eine an den anderen. Es waren große Engel, einer über dem anderen, die eine feste Wand bildeten, die die Kugel umschloß.

Meine Seraphim bewachen diesen heiligen Ort und beten Mich ohne Unterbrechung an. Kannst du sie hören?

„Du Heiliger der Heiligen, heilig ist unser Gott, der Allerhöchste ..."

Wieviele sind es, Herr?

Tausende, Mein Kind. Weißt du, wer dieser ist, so schön, mit dem goldenen Schwert?

Ich weiß es nicht.

Ich habe einen Engel gesehen, der sich von den anderen unterschied, denn er hatte eine normale Gesichtsfarbe, blonde Haare, die bis zu den Schultern reichten. Er war mit einem langen funkelnden Gewand von reinstem Weiß bekleidet. In der Hand hielt er ein sehr schönes goldenes Schwert.

Vassula, das Schwert ist Mein Wort. Mein Wort ist rein. Es durchdringt und erleuchtet.

Plötzlich hat sich die abgerundete »Decke« wie eine Blume geöffnet.

Schau hin, Mein kleines Kind, versuche zu erkennen. Ich bin bei dir und helfe dir. Über dir wirst du jetzt die heilige Schlacht sehen, die noch kommen soll. O Meine Tochter, schau mit Wachsamkeit um dich und wisse, daß das Böse existiert. Siehst du etwas?

Als diese »Decke« sich wie eine Blume geöffnet hatte, habe ich zuerst Pferde mit schwarzen Augen gesehen, samtartig und wild. Dann hat sich das Bild entfernt und ich sah die Abwicklung einer Schlacht.

Meine Armee wird gegen Satan und seine Helfershelfer kämpfen, ebenso gegen all jene, die versucht haben, Mein Gesetz zu vernichten. Erinnere dich daran: Ich bin das Alpha und das Omega, der Erste und der Letzte. Mein Wort ist ewig. Was siehst du jetzt?

Ein kriechendes Tier, wie eine große Schlange, die von einem Pferd ausgeworfen wurde.

Dieser Drache wird unter der Lanze Meines Heiligen besiegt werden. Wenn sich all das erfüllt hat, werden auch all seine Anhänger fallen. Vassula, Ich werde dir jetzt Meinen Gerichtssaal zeigen.

Ich sah einen großen leeren Saal. Plötzlich bemerkte ich in einer Ecke eine Gruppe Seelen. Der Lärm ihrer Ketten hat meine Aufmerksamkeit in diese Richtung des Saales gelenkt. Diese Seelen schienen unbeschreiblich verwirrt, wie mit schwarzer Kohle befleckt. Sie haben uns nicht gesehen und schienen erstaunt über ihre Umgebung.

Höre die Trompeten, es sind Meine Engel, die Mich ankündigen. Gib Mir die Hand, denn du bist Meine kleine Besucherin. Ja, jeder Engel fällt vor Mir anbetend auf die Knie. Hast du diese Seelenmenge gesehen? Sie kommen von unter der Erde. Es sind gepeinigte Seelen, die soeben befreit worden sind (befreit vom Fegefeuer, das ganz nahe der Hölle ist), *sie waren vor den Toren Satans.*

Wer hat sie befreit?

Ich, durch Meine göttlichen Werke und mit Hilfe all jener, die Sühne leisten und Mich lieben. Siehst du nun, warum Ich will, daß du Mich liebst? Je mehr du Mich innigst liebst, um so mehr Aussicht haben sie, sich bis zu Mir zu erheben. Willst du wissen, was aus diesen Seelen wird?

Ja, Herr, was geschieht mit ihnen?

Laß Mich es dir sagen. Ich werde sie taufen durch Meinen Heiligen Geist und Ich werde sie vollständig befreien. Solange sie nicht im Heiligen Geist getauft worden sind, können sie nicht Anteil haben an Meinem Reich.

Willst du sagen, daß diese Seelen nicht getauft waren?

Sie waren nicht getauft.

Und möchten sie es jetzt?

Ja, sie wollen es. Komm, Ich will es dir erklären. Setzen wir uns. Was du gesehen hast, war nur eine symbolische Vision. Sie waren nicht wahrhaftig in Meinem Saal. Die Seelen werden erst am Ende der Welt gerichtet.

Wenn diese Seelen nicht in Deinem Saal waren, wo waren sie dann?

Diese Seelen waren im Fegefeuer, also unter Meiner Gerechtigkeit. Wenn ihr Mich wählt und Mir zu folgen wünscht, werdet ihr gerettet. Wenn ihr Mich aber wegen eurer Verstocktheit nicht erkennen wollt, werdet ihr fallen, und dorthin gehen, wo euch eine Qual ohne Ende erwartet.
Ich muß euch alle warnen — nicht als ob das vorher nicht schon getan worden wäre —, denn jeder, der den Heiligen Geist lästert, wird keine Verzeihung erhalten — das ist Mein Gesetz! Senke deine Augen vor Mir, Mein Kind.

Ich habe die Augen gesenkt.

Laß Mich dich segnen. Ich verzeihe dir deine Sünden. Wiederhole folgende Worte:
»Der Herr und allmächtige Gott sei gesegnet, Sein Reich bestehe in ewiger Herrlichkeit, Sein heiliger Name sei verherrlicht, Sein Wort dringe in alle Herzen ein und ruhe darin. Amen.«
Vassula, das genügt für heute, ruhe dich aus. Ich werde dir Meine Botschaft diktieren für jene, die Meine Stellvertreter sind, Mir aber nicht genügend Liebe schenken und nicht aus Meiner unendlichen Liebe schöpfen.

118

Plötzlich fühlte ich, wie Gott von Bitterkeit erfüllt war.

Meine Tochter, komm, leiste Mir Gesellschaft. Ich brauche Ruhe. Komm näher zu Mir und teile Meinen Schmerz.

Mein Gott, ich werde tun, was Du willst, aber vergiß nicht, daß auch viele andere Dich innigst lieben. Vergiß ihre Opfer nicht, die Beweise der Liebe, die sie für Dich haben.

Ja, sicher, sie erleichtern Meinen Kummer und lindern Meine Wunden. Aber Ich brauche eine größere Anzahl Seelen, die zur Sühne bereit sind und die Meine unendliche Liebe verbreiten und ausdehnen wie Nebel. Ich wünsche, daß sie ihr Herz öffnen und Mich aufnehmen. Ich werde ihre Herzen mit Meiner Liebe erfüllen, und wenn ihr Herz vor Liebe überborden wird, werden sie diese Liebe verbreiten können und Meine Lämmer ernähren. Geliebte, willst du Mich in dir ausruhen lassen?

Ja, mein Gott.

Willst du in Mir ruhen?

Ja, mein Gott, ich will es.

So komm denn, Ich liebe dich.

Ich liebe Dich auch, mein Gott.

* * *

Heft 10

27.3.1987

Vassula, Ich liebe dich.

Ich liebe Dich auch, Jesus.

Wie sehr wünsche Ich, alle Meine Priester heilig zu sehen, da sie Meine Stellvertreter sind. Ich wünsche, daß sie rein werden, heilig, demütig und barmherzig. Ich möchte, daß sie Mir erlauben, Meine überreiche Liebe in ihr Herz zu senken. Ich will, daß sie mehr aus dem Reichtum Meines Herzens schöpfen, um ihr Herz zu durchdringen und zu erfüllen, damit es überborde und so sich überall in der Welt ausbreite.

Es ist notwendig, daß sie Meine Lämmer zu verstehen und zu lieben versuchen. Um das aber erreichen zu können, müssen sie lernen, Mich zu lieben, wie Ich sie geliebt habe. Sie müssen lernen, Meine Kinder zu lieben, wie Ich sie liebe. Sie müssen Meine Kirche ehren. Ich wünsche die Liebe, Vassula. Sag ihnen, laß sie es wissen, daß Meine Lippen ausgetrocknet sind und nach Liebe dürsten.

Wozu dienen Opfer und Rituale, wenn ihre Herzen versteinert und trocken sind? Ich wünsche, diese Wüste fruchtbar zu machen durch Lauterkeit. Ich brauche eine lebendige Flamme, Reinheit, Eifer und eine glühende Liebe. Zögert darum nicht, kommt und schöpft aus Meiner Unendlichen Liebe und erfüllt damit eure Herzen. Alles, was Ich von euch verlange, ist Treue, Reinheit und Liebe. Kommt, kommt mit Reue. Kommt und ändert euer Leben. Ich werde euch erheben und ihr werdet Mich aufnehmen.

Ich will euch an Meine Wege erinnern. Ich habe euch so viele Botschaften und Zeichen gegeben, Zeichen, die ihr nicht anerkennt. Habt ihr Meine Worte vergessen? Seid nicht erstaunt über die schwachen Werkzeuge, derer Ich Mich bediene, um Meine Worte bekanntzumachen? Ich könnte irgendeinen Stein nehmen und ihn in einen Meiner ergebenen Diener verwandeln! Einige von euch werden in einen Meiner ergebenen Diener verwandelt!

Einige von euch werden Beweise suchen, daß Ich es bin, Jesus, der diese Botschaft gibt. Habe Ich nicht gesagt, daß Ich Meinen Geist über jedes Fleisch ausgießen werde und daß eure Söhne und eure Töchter prophezeien werden, und daß Ich Zeichen am Himmel und auf Erden wirken werde? Meine Wege sind nicht eure Wege, und Meine Zeichen nicht eure Zeichen.

Ich offenbare noch Mein Antlitz, aber wieviele unter euch werden glauben? Ich seufze vor Schmerz. Ich ersticke, ja, Ich ersticke, wenn Ich Meine Saat betrachte, die von toten Worten erfüllt ist. Treue! Nennt ihr das Treue, wenn eure Herzen tot sind? Kommt, kommt und laßt euch von Meinem Herzen aufzehren. Ich verlange von euch allen Ernstes, zu bereuen und zu sühnen. Liebt Mich in Reinheit und ehret Meine heilige Eucharistie. Ja, ihr alle, die ihr euch gerecht und fromm wähnt, kommt und ändert eure Herzen, öffnet eure Herzen, um Mich zu empfangen. Wenn ihr das getan habt, werde Ich den Schleier von euren Augen wegnehmen, und Ich werde eure Ohren öffnen.

Vassula, morgen werde Ich weiter diktieren. Du kannst dich jetzt ausruhen, Geliebte. Hast du Mich erkannt, als Ich schrieb?

Ja, Herr. Du warst hinter meinem rechten Arm. Warst Du es?

Ja, fühle Meine Gegenwart, wie du es tust. Hab keine Angst. Ich bin bei dir. Komm, wir wollen uns miteinander, der eine im anderen ausruhen.

30. 3. 1987

Ich bin es, Jesus Christus. Alle Offenbarungen kommen von Mir. Schöpfe aus Mir! Eine Blume ist im Begriffe, neben Mir zu wachsen. Meine Blume, schöpfe, während du wächst. Sauge Mich auf, komm, Ich liebe dich.

Jesus, ohne es zu wollen, gebrauche ich, wenn ich mit Dir spreche, eine Sprache, die nicht ehrfurchtsvoll ist. Es ist meine tägliche Umgangssprache. Ich kenne keine andere. Wenn ich Bücher von Ordensfrauen lese, sehe ich, daß ihre Art, mit Dir zu reden sehr verschieden von meiner Sprache ist. Vielleicht waren sie unterrichtet worden? Ich will nicht vulgär sein, aber es ist mein Herz, das redet, und Du verstehst es.

Vassula, Ich verzeihe dir deine Unkenntnis. Ich werde dich unterrichten, du bist im Begriff zu lernen. Du begreifst, wie elend du bist, trotzdem liebe Ich dich. Das Elend zieht Mich an, da Ich dir Meine Barmherzigkeit anbieten kann. Ich habe dich erwählt, um der Welt Meine Huld zu zeigen.

Ich bin nicht stolz, erwählt worden zu sein, nicht wegen meiner Verdienste, sondern wegen meiner Schwächen. Ich fühle mich ein wenig wie Judas ... Ich bin sicher stellvertretend für die heutige Welt.

Lo („nein", auf hebräisch), *Vassula, du bist nicht wie Judas. Du bist schwach, ungebildet und elend, mehr als Worte es ausdrücken können. Aber du bist Meine Geliebte, und Ich habe dich geheiligt. Ich habe Mich um unsere Vereinigung gekümmert, weil du unfähig warst, es zu tun. Ich möchte dich umbilden. Ich habe dich mit Mir vereint, indem Ich dich bat, Meine Braut zu sein.*

Jesus, ich habe vernommen, daß die Ordensfrauen sich wirklich mit Dir »vermählen«.

Ja, sie kommen zu Mir und werden Meine Bräute. Ich erfreue Mich in ihnen! Du wußtest nicht, daß du Meine Braut sein und mit Mir vereinigt sein konntest, darum habe Ich Mich selber um unsere Vereinigung gekümmert, siehst du? Ich habe unsere Vermählung geheiligt, indem Ich einen Ring an deinen Finger steckte. Arbeite mit Mir und erinnere dich, daß Ich der Heilige bin. Vergiß das nie!

Jesus hat alles so eingerichtet, daß ich ganz Ihm gehöre.

3.4.1987

Ich überwache dich, denk daran, wir sind vereinigt. Ich bin Gott und Ich liebe dich.

Ich liebe Dich auch, Herr.

Nähre dich von Mir. Ich liebe euch alle. Ich habe gesagt, daß Mein Reich auf Erden so sein wird, wie es im Himmel ist. Ich werde alles Böse ausrotten und Ich werde Meine Mir ergebenen Diener stärken. Ich bin Gott und Mein Wort ist sicher. Fürchte dich nicht, Mein kleines Kind, denn Ich führe dich, Ich bin der Allerhöchste! Ich werde Mein Brot der ganzen Menschheit geben. Ich dürste nach Liebe, sag ihnen, damit man weiß, wie sehr Meine Lippen ausgetrocknet sind von Durst.

Jesu Gegenwart war sehr klar und ich konnte erkennen, daß Seine Lippen trocken, gespalten und geschwollen waren! Er hatte Mühe zu reden, weil Sein Mund trocken war und Seine Zunge sich nur mit Mühe verständlich machen konnte. Man hätte meinen können, Er komme aus der Wüste, wo Er mehrere Tage kein Wasser hatte. Es war ein mitleiderregendes Bild.

4.4.1987

Seitdem ich in der Schweiz wohne, beobachte ich die Leute und ihre Art zu leben. Viele, wie überall anderswo, haben tagtäglich Probleme, einige mehr als andere. Nicht wenige scheinen unzufrieden und mitten im Kampf zu sein. Ich hatte das nie bemerkt, bevor ich Gott näherkam.

Ja, Vassula, Ich will, daß du alles siehst. Ich will, daß du alles, was sie sagen, beobachtest und hörst. Ich bin traurig, wenn Ich Meine Lämmer höre und beobachte. Warum haben sie Mich vergessen? Ich bin doch ihr Tröster. Ich kann sie trösten, sie können sich an Mich wenden.

Später.

Meine Tochter, wenn du einmal erfassen kannst, wie gleichgültig die Welt Mir gegenüber geworden ist, wirst du Meine Bitterkeit begreifen. Mein Kelch der Barmherzigkeit ist voll und Mein Kelch der Gerechtigkeit ist es auch. Sie betrüben Mich, sie tränken Mich mit Bitterkeit durch ihre Revolutionen und Rebellionen gegen Mich und gegen Mein Gesetz. Ich bin derselbe lebendige Gott, aber Mein Volk kennt die Furcht nicht mehr, es fordert Mich heraus, es provoziert Mich! Es war für Mich eine Freude, sie zu erschaffen. Warum rebellieren sie gegen Mich? An wen können sie sich wenden? Ich leide. Wohin glauben sie sich zu begeben? Mein Leib ist müde und verwundet. Mein Leib braucht Ruhe und Beruhigung.

Meinst Du die Kirche, Herr?

Ja, Mein Leib ist die Kirche. Vassula, Ich will Meine Kirche festigen. Ich will alle Meine Priester vereinigen, wie eine Armee, eine Armee des Heiles. Meine Schafe sind verstreut. Alle Priester müssen sich vereinigen.

Mein Gott, ich persönlich bin griechisch-orthodox getauft. Wen meinst Du, Herr? Katholiken, Protestanten, andere Religionen oder Sekten? Wenn ich wage, Dich zu fragen, dann tue ich es, weil das alles existiert.

O Vassula, Vassula, Ich bin der Eine, Ich, Gott, Ich bin der Eine. Meine Kinder sind von Meiner Hand erschaffen worden. Warum sind sie alle verstreut? Ich will die Einheit.

Die Einheit! Ich wage nicht einmal laut zu denken, welches die Wünsche Gottes diesbezüglich sind! Ich habe aber verstanden ...

Ich will, daß Meine Kinder sich vereinigen. Ich bin der eine Gott. Sie müssen begreifen, daß die Heilige Dreifaltigkeit ganz eins ist! Der Heilige Geist, der Himmlische Vater und Jesus Christus, der Sohn, alle drei göttlichen Personen sind eins. Vassula, klammere dich an Mich, lerne von Mir.

Mein Gott, und das Licht?
Ich bin das Licht, Ich bin der Eine.

5.4.1987

Vassula, Ich liebe dich unendlich. Ich werde dich Meine Liebe spüren lassen, indem Ich dich Mein Herz berühren lasse.
Ich habe meine Hand auf Seine Brust gelegt und ich habe das Schlagen Seines Herzens gespürt.
Jeder Schlag Meines Herzens ist ein Ruf an eine Seele. Ich habe geseufzt, damit Meine Geliebten Mich hören und sich Mir nähern. Heute habe Ich das Wesen deiner Liebe zu Mir genommen, und Mich seiner bedient, um eine Seele zu heilen.
Ich habe es verspürt ...
Geschöpf, lebe in Meinem Licht!
Der Ton des Herrn war streng.
Ich liebe Dich, Herr.
Frau, lebe in Mir.
Der Ton des Herrn war sanfter geworden.
Lehre mich, Dich mehr zu lieben.
Geliebte, komm, laß Mich dich in Meinem Herzen verbergen.
Der Ton des Herrn war sehr zärtlich geworden, voll Liebe.
Arbeite mit Mir. Werde nie müde zu schreiben. Vergiß Meine Gegenwart nicht.

6.4.1987

Zwei Wochen vor dem Osterfest der Orthodoxen.
Bereite dich auf Meine Qualen vor. Opfere dich für Mich auf, du wirst Meine Leiden fühlen. Ich bereite dich für Meine Kreuzigung vor. Ich werde leiden, aber du wirst Meine Leiden teilen, Geliebte. Du wirst Meine Todesangst und Meine Wunden fühlen. Wirst du für Mich leiden?
Ich werde Deinen Willen tun.
Komm, ruhen wir miteinander aus, einer im anderen.

7.4.1987

Ich fühle, daß die Botschaft mich erdrückt und daß ich allein bin mit dem Wort Gottes, das zu schwer auf mir lastet. Ich weiß nicht, wie ich mich davon befreien soll. Ich weiß nicht, was ich tun soll! Ich fühle mich über alle Maßen geschwächt und allein, ganz allein mit dieser Last.

Vassula, habe Ich dich je verlassen? Ich bin Gott, stütze dich auf Mich, vertrau Mir.

Ich sollte es, ja, aber es gibt Momente, wo es meine Kräfte übersteigt. Es ist stärker als ich, ich fühle mich verantwortlich.

Mein Kind, hab Geduld, vertrau auf Mich, komm zu Mir, Ich werde dich stärken.

Vater, ich liebe Dich, mehr als Worte es sagen können.

Ich spürte, daß er bereit war zu kommen, um mich zu trösten.

Ich liebe dich, Meine Tochter. Ich werde dich Meine Leiden fühlen lassen, wenn Meine Kreuzigung kommen wird. Ich werde zu dir kommen und dich Meine Nägel und Meine Dornenkrone fühlen lassen. Ich werde dir Mein Kreuz geben. Geliebte, teile Meine Schmerzen. Deine Seele wird die Todesängste, die Ich durchgestanden habe, fühlen. Deine Hände und deine Füße werden die schrecklichen Schmerzen fühlen, die Ich erlitten habe.

Vassula, Ich liebe dich. Da du Meine Braut bist, wünsche Ich alles, was Ich habe, mit dir zu teilen. Glaube Mir, du wirst mit Mir sein. Hab keine Angst, denn Ich, Jesus, bin mit dir. Komm, du wirst stufenweise verstehen, wie Ich wirke. Sei in Meinem Frieden, Geliebte. Ich habe einen Platz für dich bereitet.

8.4.1987

Heute hatte ich allerlei zu tun. Aber das hat mich nicht hindern können, mich an Gott zu wenden. In aller Eile habe ich zu Jesus gesagt:

Ein Wort, Jesus, nur ein Wort!

Ein Wort, Vassula? — Liebe!

Ich liebe Dich.

Als ich Ihn um ein Wort bat, hoffte ich auf einen kurzen Satz!

9.4.1987

Während meines Aufenthaltes in der Schweiz fragte ich mich, wo einmal mein Heim sein würde. Wir waren immer noch am Suchen, da und dort … Wieder bei diesem Gedanken habe ich Jesus gesehen, der mir Sein Herz zeigte.

Fühle Meine Gegenwart. Dort ist deine Wohnung … mitten in Meinem Herzen! Meine Tochter, verherrliche Mich, indem du Seelen für Mich gewinnst.

Meine Schwester hat zum ersten Mal die Botschaften gelesen. Der Erfolg war so groß, daß sie einen Familienstreit, der schon acht Jahre gedauert hatte, schlichten konnte. Nach ihrer Rückkehr nach Rhodos zeigte sie die Botschaften ihrem Mann. Noch in der Nacht hat er die Hefte 5 und 6 gelesen. Er war davon so ergriffen, daß er, bevor er einschlief, Gott bat, ihm seine Sünden zu verzeihen. Dann hat er die Augen geschlossen und fühlte sich plötzlich in einen sehr schönen Garten versetzt. Er sah, wie ihm ein kleines Licht, ähnlich dem Licht einer Kerze, entgegenkam. Dieses Licht wurde immer größer. Wie er darauf die Gegenwart Gottes ganz nahe fühlte, begann er zu zittern und zu weinen. Als das Licht ihn ganz umgab, fragte er: „Jesus, bist Du es?" — Es war dieselbe Vision, die ich erlebt hatte und in Heft 9 beschreibe.

Später, in der Schweiz, fand ich in einer Buchhandlung ein Buch mit dem Titel »Das Buch von Enoch«. Bevor ich dieses Buch meiner Schwester gab, habe ich es aus Neugierde aufgeschlagen und mein Blick fiel auf die Stelle, wo Enoch von einer seiner Visionen spricht: der Vision des Lichtes. Die Beschreibung, die er darüber gab, war dieselbe wie diejenige, die ich im Heft 9 schildere: mit Millionen Engeln, die dieses Licht umgaben! Gott wollte mir wohl auf diese Weise die Wirklichkeit meiner Vision bestätigen!

Ich liebe Meine Lämmer. Vereine Meine Lämmer. Wer Meine Botschaft liest, wird von Meinem Brot essen. Diejenigen, die von Mir ein Zeichen erhalten, gehören zu denen, die Ich durch Meine Gnade erleuchten möchte. Zeichne Mein Zeichen:

Vassula, mach eine Kurzfassung vom Anfang dieser Botschaft. Ich werde dich führen und erleuchten. Alles, was wiederholt wurde, war nötig für deine Erziehung. Du brauchtest sie. Meine Botschaft muß heißen: »Frieden« und »Liebe«.

Es ist schrecklich: Ich bin zu realistisch, zu skeptisch. Ich kann nichts dafür, heute habe ich wieder Zweifel. Warum bin ich so unbeständig? Ich weiß doch sehr gut, daß ich meine Hand nicht unter Kontrolle habe, und daß ich jede Macht darüber verliere, wenn Gott sie mir »wegnimmt«. Er kann meinen Bleistift meiner Hand entziehen, wie er ihn auch führen kann, indem Er ihn kaum berührt! Das alles passiert mir! Er hat mir so viele Beweise gegeben, und trotzdem habe ich Zweifel, immer und immer wieder! Dazu die Angst, alle zu täuschen!

Geliebte! Ich bin Gott, gib Mir deine Schwächen und laß Meine Kraft sie vernichten.

Welche Geduld muß Gott doch mit mir haben, um mich zu ertragen ... Ich glaube, ich selbst bin die Hauptursache meiner Zweifel. Denn ich kenne mich: Ich vergleiche mich mit jenen, die die übernatürliche Nähe Gottes erlebt und Botschaften erhalten haben: Wie gut und treu waren sie! Das fällt mir auf. Es ist, wie wenn man die Nacht mit dem Tag vergleichen wollte. Ich gebe jedoch wenigstens eine positive Seite zu: Ich liebe Gott aufs innigste. Und in diesem Punkt wird niemand von mir behaupten können, es sei die Frucht meiner Einbildung. Oder, wie ein Priester es mir gesagt hat, der Teufel gar könne einem dies in den Kopf setzen! Wenn ich alles, was ich höre, ernst nehmen wollte, würde ich zusammenbrechen.

Heute sagte mir eine Frau, die Freud studiert, daß dies alles sich in meinem Unterbewußtsein befinden könnte: Ein Komplex der Liebe zu Gott! Gott lieben hieße demnach: psychisch krank sein! Ihre Theorie oder jene von Freud berührt mich gar nicht. Gott hat mich gewarnt in bezug auf diese Theorien, mit denen man mich belasten würde. Dazu kommt, daß ich Freud nicht speziell liebe. Er war ein Atheist, und für ihn sind wir nur Materie. Selbst Jung hat ihn aufgegeben!

Mein Kind, die Leute haben schon immer auf menschliche Art geurteilt. Ich bin ein Gott voll Barmherzigkeit und Liebe, aber so mißverstanden.

Aber, Herr, Du hast jemanden erwählt, der nicht gut ist, darum habe ich manchmal Zweifel!

Du bist auch Meine Tochter! Ich liebe sogar die elendesten von euch.

10.4.1987

Erinnere dich, Meine Kreuzigung hat Stunden gedauert. Ich habe mehrere Stunden gelitten. All Mein Blut ist geflossen. Ich liebe dich, komm und tröste Mich durch deine Liebe.

In diesen Tagen erinnerte Jesus mich ständig an Seine Kreuzigung, indem Er mir Bilder gab. Ich fühle manchmal Seine Gegenwart so stark, daß ich den Eindruck habe, Ihn wirklich zu berühren, ja sogar die Luftverdrängung zu spüren, jedesmal wenn Er sich bewegt!

16.4.1987

Osterfest der Orthodoxen.

Vassula, Ich war in Meiner Kirche gegenwärtig. Ich ging vor Meinem Kreuz einher. Ich blieb einige Augenblicke vor dir stehen.

Beim Osterfest wird in der Kirche eine Prozession abgehalten, wobei der Priester das Kreuz auf zwei Meter erhoben trägt. Da es dunkel war, sah der Priester nicht, wohin er ging. Hierbei geschah es, daß er für einige Sekunden still vor mir stand, bevor er weiterging. Meine Kusine, die bei mir war, hat es bemerkt.

Meine Tochter, in all diesen Jahren habe Ich dich in Meiner so geliebten Kirche erwartet.

Seit der Taufe meines ältesten Sohnes, also seit 15 Jahren, war ich nicht in diese Kirche noch in eine andere gegangen.

Herr und Erlöser, Du hast mich wahrhaftig gesucht, gefunden und zu Dir und Deiner Kirche zurückgeführt. Vor vielen Jahren ... Du hast jahrelang gewartet!

Ich blieb vor Meinem Kreuz und habe jede Person gesegnet, die gekommen war, um Mich anzubeten.

Damit alle Gläubigen das Kreuz küssen konnten, hatte man es mitten in der Kirche aufgestellt.

17.4.1987

Karfreitag. Am Schluß der Messe hat der Priester die Blumen ausgeteilt, die das Grab Jesu bedeckten. Er hat den Gläubigen Sträußchen gegeben. Ich

habe nur drei Blumen bekommen, was ich aber als ein Zeichen Gottes aus-
gelegt habe: Es sollte mich an das Geheimnis der Heiligen Dreifaltigkeit
erinnern, um es nicht zu vergessen.

Zwei Tage sind verflossen, ohne daß ich mit Gott schrieb. Das hat mir
schrecklich gefehlt, denn wenn ich schreibe, bin ich wie in einer Betrachtung, in Kontakt mit Gott und fühle Ihn sehr intensiv.

Mein Gott, es ist so lange her!

Wie lange?

Zwei Tage!

*Zwei Tage, Vassula? Und Ich habe jahrelang auf dich gewartet. Was sollte
Ich dazu sagen?*

Die Worte fehlen mir, Jesus, ich bereue, Dich beleidigt zu haben. Verzeih mir!

*Komm, Ich verzeihe dir. Alles, was Ich von Meinen geliebten Seelen wün-
sche, ist, daß sie Mich ihr Herz erfassen lassen, wenn auch nur für einige
Minuten, und Mir gestatten, Meine überfließende Liebe in sie einzu-
gießen...*

Jesus hat das mit so viel Zärtlichkeit und Liebe gesagt! Wenn Gott mir
nahekommt, um mir eine wichtige und lange Botschaft zu geben, dann
greifen der Teufel oder die bösen Geister mich an. Wohl, ich spüre es nicht
physisch. Was ihm erlaubt ist, besteht allein darin, daß er sich im Wege des
Schreibens zeigt. Schriftlich also beschimpft und verflucht er mich. Seit
Gott mich gelehrt hat, zu unterscheiden und Seine Worte zu erkennen,
kann ich ihn sogar hindern, fertigzuschreiben, was ihn in Wut versetzt.
Wenn es meiner Aufmerksamkeit entgeht, blockiert mir Gott die Hand,
und ich kann nicht weiterschreiben. Die Angriffe sind um so heftiger,
sobald ich im Begriffe bin, eine wichtige Botschaft Gottes zu schreiben. Ich
habe jetzt seine Handlungsweise erkannt ... Darum gebe ich nicht auf,
obschon es vorkommt, daß ich mich verzweifelt fühle.

23.4.1987

Manchmal frage ich mich, was Freiheit bedeutet. Bevor ich den Ruf Gottes
vernahm, war ich auch »frei«. Ich führte ein harmonisches Familienleben.
Ich hatte keine ernsthafte Verantwortung. Ich hatte keine Sorge, wie jetzt
mit der Botschaft, die mich fast erdrückt. Allerdings war ich damals noch
weit von Gott entfernt. Daß mich dann Gott ergriffen hat, geschah

plötzlich. Anfangs habe ich Ihn gar nicht geschätzt, da ich keine Liebe für Ihn empfand. Aber in kurzer Zeit (drei Monate) hat Er mir gepredigt und mich gelehrt, Ihn zu lieben. Jetzt, acht Monate später, ist die ganze Botschaft fast zu Ende. (Damals glaubte ich es!) Und die Botschaft lastet auf mir. Ich suche, auf welche Weise ich mich entlasten könnte, denn sie ist so schwer zu verantworten. Was ist »Freiheit«?

Ich, der Herr, werde dich lehren, was Freiheit ist. Schreibe: Die Freiheit entsteht dann, wenn deine Seele sich von den Sorgen der Welt loslöst und Mir entgegeneilt. Ich, Gott, Ich bin gekommen und habe dich befreit. Du bist jetzt frei. Vassula, als du noch der Welt verhaftet warst, warst du noch die Gefangene all ihrer Versuchungen. Aber jetzt ist deine Seele frei geworden wie eine Taube. Du saßest im Käfig, Geliebte, ja, im Käfig ... Laß deine Seele frei fliegen. Laß sie die Freiheit spüren, die Ich all Meinen Seelen gegeben habe. Leider verweigern viele von ihnen diese Freiheit, die Ich ihnen angeboten habe. Laß dich nicht einfangen, um wieder gebunden und im Käfig zu sein. Ich habe dich befreit. Als Ich vorüberging, habe Ich dich in deinem Käfig gesehen, Vassula, wie du dahinsiechtest und am Sterben warst. Wie konnte Mein Herz das mitansehen und dich nicht befreien?

Ich bin gekommen und habe deinen Käfig aufgebrochen, aber du konntest deine Flügel nicht gebrauchen, so groß waren deine Wunden! Da habe Ich dich in Meine Wohnung getragen und habe dich zärtlich geheilt, um dir das Fliegen wieder zu ermöglichen. Mein Herz freut sich so sehr, Meine kleine Taube wieder frei fliegen zu sehen, um dort zu sein, wo sie schon zu Beginn hätte sein sollen!

Jesus sagte mir das alles mit großer Freude, so, daß Er dabei tief atmete.

Ich, der Herr, habe dich befreit. Ich habe dich gestärkt und aus deinem Elend herausgeholt, und Ich verliere dich nicht mehr aus den Augen. Ich überwache Meine Taube, die frei umherfliegt. Ich weiß, daß du immer zu Mir zurückkehrst, weil du deinen Erlöser und Meister erkennst. Deine Seele braucht Meine Wärme. Du weißt, daß deine Wohnung jetzt mitten in Meinem Herzen ist, dort wo Ich dich schon immer gewünscht habe. Du gehörst jetzt Mir, und Ich bin dein Meister, der dich liebt.

Als ich in die Schweiz zurückkam, dachte ich, einen Wechsel vornehmen zu können.

Vassula, Ich werde nicht zulassen, daß du dich wieder befleckst. Fürchte dich nicht, Ich werde immer bei dir sein, um dich zu reinigen. Ich habe Meine Gründe, warum du dort sein sollst.

Ich wollte Seine Gründe erraten.

Ich will, daß Meine Körner in Europa gesät werden. Sei Meine Säerin, Vassula. Lebe unter Leuten, die Mich verletzen. Deine Augen sollen alles sehen, und beobachten, was aus Meiner Schöpfung geworden ist. Dein Herz soll spüren, wie wenig Ich in ihren Augen zähle. Deine Ohren sollen hören, wie Meine Schöpfung Mich entweiht und Mich verletzt. Wird deine Seele sich nicht empören? Wirst du nicht laut Einspruch erheben für Mich, wenn du siehst und verstehst, wie Mein Volk Mich vergessen hat? Vassula, deine Seele wird der Bosheit, der Gleichgültigkeit, den Tiefen der Ungerechtigkeit und den schändlichen Abgründen der Sünde der Welt ausgesetzt sein. Du wirst sie wie eine Taube überfliegen. Du wirst die Welt beobachten und du wirst jede Tat mit Bitterkeit wahrnehmen. Du wirst Mein Opfer sein. Du wirst Meine Zielscheibe sein. Sie werden dich jagen, wie Jäger ihr Wild jagen. Sie werden ihre Waffen herausholen, um dich zu jagen. Sie werden einen Preis auf deinen Kopf setzen, um dich zu vernichten.

Herr! Was wird mit mir geschehen?

Ich werde dir folgendes sagen, Meine Tochter: Das alles wird nicht umsonst sein. Die Schatten auf Erden werden sich auflösen und verschwinden. Der Staub wird immer mit den ersten Wassertropfen hinweggeschwemmt, aber deine Seele wird nie sterben. Ich, der Herr, erinnere dich an die Antwort, die du auf Meine Frage gegeben hast. Ich habe dich einmal gefragt: „Welches Haus ist das wichtigste, deines oder Meines?" Du hast richtig geantwortet, indem du sagtest, daß Mein Haus das wichtigste ist.

Stimmt, das habe ich gesagt.

Ich werde dich immer in Meinem Herzen bewahren. Ich liebe dich.

Ich liebe Dich auch.

Wir wollen gehen, vergiß nie Meine Gegenwart!

26. 4. 1987

Laß Mich dir sagen, Meine Geliebte, daß Ich Meine Pläne entworfen habe, bevor du geboren wurdest. Wir werden immer zusammenarbeiten. Willst du?

Ich will es, wenn Du meine Unfähigkeit annimmst, mein Gott.

Ich liebe dich, Vassula, und Ich werde dir beistehen. Diese letzte Woche bist du vom Teufel angegriffen und gequält worden. Trotzdem habe Ich mit dir jedes Wort geschrieben, das Ich schreiben wollte. Ich habe dich beschützt.

Als der Teufel mich verflucht hat?

Ja, während er dich auf schändliche Weise verfluchte, habe Ich dich gesegnet und beschützt.

Später.

Laß Mich dir folgendes sagen: Je weniger du bist, um so mehr werde Ich sein. Gestatte Mir, in dir zu wirken und Meinen Willen in dir zu erfüllen. Sei nichts. Fühle dich als ein Nichts und laß Mich alles sein, damit Mein Wort bis an die Grenzen des Weltalls vordringe, und daß Meine Werke des Friedens und der Liebe jedes Herz in ihren Bann ziehen. Erlaube Mir, dich an dein Elend zu erinnern, damit diese Erinnerung dich hindere, stolz zu sein wegen der Gnaden, die Ich dir gebe. Sei Mein reiner Altar ... Menschenfischerin, wirf Mein Netz des Friedens und der Liebe überall in der Welt aus. Zieh es dann ans Land und laß Mich Freude haben an seinem guten Fang! Als Ich auf Erden weilte, habe Ich eine kleine Gruppe von Männern gelehrt, Menschenfischer zu werden. Ich habe sie in der Welt gelassen, um Mein Wort der ganzen Menschheit zu verkünden. Ich, der Herr Jesus, werde dich unterrichten und dir zeigen, wie diese Arbeit gemacht worden ist.

Was könnte ich sagen, wie könnte ich irgend etwas tun, wo es sich doch um eine solche Sendung handelt? Ich spüre, daß die Botschaft jeden Tag mehr und mehr auf mir lastet. Ich möchte Gott zufriedenstellen, aber mit welchen Mitteln? Ich sehe nur einen Berg vor mir.

Ich trage Mein Kreuz mit dir. Ja, es ist in der Tat schwer, aber gib nicht auf, denn Ich, der Herr, helfe dir. Bleibe bei Mir, Ich werde dich nicht verlassen.

Es ist trotzdem viel. Jesus ermutigt mich, weiterzumachen.

Vassula, habe Ich dir nicht geholfen bis jetzt? Warum sollte Ich dich denn verlassen? Stütze dich ganz auf Mich, vertrau Mir. Was ich begonnen und gesegnet habe, werde Ich auch zu Ende führen.

· 27. 4. 1987

Vassula, Ich bin der Herr. Ich stehe vor dir.

133

Jesus war da. Er lächelte und ließ mich Seine Gegenwart spüren. Mit beiden Händen hielt Er Seinen Mantel auf, um mir Sein Herz zu zeigen. Seine Brust strahlte Licht aus.

Tritt in Mein Herz ein, dringe ein und laß dich von ihm verschlingen. Laß Mein Herz dein Herz entzücken. Laß es entzünden, damit es glühend bleibe und Meinen Frieden und Meine Liebe ausstrahle. Komm, wir wollen zusammensein, laß Mich dein heiliger Begleiter sein. Willst du das, Meine Tochter?

Ich fühle mich unfähig, mich Ihm zu nähern. Wer bin ich? Ich begreife, bis zu welchem Grade ich unwürdig bin. Wie kann man die Kühnheit haben, mit Gott zu reden? Wir sind doch nur eine Bande von undankbaren Sündern! Es kommt nicht in Frage! Es steht uns doch wirklich nicht zu, von Ihm Gunsterweise zu verlangen, geschweige denn, uns mit Ihm zu unterhalten! Wir sind so elend und so unwürdig! Das macht mich krank! Ich habe Lust, einen Knebel in meinen Mund zu stopfen. Schließlich kommt es auch dazu, daß ich zwischen Seine Gegenwart und mich einen Schleier ziehe ...

Meine Tochter, was hast du getan? Warum, Meine Tochter, warum?

Aus Ehrfurcht vor Dir, mein Herr.

Ich habe gesehen, daß Er Brot in der Hand hielt.

Ich will, daß du ißt. Nimm Mein Brot, Mein kleines Kind. Du mußt diesen Schleier zurückziehen, um Mein Brot zu nehmen.

Sein evangelisches Wort! — Alles ist symbolisch.

Komm, Ich will diese Trennung wegnehmen ... Sieh, nimm Mein Brot, komm näher!

Ich habe das Brot aus Seiner Hand genommen.

Begreifst du, wie Ich Mich freue, dich zu ernähren?

Jesus war glücklich und liebevoll.

Kannst du Meine Freude fühlen, Vassula? Gib Mir deine Schwächen und dein Elend, damit Ich sie in Meiner Kraft und Meiner Barmherzigkeit vernichte. Kleine Taube, fliege frei, aber komm immer wieder zu Mir zurück und nimm Mein Brot. Ich liebe dich.

Ich liebe Dich auch, Herr.

Darauf spürte ich den ganzen Tag über, wie Seine Liebe mich umgab. Wie soll ich das erklären? Ein Zustand der Verzückung? In diesem Zustand jedenfalls habe ich Seine Gegenwart stärker empfunden.

Später.

Du hast Mein Heiligtum gesehen, in welches wir eingedrungen sind, und Ich habe deinen Augen ermöglicht zu sehen, wie es von Meinen Seraphinen bewacht wird. Heute will Ich dir zeigen, was Ich im Innern Meines Heiligtums habe. Siehst du diesen gewaltigen Strahl, der über Meinen Heiligen Schriften ausgebreitet ist?

Ja, Herr.

Das sind Meine Heiligsten Schriften, die geschrieben wurden, bevor Ich euch erschaffen habe. Mein Heiliges Buch enthält die Geheimnisse und die Schlüssel Meiner Himmel und Meiner ganzen Schöpfung. Neben Mein Heiliges Buch habe Ich zwei Erzengel gestellt, die mit Eifer Meine Heiligen Schriften bewachen. Komm, Ich will dir mehr von Meiner Herrlichkeit zeigen, Mein kleines Kind.

Gott hat mich an einen Ort geführt, wo ich mich nicht wohl fühlte.

Siehst du diesen Feuerberg?

Er schien mir schön, aber bedrohlich zu sein. Auf der einen Seite flossen zwei Flüsse, beide wie von Feuer. In diesen Flüssen schien Lava zu fließen, aber von einem noch helleren Rot als die Lava selbst.

Ich, der Herr, werde am Tage Meines Gerichtes die Bösen von den Guten trennen. Alsdann werden alle Diener Satans in diese zwei feurigen Flüsse geworfen und werden auf diese Weise vor den Augen der Gerechten bestraft.

Vassula, Ich werde deinen Augen gestatten, Meine Himmel zu sehen, denn es gibt deren mehrere hinter Meinem Heiligtum. Geschöpf, Mein Wille wird erfüllt werden, denn Ich bin der Gott Jahwe Sabaoth. Laß Mich frei, in dir zu wirken. Wir werden miteinander mit Liebe arbeiten, bis Ich Meine Werke befestigt habe. Wenn Ich sie vollendet habe, werde Ich mit Meinem Heiligen Buch zurückkommen. Ich werde dich einen Ausschnitt lesen lassen, den du niederschreiben wirst. So wird Meine Botschaft von Frieden und Liebe besiegelt werden.

Mitten in der Nacht wurde ich aufgeweckt durch einen gewaltigen Schrei, der von Jesus am Kreuz kam. Dieser Ruf war voll Angst, Schmerz und Kummer. Er war schmerzhaft und bitter. Es war wie ein sehr starkes und langes Seufzen.

29. 4. 1987

Am folgenden Morgen.

Ich bin Jesus, der Herr. Du hast Meinen Schrei gehört. Das war Ich. Er hat dich aufgeweckt (im doppelten Sinn, symbolisch!). *Ich habe vom Kreuz herab geschrien. Es war Mein letzter großer Schrei, den Ich ausgestoßen habe, als Ich noch im Fleische war. Es war ein Schrei voll Schmerz, Kummer und Bitterkeit, der aus den Tiefen Meiner Seele ertönte und die Höhen der Himmel durchdrang. Er hat die Grundfeste der Erde erschüttert. Er hat die Herzen derer, die Mich liebten, entzweigerissen, wie er den Vorhang des Tempels zerissen hat. Er hat treue Diener in Meine Nachfolge gerufen. Er hat die Toten aus ihren Gräbern erweckt, indem er die Erde, die sie bedeckte, umstürzte, so wie er das Böse umgestürzt hat. Starker Donner hat sogar die Höhen der Himmel erschüttert. Alle Engel haben sich zitternd niedergeworfen und haben Mich schweigend angebetet. Meine Mutter stand ganz nahe bei Mir. Als sie Meinen Schrei hörte, fiel sie auf die Knie und bedeckte ihr Gesicht voll Tränen. Sie hat diesen letzten Schrei in sich weitergetragen, bis zum Tage ihres Heimganges ... Sie hat gelitten ...*

Ich bin von Bitterkeit erfüllt, Ich leide ständig unter allen Ungerechtigkeiten der Welt, der Bosheiten, der Gesetzlosigkeit und des Egoismus. Mein Schrei wird von Tag zu Tag stärker, Ich bin allein gelassen worden an Meinem Kreuz, allein, um die Sünden der Welt auf Meinen Schultern zu tragen. Ich war allein im Leiden, allein im Sterben. Ich habe Mein Blut vergossen, das die ganze Erde bedeckt hat, um euch, Meine Geliebten, zu erlösen. Derselbe Schrei ertönt heute auf Erden wie ein Echo aus der Vergangenheit. Lebe Ich denn im Schatten der Vergangenheit? Ist Mein Opfer umsonst gewesen? Wie könnt ihr Meinen Schrei von Meinem Kreuz herab nicht hören? Warum verstopft ihr eure Ohren und laßt den Schrei untergehen?

Herr, für wen ist diese Botschaft bestimmt?

Für all jene, die Ohren haben, um Meinen Schrei zu hören.

Ich war ergriffen, als ich erfuhr, wie Er allein gelitten hat und immer noch leidet.

Mein Gott, ich bin bereit, so zu sein, wie Du es von mir wünschst in der Botschaft vom 23. April: Dein Opfer, Deine Zielscheibe. Laß mich Dein Kreuz für Dich tragen. Laß mich Dir Ruhe schenken. Laß mich Dich trösten. — Ich bin nicht allein, wie ich zu Dir vor kurzem sagte. (Ich ziehe zurück, was ich gesagt habe zu Beginn der Botschaft vom 7.4.1987.) *Ich bin mit Dir!*

Ich liebe dich, kleine Taube. Ich habe dich verwöhnt mit all Meinen Gnaden. Erlaube Mir, dich für Meine Interessen und für Meine Ehre zu gebrauchen. Behalte nichts für dich, schau allein nur auf Meine Interessen. Verherrliche Mich, arbeite für Mich, füge Meine Leiden deinen Leiden hinzu.

Ich wünsche so sehr, daß die ganze Welt Deinen Namen lobpreise und daß seine Stimme Dich erreiche.

Die Einheit wird Meine Kirche stärken, und die Einheit wird Mich verherrlichen. Vassula, liebe Mich.

Herr, lehre mich, Dich so zu lieben, wie Du es willst.

Paris, zur Osterzeit. Als der Archimandrit (Vorsteher eines Klosters in der Ostkirche) die Botschaft gelesen hatte und zu mir sagte: „Das ist ein Wunder", da habe auch ich gedacht, daß es wunderbar ist, daß es schön ist, daß Gott uns eine Botschaft gibt. Aber von einer anderen Seite her betrachtet, ist es schrecklich; ja, schrecklich, weil die Botschaft uns einen Gott offenbart, der traurig ist und der leidet. Gott gibt eine Botschaft, in der Er in Todesangst ist, traurig und von vielen allein gelassen. Es ist eine traurige Botschaft.

Hat meine Seele einige Fortschritte mit Dir gemacht, Jesus?

Vassula, Ich, Jesus, bin vor dir. Ja, in der Tat, du bist am Wachsen. Ich habe dich von den Toten heraufgeholt und habe dich ernährt. Du ißt von Meinem Brot. Mein Licht leuchtet über dir. Ich bin dein Lehrmeister und du lernst von der Weisheit.

Jesus, Du erinnerst mich oft daran, klein zu bleiben und nichts zu sein, und jetzt sagst Du mir, daß ich wachse?

Ja, du mußt wachsen im Geist, in der Liebe, in der Bescheidenheit, in der Demut, in der Treue. Laß alle Tugenden in dir wachsen. Bleibe jedoch frei von Eitelkeit, Bosheit und von allem, was in Meinen Augen abstoßend und abscheulich ist. Ich will, daß du vollkommen wirst.

30. 4. 1987

Jesus, heute will ich Dich bitten, wenn Du es willst, mir eine persönliche Botschaft zu geben für jemanden, der am Sterben ist.

Sterben?

Jesus schien über meine Worte ein wenig erstaunt zu sein.

Sie stirbt nicht, ihre Seele wird befreit werden, sie wird frei sein und leben! Sie wird zu Mir kommen, ihre Seele wird frei sein. Schreibe ihr und sage ihr, wie Ich jede Seele suche, wie Ich hungernde Seelen ernähre, wie Mein Brot das ewige Leben gibt, wie Ich die Kranken stärke. Sie soll wissen, daß Ich das Lebenselixier bin und die Auferstehung.

Jesus hat mir eine persönliche Botschaft für diese Person gegeben.

1. 5. 1987

Ich, Gott, werde dir genügend Kraft geben, um es dir zu ermöglichen, Meine Werke zu vollbringen. Verleugne Mich nie. Suche nicht deine Interessen, sondern die Meinen. Laß Mich frei, dich zu gebrauchen und in dir auf die Erde zu kommen, um Mein Wort bekanntzumachen, bis Ich komme, um dich zu befreien. Vassula, Ich werde dir dein Ende voraussagen. Keine Meiner auserwählten Seelen hat Angst gehabt vor dem Tod. Ich werde dir noch fünf Meiner Geheimnisse offenbaren. Komm jetzt, und küsse Meine fünf Wunden.

Das habe ich getan. Zuerst Seine Hände, dann Seine Füße, zulezt Seine Seite. Aber ich verstehe nicht, was Jesus sagen will mit den fünf Geheimnissen, bzw. was diese mit Seinen fünf Wunden zu tun haben. Zu gegebener Zeit wird Er es mir offenbaren. Darum habe ich gelernt, nicht zu fragen.

Vassula, Ich werde dir Meine Geheimnisse kundtun, wenn du ein wenig mehr Fortschritte gemacht hast. Bitte um Meine Gunsterweise und Ich werde sie dir geben.

Mein Gott und Vater, ich will nur um eines bitten, nur für Deine Interessen und Deinen Ruhm: daß Deine Botschaft bis an die Grenzen der Erde gelange und viele Herzen zu Dir hingezogen werden; daß Dein Wille geschehe und Dein heiliger Name verherrlicht werde; daß das Böse seine Macht verliere und für immer niedergeschlagen werde. Das wünsche ich mir jetzt und jedesmal, wenn Du meine Stimme hörst, um eine Gunst von Dir zu verlangen: Es soll nur zu Deiner Verherrlichung sein. Jede Bitte um Hilfe, die von mir kommt, soll für Deine Interessen sein und nichts für mich. Die ganze Kraft, um die ich bitte, wird für Deine Interessen sein, Gott, Du Allmächtiger.

Mein kleines Kind, setze deine Füße in Meine Spuren und folge Mir.

Später.

Ich bin es, Jesus.

Jesus?

Ich bin es. Geliebte, nenne Mich: Bräutigam, und auch Vater. Ich liebe dich. Komm, wir wollen arbeiten.

Jesus hat diese Worte mit einer solchen Anmut und Gelassenheit ausgesprochen, wie nur Gott es tun kann.

Liebe Mich mit Ergriffenheit und sühne für jene, die Mich verletzen.

Mein Gott, ich dachte soeben daran, wie ich einer Taube gleichen könne, die über dieser bösen Welt schwebt. Ich bin doch selber schlecht, voll Sünden und im gleichen Zustand wie die anderen! Ich werde unfähig sein, alles zu sehen und zu hören, wie Du es mir gesagt hast, denn ich bin nicht besser als diejenigen, die Dich beleidigen ...

Vassula, sei in Mir, versuche die Reinheit zu erlangen, schöpfe aus Meiner Reinheit, die Ich anbiete, atme Mich ein, sauge Mich auf. Ich bin unendliche Fülle, und jede Seele kann aus Mir schöpfen.

Da ich so viele Gnaden erhalten habe, könnte ich eitel werden, und der Teufel könnte mich leicht versuchen.

Ich werde dich immer an dein Elend und an die Schatten deiner Vergangenheit erinnern. Ich werde dich daran erinnern, wie du Mich verleugnet hattest und wie du Meine große Liebe zurückgewiesen hattest, als Ich Mich dir näherte. Ich fand dich tot unter den Toten, in der Dunkelheit und habe dich durch Meine Barmherzigkeit und Meine Liebe wiederbelebt, indem Ich dich an Meinem Herzen trug. Komm, wir wollen beten: »Mein Vater, führe mich, wohin Dein Wille mich führen will. Gestatte mir, in Deinem Licht zu leben. Erwärme mein Herz, damit es brenne. Gib Wärme jenen, die sich Mir nähern. Gelobt sei Dein Name, der mir trotz meines Elends all diese Gnaden gibt. Gelobt sei Dein Name für das Gute, das Du mir getan hast, und für die Barmherzigkeit, die Du mir erwiesen hast, indem Du mich nahe an Dein Herz erhobst. Amen.«

Wir wollen wiederholen: Erinnere dich daran, daß alle Gnaden, die Ich dir gebe, für Meine Interessen sind. Behalte nichts für dich zurück. Verherrliche Mich, indem du Meine Freude mit Mir teilst.

Ich wünsche, Dich verherrlichen zu können. Ich wünsche, daß die Welt Deinen Namen lobpreise. Mögen ihre Gebete zu Dir gelangen und sich zu Dir erheben wie Weihrauch. Mögen ihre Lobpreisungen im Himmel ertönen, wie wenn man an Deine Türe klopft.

Die Liebe wird über das Böse siegen. Liebe Mich aus deiner ganzen Seele und aus deinem ganzen Geiste. Laß Mich alles sein. Ich, der Herr, werde für dich Sorge tragen bis ans Ende.

Nun, so nimm mich, obschon ich nichts bin, und mache aus mir, was Du wünschest. Ich gehöre Dir.

Komm, laß Mich immer an dir Mich erfreuen, wenn Ich diese Worte gänzlicher Hingabe höre. Ich liebe dich, Meine Tochter.

Ich liebe Dich, Vater.

2.5.1987

Ich bin Jesus!

Ich spüre, Jesus, daß Du mir eine wichtige Botschaft geben willst, da die Angriffe des Teufels mich entmutigen wollen zu schreiben.

Ich habe eine Botschaft für diejenigen, die Mich lieben (alle gottgeweihten Seelen, alle, die Ihn wirklich lieben) *und ihre Seele für Mich aufopfern. Ich möchte sie ermutigen und ihnen Kraft geben. Ich, das Wort, werde mittels dieses schwachen Werkzeuges Meine Worte bekanntmachen. Ich werde durch diese Botschaft auf die Erde herabsteigen, um Mein Licht über euch allen leuchten zu lassen. Ich segne euch, Geliebte Meiner Seele, Ich liebe euch! In den intimsten Tiefen Meiner Seele habe Ich eine lebendige und unauslöschliche Flamme. Ich bin Reinheit und Frömmigkeit und ein Abgrund des Reichtums. Meine Geliebten, kommt, schöpft aus Mir und sättigt eure Herzen. Kommt und atmet Mich ein. Kommt und dringt in Meine offenen Wunden ein. Kommt und taucht eure Seelen in Mein Blut ein! Trinkt aus Meinem lebendigen Brunnen, damit ihr davon überschwemmt seid und auf diese Weise diese trostlose Wüste bewässern und Meine Lämmer heilen könnt. Schöpft aus dieser lebendigen Flamme und laßt sie eure Herzen verzehren!*

Ich liebe euch so sehr, daß euer Geist es niemals erfassen kann. Kommt, werdet nicht müde, Mein heiliges Kreuz zu tragen, denn Ich bin mit euch und trage es mit euch. Folgt Mir nach und bleibt ganz in Meiner Nähe. Setzt eure Füße in Meine Spuren. Hört nicht auf, zu kämpfen und zu leiden. Verherrlicht Mich und laßt eure Stimmen sich bis zum Himmel erheben wie der süße Duft des Weihrauchs.

Lobet Mich, Laßt Mich an euch Mich erfreuen und aus euch Meine Wonne machen. Laßt Mich an eurer Liebe zu Mir ergötzen. Erfüllt euer Herz mit dieser unendlichen Liebe und laßt die Liebe sich über Meine Lämmer ergießen und sie heilen. Jedes lebende Geschöpf auf Erden soll Meine Wärme spüren. Jedes kalte und versteinerte Herz soll schmelzen und sich in Meiner Reinheit auflösen, indem es sich in Meinen Leib einverleibt und eins wird mit Mir. Jeder Schatten der Vergangenheit muß sich in eine lebendige Seele verwandeln, erfüllt von Lauterkeit, Frieden und Liebe. Macht aus Meiner Schöpfung ein Eden!

Vereinigt euch! Vereinigt euch und seid eins, denn Ich, Gott, bin eins. Die Einheit bewirkt Stärke. Sucht die Einheit, vereinigt euch. Seid Meine treuen Säleute, die Meine Körner von Frieden und Liebe säen. Ich habe Körner erschaffen, die einen Himmel auf Erden hervorbringen werden. Denn Mein Reich auf Erden wird dem des Himmels gleichen. Nehmt Meine Körner, die sich in Meinem Herzen befinden, gereinigt durch Mein Blut, und streut sie überall aus. Ich besitze diese Körner, Geliebte, und Ich wünsche, daß ihr in Mein Herz eindringt, um daraus zu schöpfen. Ich werde Meine Blumen heilen. Ich werde sie mit Wohlgeruch erfüllen. Ich werde sie zum Blühen bringen. Ich werde Meinen Garten verschönern. Ich werde eure Herzen bewässern, Ich werde euch neu beleben. Schöpfung! Ich liebe dich! Ich werde über dich glänzen und Ich will Meine warmen Strahlen diese schweren dunklen Wolken auflösen lassen und sie weit zerstreuen.

Mein Licht wird sie durchdringen und jede Dunkelheit und alles Böse, das schwer auf euch lastete, wird verschwinden — diese Dunkelheit, die euch nur Schwäche, Elend und Bosheit brachte. Diese warmen Strahlen werden alle Meine Blumen neu beleben, und Ich werde vom Himmel Meinen Tau der Tugend, der Heiligkeit, der Reinheit, der Lauterkeit, des Friedens und der Liebe ausgießen. Ich bin euer treuer Hüter, der mit einem wachsamen Auge über euch wacht. Erinnert euch, daß Ich das Licht dieser Welt bin. Ich bin das Wort. Der Friede sei mit euch allen. Verherrlicht Mich, stützt euch auf Mich, harret aus und werdet nicht müde, Mein Kreuz zu tragen und so Meine Kinder zu heilen. Meine Vassula, werde nicht müde zu schreiben. Ich liebe dich. Die Weisheit wird dich unterrichten.

Ich liebe Dich, Herr, Dein Wille geschehe.

* * *

Heft 11

5. 5. 1987

Wenn ich spüre, wie die Liebe Gottes über mich kommt, wird mir ganz schwindlig! Wenn Er mich mit Seinem Leib verschmelzt, und wenn Sein Leib meinen Leib vernichtet, fühle ich mich wie Luft, wirklich wie ein Geist ohne Fleisch! Ist das Entzückung? Selbst diese Worte können nicht vollständig erklären, in welchen Zustand Seine Liebe mich versetzen kann. Seine Gnade und Seine Güte sind unbeschreiblich, ebenso die Größe und der Glanz Seiner Heiligkeit. — Und ich habe Ihn zurückgewiesen, bevor Er mir näherkam!

Vassula, komm zu Mir, Meine fünf Wunden sind offen. Dringe in Meine Wunden ein und fühle Meinen Schmerz. Komm und laß Mein Blut dich in Meinen Wunden heilen. Verherrliche Mich. Ich werde dich führen, Meine Tochter. Ich schenke unentgeltlich, schenke also ebenfalls unentgeltlich. Ich, der Herr, werde mit Meinem Heiligen Buch wiederkommen.

Jesus hatte ein kleines Buch bei sich.

Erkenne und lies die Stelle, die Ich dir angebe: „... Geliebte Braut Meiner Seele, Meine Tochter, nähre Meine Lämmer. Streue Meine Körner aus, damit sie eine reiche Ernte einbringen, ernte sie und schenke Mein Brot unentgeltlich. Ich bin das Brot des Lebens. Nähre Meine Schafe. Ich bin immer mit dir, bis ans Ende der Zeiten."

Während ich im Begriff war, auf französisch zu übersetzen, was ich auf englisch empfangen habe, »nahm« Jesus meine Hand, um zu schreiben:

Geliebte, Ich liebe dich bis zur Torheit, jedesmal, wenn du dir Mühe gibst in deinem Elend, und Ich schaue dich voll Liebe an.

Mein Gott, ich danke Dir für diese Botschaften. Ich fühle mich so trocken mit meiner armseligen Sprache, aber ich muß alles niederschreiben. Dein Name sei gepriesen auf immer!

Ich liebe dich, Ich werde dich nie verlassen, wir werden miteinander arbeiten, werde nicht müde zu schreiben. Ich werde dich führen, Vassula. Komm zu Mir.

Ich werde Dir folgen, Herr. Ich liebe Dich.

Laß Mich frei wirken in dir.

Herr, Dein Wille geschehe.

Ich werde dich durch die Weisheit unterrichten.

Nach dieser Botschaft habe ich Gott in mir gespürt, und ich fühlte mich so stark in Ihm, daß ich mich nicht mehr von Ihm trennen konnte.

5.5.1987

Meine Gefährtin, Ich liebe dich. Vassula, gib Mir alles, gib Mir alles, was du hast.

Ich habe Dir meine Liebe gegeben. Ich habe mich geschenkt, ich habe meine Gefühle von der Erde gelöst, ich habe mich Dir übergeben. Kann ich Dir noch etwas geben?

Meine Tochter, Ich höre es gern, wenn du dich Mir übergibst. Erlaube Mir, dein Entführer zu sein.

Ich fühlte Jesus so stark, daß ich deutlich Sein Gesicht sehen konnte. So intensiv wie an diesem Abend war es noch nicht geschehen. Er war voll feurigem Eifer, wie jemand, der temperamentvoll ist und entschlossen, einen Lauen zu überzeugen.

Willst du Meine Wunden küssen?

Ich habe es getan, auf mystische Weise, und auf dieselbe Art habe ich zu Ihm gesagt, Er solle sich neben mir auf den Stuhl setzen. Er hat es sogleich getan. Er saß mir gegenüber und Er hat Seinen Arm ausgestreckt, um mein Heft erreichen zu können.

Meine Blume, opfere dich Mir ganz auf. Bist du bereit, Mir zuzuhören?

Ja, Jesus.

Vertraute, Gesegnete Meiner Seele, Ich habe unentgeltlich gegeben, gib also auch unentgeltlich, vereinige dich mit Mir. Sei eins mit Mir, schau in Meine Augen.

Das habe ich getan.

Jesus, was kann ich noch mehr tun?

Liebe Mich.

Ich liebe Dich ja, ich habe es schon mehrere Male gesagt. Du weißt, daß ich aufrichtig bin. Meine Seele seufzt nach Dir. Du wolltest, daß ich mich loslöse und ich habe es getan.

Und Ich, Vassula, seufze Ich nicht nach dir?

Da habe ich verstanden, was das heißt: Die Seele seufzt nach ihrem Gott, und Gott seufzt nach dieser Seele.

Und Ich, dein Gott, leide Ich nicht für dich (wegen des Getrenntseins durch das Fleisch, das unsere Seele gefangenhält)? *Geliebte, lebe in Mir und Ich in dir, du in Mir und Ich in dir, wir. Paß dich Mir an, vereinige dich.*

Du hast uns ja schon vereinigt, Jesus, Du hast es gesagt!

Ja, Ich habe es getan.

Plötzlich fühlte ich mich körperlich erschöpft, und so bat ich um Erlaubnis, mich zurückziehen zu dürfen.

Sollen wir nicht gehen, Jesus?

Meine Tochter, warum?

Ich bin erschöpft, Jesus.

Geliebte, Ich will, daß du bleibst. Willst du bleiben?

Es war das erste Mal, daß Jesus so drängte.

Dann bleibe ich ...

Mein Herz ist zerrissen, wenn man Mich allein läßt.

Du bist ja mit mir, wir sind zusammen ...

Jetzt bin Ich mit dir, aber du vergißt Mich sehr oft. Laß Mich frei, laß Meine göttlichen Hände dich formen, so wie Ich es wünsche. Ich werde dich in Mein Bild umgestalten, laß Mich frei, durch dich hindurch zu wirken. Ich bin Jesus, und Jesus heißt Erlöser! Meine Tochter, Ich liebe dich eifersüchtig ... Ich will dich ganz für Mich haben. Ich will, daß alles, was du tust, für Mich gemacht wird. Ich dulde keine Rivalitäten. Ich will, daß du Mich anbetest und für Mich lebst. Atme für Mich, liebe für Mich, iß für Mich, lächle für Mich, opfere dich für Mich auf ... Tu alles, was du tust, für Mich. Ich will dich verzehren, Ich will dich entflammen, daß du nur noch Mich wünschest.

Schmücke Mich mit deinen Blättern, Meine Blume, kröne Mich mit deiner Liebe. Nimm Meine Dornenkrone weg und ersetze sie durch deine zarten Blumenblätter. Erfülle Mich mit deinem Wohlgeruch, liebe Mich, Mich ganz allein. Ich habe Mein Leben für dich hingegeben durch eine erhabene Liebe. Würdest du nicht dasselbe tun für Mich, deinen Bräutigam? Braut, erfreue deinen Bräutigam, mach Mich glücklich. Binde dich an Mich mit ewigen Banden. Lebe für Mich und für Mich allein. Sei Mein Opfer, Meine Zielscheibe, Mein Netz. Geschöpf, liebst du Mich?

Wie könnte ich Dich nicht lieben, mein Gott? Ja, ich liebe Dich!

Sag das, sag es sehr oft. Erlaube Mir, es zu hören, Ich höre es gern. Sag es tausendmal am Tag und jeden Morgen. Sag es nach deiner Ruhe in Mir, stell dich Mir gegenüber und sag Mir: „Mein Herr, ich liebe Dich."

Jesus, ich liebe Dich doch. Warum wirst Du so streng? Vielleicht tue ich nicht genug?

Komm, versteh Mich richtig! Die Liebe spricht. Es sind die Wünsche der Liebe, es ist die Flamme der Liebe, es ist die eifersüchtige Liebe der Liebe. Ich kann keine Gegenspieler dulden. Stütze dich auf Mich, deinen Bräutigam und Gefährten und Gott.

Komm, wir wollen uns miteinander erholen.

Liebe Mich, Meine Tochter, auch mit einer eifersüchtigen Liebe.

6. 5. 1987

Ich fange an zu begreifen und zu lernen, was Gott sagen will mit den Worten: „übergib dich ganz Mir", nämlich losgelöst sein, alles lassen, um Ihm zu folgen.

Hingabe! Ich habe es verwirklicht, und mit Freude. Ich habe Ihn an die erste Stelle und über alle Dinge gestellt. Ich lasse Ihn frei, in mir zu wirken und mit mir zu machen, was Ihm gefällt. Ich liebe Ihn mit all meinen Kräften und aus ganzer Seele. Ich nehme alles an und danke Ihm für alles, was Er mir gibt: Freude oder Leid, ohne Ihm je eine Frage zu stellen oder irgend etwas einzuwenden. Ich verstehe, daß es eine Freude ist, den Tod nicht zu fürchten, sondern Ihn treffen zu wollen, um endlich auf ewig mit Ihm zu sein.

Leiden! Ja, der Schmerz, nach Ihm zu schmachten, sich beständig nach Ihm zu sehnen ... Ich fühle mich hier auf Erden wie eine Witwe. Ich leide darunter, noch nicht mit Ihm zu sein. Ich leide darunter, »gerieben« zu werden, jeden Tag, mit »Balsam«, der auf technologischen, wissenschaftlichen und materialistischen Inhalt gründet. Ich hätte gewünscht, von dieser Welt gelöst zu sein, um allein zu sein mit Gott, meinem Vater: Er und ich, und sonst niemand anderer, der mich ablenken könnte. »Abhauen«, verschwinden, um mich in einer Wüste wiederzufinden ...

Und das zu schreiben, hat Gott mir geholfen. Denn ich bin nicht sehr begabt und ich kann mich nicht so ausdrücken. Gott will mich in der Welt für Seine Botschaft. In der Welt zu sein ist für mich ein Kreuz auf dem Rücken. Mein Körper tut mir weh.

Der Meine auch. Alles, was du empfindest, empfinde Ich auch. Ich liebe dich, siehst du? Die Liebe bringt Leiden. Die Liebe bindet (die Liebe, die an Gott bindet). *Die Liebe bietet eine reichhaltige Treue an. Die Liebe*

146

opfert sich ohne Einschränkung. Vassula, die Stunden entfliehen, deine
Zeit rückt näher. Opfere dich. Wachse in der Demut, iß aus Meiner Hand,
Meine Geliebte. Ich werde dir deine Ketten wegnehmen, und deine Seele
wird zu Mir emporfliegen, sehr bald.

Ich liebe Dich, mein Gott ...

7.5.1987

Ich liebe dich, Meine Blume. Ich bin es, dein Bräutigam. Ich werde dich
reinigen. Ich werde fortfahren, dich zu sättigen, dich zu beleben durch
Mein Licht und dich zu nähren durch Meine Kraft. Ich werde dich ehren,
Vassula, indem Ich dich Meine Dornenkrone tragen lasse.

Jesus, wie kannst Du mir so vertrauen?

Ich liebe dich. Wenn du Meine Dornenkrone trägst, wirst du den Spott
begreifen, den Ich erhalten habe, denn bald wird man sich auch über
dich lustig machen. Vergiß nicht: Ich werde ebensoviel leiden, wie du lei-
dest, denn Ich bin in dir und du in Mir. Ich habe Mich mit dir vereinigt,
wir sind eins. Komm jetzt, Geliebte, wir werden Meine Werke weiterfüh-
ren ... Ich werde dir genügend Kraft geben bis ans Ende.

Ich habe es später begriffen: Jesus will mich in dieser Botschaft vorbereiten.
Man wird sich lustig machen über mich, man wird mich auslachen. Zum
Glück ist Er bei mir, miteinander werden wir den Spott erleiden.

7.5.1987

Jesus, weißt Du, daß es mir nicht gelungen ist, wenigstens hundertmal zu
sagen: „Ich liebe Dich“, und Du hast von mir verlangt, es wenigstens tausend-
mal am Tag zu sagen!

Vassula, ach Vassula, weißt du nicht, daß jede Handlung, die aus Liebe
geschieht, Mir sagt: „Ich liebe Dich“? Du zeigst Mir deine Liebe auch auf
diese Weise. Alles, was du in deinem Leben tust, tust du für Mich. Komm,
verschönere, blühe, strahle aus! Breite deinen Wohlgeruch aus! Schmücke
Mich mit Kränzen der Liebe. Jedes deiner Blumenblätter soll einen Dorn
Meiner Krone ersetzen. Ich liebe dich, liebe Mich. Lehre die anderen,
Mich zu lieben, offenbare ihnen Meinen Ruf.

Mit Deiner Hilfe werde ich es ihnen offenbaren. Ich kann nicht viel tun.
Liebe Mich und heile Meine Wunden. *Die Tränen, die du für Mich vergie-
ßest, sollen ein wohltuender Balsam für Meine Wunden sein. Vassula, die
Kränze sind nicht nur für Beerdigungen da, sie sind auch gemacht für Ver-
mählte. Erlaube Mir, daß Ich im August dir einen solchen Kranz auflege.*

8.5.1987

*Jesus, heute habe ich so viel zu tun zu Hause. Nur zwei Worte von Dir würden
mich glücklich machen!*
Nur zwei? — Liebe Mich!

9.5.1987

Ich schaute einen Dokumentarfilm über Fatima an und ich dachte bei mir,
daß trotzdem viele Leute skeptisch blieben und allerlei Erklärungen gefunden wurden, so die Theorie des Massenhypnotismus u.a. Früher wären solche Wunder geglaubt und in der Bibel aufgeschrieben worden. Heute
jedoch müssen Jahre vergehen, bis sie anerkannt werden.

*Ich fürchte, daß Deine Botschaft nicht als von Dir kommend anerkannt wird,
denn sie enthält weder einen physischen Beweis noch Voraussagen. Die hierar-
chischen Verantwortlichen werden, wenn es bis zu ihnen kommt, Deinem Ruf
keine Aufmerksamkeit schenken. Ich weiß, daß Dein Kelch der Gerechtigkeit
gegenwärtig randvoll ist! Die Welt beleidigt Dich sehr. Sie werden nicht auf
Dich hören.*

Gibt es eine größere Autorität als deinen Gott?

*Nein, mein Gott, keine, aber wenn sie nicht hören? Einige könnten wohl glau-
ben, daß das eine Propaganda ist für die Kirche, ich meine jene Autoritäten
mit antikirchlicher Einstellung, jene, die der Kirche feindlich gesinnt sind!
Eine Erfindung der Kirche!*

Vassula, Ich bin der Allerhöchste und jede Autorität kommt von Mir.

Aber wenn sie nicht glauben?

**Ich will nicht schreiben, was geschehen wird, wenn sie in ihrer Verstockt-
heit sich weigern, auf Mich zu hören. Hast Du Angst vor Mir, Mein kleines Kind?**

Gott hat in mir die Angst spüren müssen, die mich erfaßt hat, als Er das Wort schrieb: „was geschehen wird". Ich habe im Herzen Gottes ein wenig Traurigkeit verspürt.

Ja, vor Deinem Zorn!

Ich werde eure Sünden ertragen und verzeihen, aber Ich werde nicht länger euren Haß gegen Mich ertragen. Die gesamte Schöpfung halte Ich in Meiner Hand. Ich verabscheue den Atheismus. Vassula, laß Mich dich führen, komm, Mein Kind, ruhe in Mir.

Später.

Dein Seufzer, Braut, ist wie eine Million Liebesworte für Mich. Ja, Ich spreche vom Seufzer, den du Mir heute morgen gegeben hast.

Das ist wahr, heute morgen habe ich mit Liebe an Jesus gedacht. Ich wollte Ihm vieles sagen, aber ich fand die Worte nicht, ich habe nur geseufzt. Er schien meinen Seufzer gut verstanden zu haben.

Vassula, liebe Mich blindlings und laß Mich dich gebrauchen, wie es Mir gefällt. Sei absolut nichts, denn wenn du nichts bist, bin Ich alles und vollende so Meine Werke. Es war für Mich eine Freude, dich zu erschaffen.

Mein Gott, ich habe Angst, Dich zu enttäuschen, indem ich untreu werde. Ich weiß nicht einmal, ob ich begonnen habe, ein wenig treu zu sein, geschweige denn treu zu bleiben.

Von Ewigkeit her kannte Ich deine Schwäche und dein Elend, aber Ich liebe dich. Ich habe Meine Maßnahmen getroffen, damit du Mir treu bleibst und Mir gehörst. Hast du dir eingebildet, daß Ich das alles nicht wußte? Ich wußte alles, und darum habe Ich dich erwählt. Ich habe dir gesagt, daß deine unsägliche Schwäche und dein Elend Mich anziehen. Komm, diese Botschaft wird Meine Ehre wiederherstellen. Ich freue Mich, daß sie (deine Schwäche) *eure Ungerechtigkeiten beheben wird. Vassula, kröne Mich mit zärtlichen Worten!*

Meine Worte, Herr? Welchen Wert können sie wohl haben vor einer so erhabenen Gegenwart!

Jedes zärtliche und liebevolle Wort wird, selbst wenn es von dir kommt, göttlich in Meiner Gegenwart. Es wird groß, wenn Ich es höre. Werde nie müde zu schreiben, Mein kleines Werkzeug. Alles, was du tust, kommt

von Mir. Ich setze dich außer Kraft durch Meine Kraft und Ich rufe dich,
wann Ich es wünsche. Ich liebe dich, liebe auch du deinen Herrn.

Ich habe wieder einmal gespürt, wie Seine Größe mich vollständig vernich-
tete. Es war, wie wenn ich in den tiefsten Ozean eingetaucht wäre: ein wun-
dervolles Gefühl, von Gott in Besitz genommen zu werden, es zu wollen
und dabei ganz glücklich zu sein.

10.5.1987

Vassula, erinnerst du dich, als Ich Mein Volk mit dem Manna nährte? Ich
hatte es vom Himmel herabgeworfen, es kam von Meinen himmlischen
Reserven. Weißt du, daß Ich die Wasser getrennt habe, damit Mein Volk
bis zum Sinai gelangen konnte?

Ja, Herr.

Ich bin allmächtig, Mein kleines Kind. Ich bin derjenige, der diese Bot-
schaft zusammensetzt, um eine große Zahl zu nähren. Vassula, diese ganze
Zeit über habe Ich dir Mitteilungen gemacht, siehst du?

Mein Gott, und ich habe immer noch Angst, daß das nur das Ergebnis meines
Unterbewußtseins ist ...

Laß es Mich dir gleich sagen, daß du diese Arbeit nie allein geleistet
hättest! Glaubst du an die Wunder?

Natürlich, ich glaube daran.

Betrachte also dieses als ein Wunder. Ich liebe dich.

Ich liebe Dich, Vater. Wie werde ich den Leuten, die mich danach fragen, erklä-
ren können, auf welche Weise ich Dich sehe? Ich spüre Deine Gegenwart sehr
stark, und das ist keine Einbildung.

Sag ihnen, daß du Mich mit den Augen deiner Seele siehst.

Jesus, manchmal glaube ich, daß ich mir Deine Gegenwart einbilde. Dann
will ich wegblicken, um mich zu überzeugen, daß Du es nicht bist ...

Wenn du das tust, beleidigst du Mich, Vassula. Ich habe dir diese Gnade
gegeben, nimm Meine Gabe an, nimm an, was Ich dir gebe!

Herr, manchmal — besonders in Bangladesh bei der Hitze —, fühle ich mich
erschöpft. Ich möchte so sehr mehr arbeiten können. Manchmal möchte ich wie
eine Amöbe sein, die aus mehreren Teilen besteht!

Ich gebe dir genügend Kraft, um Meine Werke zu Ende zu führen. Lukas (der Evangelist) *hat einmal gesagt: „Ich werde nie erschöpft sein, da ich für den Herrn arbeite, denn Er ist meine Kraft." Mein kleines Kind, Ich habe dich geführt, wie ein Vater sein kleines Kind zur Schule führt. Schätzt du, was du mit Mir gewonnen hast?*

Ich habe tatsächlich viel gewonnen. Da ich vordem den Glauben nicht praktizierte, hatte ich auch keine Bibel zu Hause. Seitdem ich die Schule nicht mehr besuchte, war ich nicht mehr in die Kirche gegangen, ausgenommen einmal anläßlich der Taufe meines ältesten Sohnes, der jetzt 15 Jahre alt ist. Du hast mich vieles gelehrt. Ich halte mich zwar nicht für eine Gelehrte, aber Du hast mich wenigstens gelehrt, daß Du bist und wie sehr Du uns liebst und wie wir Dich lieben sollen.

Ich habe dir Früchte aus Meinem Garten gegeben. Ich möchte euch mit Meiner Frucht füllen.

Ich habe Ihn etwas gefragt, das ich nicht zu schreiben wünsche.

Ich weiß, Vassula. Es möge geschehen, wie Ich es wünsche.

Ich konnte mich nicht zurückhalten, offen zu lächeln: Es war so angenehm, auf diese Art ein kleines, alltägliches Gespräch mit Jesus zu führen. Es war, wie wenn ich zu einem wirklichen Freund redete. Ich konnte mich des Lächelns nicht enthalten, es war fast ein Lachen, ich war glücklich!

Ich bin auch fröhlich ...

Ja, Er war es in der Tat, und das war wunderbar!

Vassula, weißt du, wie sehr Ich Mich freue und diese Augenblicke genieße, diese Augenblicke, wo du zu Mir sprichst wie zu einem Gefährten? Vassula, wir haben noch Arbeit zu leisten. Sei gesegnet. Ich werde dir ein Zeichen Meiner Gegenwart geben, Geliebte.

Jesus, welches Zeichen ...? Ich will sagen, wo?

In deinem Haus. Ich werde dir beweisen, daß Ich gegenwärtig bin.

Ich liebe Dich, Jesus. Ich wünsche so sehr, Dir Freude zu bereiten.

Altar! Schöpfe immer aus Mir. Möge Meine Flamme mit lebendiger Glut in dir brennen.

13.5.1987

Gestern, gegen Abend, stieg ich die Treppe hinauf. Als ich am ersten Treppenabsatz ankam, hielt ich plötzlich inne, denn ich habe einen starken

Duft von Weihrauch gespürt. Er stieg bis zum zweiten Stock. Ich war überrascht. Ich habe meinen Sohn gefragt, ob er nicht eine Zündspule gegen Moskitos angezündet habe, obschon es gar nicht danach roch, sondern eher wie in einer Kirche. Mein Sohn verneinte es. Ohne mich weiter mit dem Zwischenfall zu beschäftigen, kümmerte ich mich um etwas anderes. Eine Stunde später wollte ich ins Zimmer gehen, wo ich mich aufhalte, wenn ich schreibe. Ich wollte einen Bleistift holen. Ich mußte am gleichen Ort vorbei, wo ich den Weihrauch gerochen hatte. Beim Vorbeigehen wurde ich wieder von diesem starken und wunderbaren Duft erfaßt! Sobald ich den Ort verließ, spürte ich nichts mehr davon. Es war genau an der Stelle, wo ich Jesus am Kreuz gesehen hatte.

O Geliebte! Als Ich dich mit Meinem Duft einhüllte, segnete Ich dich gleichzeitig.

O Jesus, Du warst es also?

Ja, du hast Meine Gegenwart gespürt. Das war Mein Zeichen.

Jesus hatte vorausgesagt, daß Er mir ein Zeichen Seiner Gegenwart geben würde.

Der Duft kommt von Mir.

Wenn ich nur gewußt hätte, daß Du es warst, an diesem Abend!

Ich werde dir noch andere Zeichen Meiner Gegenwart geben, Meine Blume, aber sei wachsam.

Jesus, meine Liebe, mein Hauch, mein Leben, meine Freude, mein Seufzen, meine Ruhe, mein Gefährte, mein Erlöser, mein Augenlicht, mein alles, ich liebe Dich!

Vassula, liebe Mich mit Inbrunst. Geh auf in Meinem Leib. Schmücke Mich mit zärtlichen Worten, mit Worten voll Liebe. Mildere Meine Leiden, lindere Meine Wunden, indem du sie mit liebenden Worten durchdringst.

Als ich heute bei der heiligen Theresia von Avila las, habe ich entdeckt, daß übernatürlicher Duft und Wohlgeruch sehr wohl gegeben sein können. Sie sagt, wenn es vom Teufel kommt, ist es ein stinkender Geruch. — Sonderbar, daß mir heute ein weiterer Beweis gegeben wurde! Wohl, um mir zu zeigen, daß der Wohlgeruch von Weihrauch von Jesus kam. Ich war glücklich!

14.5.1987

Welche Freude heute! Als ich wieder bei der hl. Theresia von Avila las, fand ich, daß ihre Vision und die Beschreibung der Hölle die gleiche war wie die Vision, die Gott mir gegeben hatte. Sie sagt: „Dunkel und eng. Der Boden schien bedeckt mit überfließendem Wasser, wie schlechter, stinkender Schlamm ... Ja, alles machte den Eindruck einer Grotte mit niederer Decke." — Ich habe die gleichen Zustände gesehen. Ich habe sie beschrieben in meinem 8. Heft.

Komm, ergib dich. Ich bin entzückt, wenn Ich dich sagen höre, daß du dich ergibst. Wenn du dich ergibst, erfreut sich Mein Herz, Mein kleines Kind! Bitte Mich darum, dich zu benützen ...

Vater, wenn ich Dir irgendwie nützlich sein kann, gebrauche mich doch!

Ich liebe dich. Komm, möchtest du schreiben?

Ich werde schreiben, wenn es Dein Wunsch ist.

So schreibe also! Man soll wissen, daß Ich, Jesus, dich erleuchten wollte. Ich bin deine einzige Zuflucht. Mein Herz ist ein Abgrund des Verzeihens und der Barmherzigkeit. Mein kleines Kind, so wie Ich dich erleuchtet habe, werde Ich jene, die sich an Mich wenden, erleuchten. Vassula, komm, sei näher bei Mir. Willst du Mich aufnehmen?

Schweigen von meiner Seite ...

Betrübe Mich nicht ...

Schweigen meinerseits ...

Sei mit Mir, reinige dich, liebe Mich ...

Schweigen meinerseits ...

Geliebte, bereite Mir keinen Kummer ...

Schweigen meinerseits ...

Willst du Mich aufnehmen? ... Erfülle Mich mit Freude und sei mit Mir, liebe Mich. Ich liebe dich, komm öfters zu Mir, empfange Mich öfters, Ich liebe dich. Willst du mit Mir beten?

Hier hatte ich Lust zu sagen: „O nein, schon wieder!"

Beleidige Mich nicht!

Ich habe eingewilligt.

»*Geliebter Vater, reinige mich durch das Blut Deines Sohnes. Vater, reinige mich durch den Leib Deines Sohnes. Geliebter Vater, entferne von mir den bösen Geist, der mich jetzt versucht. Amen.*«

Jesus hat dieses Gebet geschrieben, während ich las. Plötzlich habe ich begriffen, was sich zugetragen hatte seit dem Beginn der heutigen Botschaft, wie wenn ich erwacht wäre nach dem Gebet Jesu. Jesus rief mich zur heiligen Kommunion, aber ich tat so, als ob ich nicht verstünde, ich hätte sogar »Nein« sagen wollen.

Ich beleidigte Ihn, trotzdem zögerte ich, Ihm zu antworten, was Ihn dazu bewog, es deutlich zu sagen. Ich hatte den Eindruck, daß ich fallen würde. Jesus ist mir zu Hilfe gekommen! Aber unmittelbar nach dem Gebet (Er hat mit mir gebetet) habe ich bemerkt, daß ein böser Geist da war, der mich versuchte. Welch sonderbares Gefühl habe ich gehabt, als dieser böse Geist mich losließ bei diesen Worten: „Geliebter Vater, entferne von mir diesen bösen Geist, der mich jetzt versucht." Als Jesus diese Worte schrieb, hat Er auf meine Hand gedrückt, indem Er sie mit Kraft auf die Seite preßte. Gleichzeitig habe ich Seine außerordentliche und allmächtige Kraft gespürt, wie die eines allmächtigen Riesen, der mich unterstützte. Mir kam es vor, als wäre ich nach dem Gebet aufgewacht.

Nähere dich Mir, heilige dich. Ich liebe dich und Ich werde dich unterstützen, wenn du fällst. Ich werde dich nicht verlorengehen lassen. Eine Blume muß begossen und fruchtbar gemacht werden, um schön zu bleiben. Ich bin dein treuer Hüter. Ich liebe dich.

Ich liebe Dich auch.

Jesus hatte den bösen Geist, der mich versuchte, gesehen. Ich hatte es nicht sofort bemerkt. Ich war wie betäubt. Jesus hat sehr schnell reagiert, um mir zu Hilfe zu kommen. Erst als der böse Geist mich losließ, habe ich verstanden, daß ich beinahe gefallen wäre! Ich habe Mühe zu glauben, was sich zugetragen hat.

16.5.1987

Vassula, wenn du den Duft von Weihrauch riechst, bin Ich es, Jesus Christus. Ich wünsche, daß du Meine Gegenwart fühlst. Vassula, Ich liebe dich bis zur Torheit und über alle Maßen. Diese Liebe, die aus Meinem Herzen hervorgeht, diese glühende Liebesflamme, die brennt, wird leider so schlecht verstanden. So wenige kommen, um daraus zu schöpfen ... so wenige ...

Jesus, viele Menschen wissen nicht, wie sie Dir näherkommen sollen, ich bin dessen gewiß.

Sie dürfen kommen und mit Mir reden. Ich höre sie an. Ich kann stundenlang Freude haben an irgendeinem Gespräch. Sie bereiten Mir so viel Freude, wenn sie Mich zu ihren Freunden zählen.

Gestern abend hat mir ein Mann gesagt, daß alle Frauen Magdalenen sein möchten.

Lo („nein", auf hebräisch), *nicht alle.*

Dann, alle, die Dich lieben, wahrscheinlich.

Ich will sie so.

Jesus, ich glaube, wir müssen schleunigst gehen.

Wohin denn?

Nach unten, um den Ofen zu kontrollieren, der angezündet ist!

Dann komm, wir wollen gehen.

Jesus, bevor Du zu mir kamst, hatte ich von Dir reden gehört, als wärest Du ein Mythos. Ich hätte nie begreifen können, daß Du eine Wirklichkeit bist. Du warst in meinen Augen so weit entfernt! Eine Geschichte aus einem Buch!

Ich weiß, Vassula, Ich weiß. Für viele bin Ich immer noch ein Mythos. Triff Mich in Gethsemani das nächste Mal, wenn wir uns begegnen. Ich werde dir Meine Ängste, Meine Leiden, Meine Furcht jener Nacht offenbaren. Komm, gestatte Mir, in dir auszuruhen, Meine Tochter. Komm, finde Mich dort, an dem Ort, den Ich dir genannt habe. O Gethsemani! Was hast du zu enthüllen, wenn nicht Furcht, Angst, Verrat und Verlassenheit? Gethsemani, du hast den Menschen allen Mut genommen. Du hast in deiner von Stillschweigen erfüllten Luft Meine Todesängste zurückbehalten für die ganze Ewigkeit. Gethsemani, was hast du zu sagen, das nicht schon gesagt wurde? In der Heiligkeit der Stille hast du den Verrat deinem Gott gegenüber bezeugt, du hast Zeugnis abgelegt. Die Stunde war gekommen, die Schriften mußten sich erfüllen. Meine Tochter, Ich weiß, daß viele Seelen von Mir denken, Ich wäre nur ein Mythos. Sie glauben, Ich hätte nur in der Vergangenheit existiert. Für viele bin Ich nur ein vorübergehender Schatten, der von der Zeit und der Evolution überholt wurde. Sehr wenige begreifen, daß Ich im Fleisch auf Erden gelebt habe und auch jetzt unter euch lebe. Ich bin alles, was war, was ist, und was sein wird. Ich kenne ihre Furcht, Ich weiß um ihre Ängste, Ich kenne ihre Schwächen: Bin Ich in Gethsemani nicht Zeuge gewesen all dieser Gebrechlichkeiten?*

Meine Tochter, als die Liebe in Gethsemani betete, da wurden tausend Teufel erschüttert, erschrockene Dämonen haben die Flucht ergriffen: Die Stunde war gekommen, die Liebe verherrlichte die Liebe. O Gethsemani, Zeuge des Verratenen, Zeuge des Verlassenen, steh auf, Zeuge, und leg Zeugnis ab.

Meine Tochter, Judas hat Mich verraten, aber wieviele Judasse verraten Mich immer noch! Ich wußte sofort, daß sein Kuß sich unter einer großen Zahl verbreiten würde, in den kommenden Generationen. Dieser gleiche Kuß wird Mir unaufhörlich gegeben werden und wird so Meinen Kummer wiederholen und Mein Herz zerreißen. Vassula, erlaube Mir getröstet zu werden, laß Mich in deinem Herzen ruhen.

18. 5. 1987

Vassula, willst du schreiben?

Ja, Jesus, wenn Du das wünschst.

Liebe Mich in Meinen Qualen von Gethsemani. Ich bin von einem der Meinen verraten worden, von einem Meiner Geliebten ... und heute noch erhalte Ich Schmach, die Mich an die Ängste der Vergangenheit erinnert. Mein Herz ist von Bitterkeit erfüllt.

Hier empfand ich plötzlich Schwierigkeiten und hatte nicht das nötige Vertrauen, um weiterzufahren.

Jesus?

Ich bin es. Mein kleines Kind, schreibe. Wie dicke Blutstropfen rann der Schweiß Meiner Todesangst an Mir herab.

Plötzlich erinnerte ich mich an den Augenblick, wo der böse Geist mich fast zu Fall gebracht hatte, und ich fühlte mich beschämt ...

Deine Schwachheit zieht Mich an, denn Ich kann dir Meine Kraft geben. Komm, bring Mir deine Liebe, stütze dich auf Mich.

Ich habe mich auf Ihn gestützt.

Ja!

Jesus war zufrieden.

Schau, nähre dich von Mir, erfülle dein Herz mit Meinem Herzen. Liebe Mich, denk an Mich, sei Mein, ganz Mein. Bete Mich an, und nur Mich, Ich rufe dich, um Mich zu empfangen, ja, in der kleinen, weißen Hostie.

Komm und trinke Mich, reinige dich! Ich liebe dich, und Ich werde sehen, daß du Mich empfängst, verleugne Mich nie! Sehne dich nach Mir, nach Mir allein. Ich werde dich im Tabernakel erwarten, wie Ich es dich gelehrt habe: mit den Augen deiner Seele.

Jesus, es ist mein Fehler, daß ich Dich unterbrochen habe. Willst Du weiterfahren?

Ja, Ich will es, hör Mir zu. Der Boden hat diese Tropfen aufgesaugt. Heute aber ist dieser Boden trockener denn je. Er muß bewässert werden. Er wünscht den Frieden und dürstet nach Liebe.

Plötzlich hat Jesus aufgehört.

Betrübe Mich nicht. Willst du wieder mit Mir beten? Liebe Mich, Vassula, komm.

»O Vater, erfülle, was erfüllet werden muß. Deine Worte mögen in die Herzen Deiner Kinder eindringen, sie segnen und reinigen. Vater, tu, was Dein Herz verlangt. Dein Wille geschehe. Amen.«
Willst du noch für Mich arbeiten?

Ich werde fortfahren, für Gott zu arbeiten, wenn es Sein Wille ist.
Es ist Mein Wille.

Dann werde ich fortfahren zu arbeiten, aber vergiß nicht meine Unfähigkeit.
Stütze dich ganz auf Mich, deinen Jesus. Ich weiß, wie ohnmächtig du bist. Ich wollte nur ein einfaches Kind, das ganz von Mir abhängig sein sollte.

Jesus?
Ich bin hier.

Ist Deine Botschaft von Gethsemani beendet?

Nein, Ich werde fortfahren. Meine Kinder müssen neu belebt werden. Ich muß ihnen zeigen, daß Ich unter ihnen bin — durch die Botschaft, die Ich gesegnet habe. Sie werden Mich sehen und Mich fühlen. Viele werden zurückkommen zu Mir, Ich seufze nach Meinen Geliebten.

Jesus, wie könnte ich irgend etwas tun?

Vassula, würde ein Vater seinem Kind nicht helfen, über die Straße zu gehen, wenn es seine Hilfe braucht? So werde Ich dir beistehen bis ans Ende.

Ich weiß nicht, ob ich recht handle, wenn ich Deine Botschaft verteile. Bin ich im Unrecht?

Nein, du gibst Mein Brot, wie Ich es dir gegeben habe. Mein Brot soll unentgeltlich ausgeteilt werden.

Ich habe das Gebet zum heiligen Erzengel Michael gelesen. Der heilige Michael hat zu mir gesagt: „Lies das folgende." Darauf habe ich das Gebet des heiligen Bernhard zur heiligen Jungfrau gelesen (»Gedenke, o gütigste Jungfrau«) — und mich bei ihr beklagt:

Als meine Freunde die Botschaft gelesen hatten, und glücklich waren, sie zu haben, sind sie zu Gott zurückgekehrt, indem sie sich bekehrten. Es geschah aber, daß einige von ihnen ihr Glück mit einem Priester teilen wollten. Der Priester blieb kalt und warnte sie, auf der Hut zu sein, denn es könnte sein, daß es (das Charisma) nicht von Gott kommt. In der Tat, ich habe selber die Erfahrung gemacht. Von vier Priestern, die diese Botschaften kennen, haben zwei mich entmutigt und zwei haben mir Mut gemacht. Was ich mir wünschen würde, ist, daß jene, die mich und andere entmutigen, ihr Urteil erst abgeben, wenn sie diese Botschaften von A bis Z gelesen haben. Nachher, wenn sie weiterhin glauben, daß sie keinen Wert haben, sollen sie mir dann ihre Einstellung erläutern. Wie können sie eine Meinung äußern über eine Sache, ohne sie verfolgt zu haben und ohne mit mir darüber gesprochen zu haben, und das mehrere Male?

*Maria: **Erfülle dein Herz mit der Gottesflamme. Ich liebe dich.***

Geliebte Mutter, ich fürchte, daß die Botschaft Gottes mit Füßen getreten wird von Leuten, die sie nicht befolgen wollen, nicht einmal lesen!

*Maria: **Fürchte dich nicht, mein Kind.***

Ich bin geängstigt.

*Maria: **Ich weiß. Erkennst du, Vassula, die Werke Gottes?***

Ja.

*Maria: **Vassula, ich habe für dich gebetet, agapimou** („meine Liebe", auf griechisch). **Hab Geduld, stütze dich auf Jesus.***

Ich habe zu Jesus gebetet.

Stütze dich auf Mich.

Ich fürchte, daß Deine Botschaft zertreten wird von jenen, die sie nicht einmal gelesen haben.

Hab keine Angst, liebe Mich. Es verherrlicht Mich, wenn deine Seele gereinigt wird.

Jedes Leid reinigt die Seele. Hierzu zählt auch der Schmerz, nicht verstanden zu werden, keinen Glauben zu bekommen.

Komm, wir wollen gehen. Erinnere dich: »wir« ... Sei nicht betrübt.
Gestern hat mich Jesus in die Kirche geführt. Ich kann der Messe nicht gut
folgen, denn ich kenne deren Ablauf nicht und auch nicht die Lieder, da
ich sie nie gelernt habe. Ich bleibe immer ein wenig hinten, aber ich weiß,
daß Jesus da ist und zu mir spricht. Die Eucharistie hat mich getröstet.

18. 5. 1987

Um 6.30 Uhr morgens habe ich die heilige Eucharistie empfangen, wie
Jesus es von mir verlangt hatte. Während der Messe begann Jesus mit mir
zu reden. Ich habe das Brot empfangen und ich habe es im Mund verspürt
wie ein Stück Fleisch, das von der Geißelung zerstückelt worden war. Es
ist überwältigend, was Jesus mich alles nachempfinden läßt.

Später.

Jesus?

*Ich bin es. Liebe Mich, komm nahe zu Mir. Ich werde dir verschiedene
Eindrücke geben, jedesmal, wenn du Mich empfängst. Vassula, es betrübt
Mich, wenn du zu Mir auf Distanz gehst.*

Es ist wahr: Wann immer eine »Welle« von Zweifeln mich überfällt, weigere
ich mich, mit Ihm zu sprechen und Ihn zu sehen, indem ich zu mir selber
sage, daß Er es nicht ist. Ich gehe Seinem Bild aus dem Weg, ich vermeide
es, mit Ihm zu sprechen, ich meide alles, was Er mich gelehrt hat. Ich versuche, mich zu überzeugen, daß es meine Einbildung sei, die mir einen
Streich spielt.

*Du betrübst Mich, Geliebte. Du beleidigst Mich, wenn du Mich hinderst
und dich reserviert verhältst. Begreif doch, daß der Teufel hinter all dem
steht. Er ist verzweifelt und will dir einreden, daß alle Gnaden, die Ich
dir gegeben habe, Einbildung seien. Er will, daß du Meine göttlichen
Lehren vergißt. Er will dich wieder an sich ziehen. Wenn du so fern von
mir scheinst, habe Ich Angst, ja, Angst um dich. Wenn ein Hirt sieht, daß
ein Lamm seiner Herde sich entfernt, wird er sich setzen? Ein guter Hirt
wird ihm nacheilen, es an sich nehmen und zurückführen. Wenn Ich sehe,
daß du dich entfernst, werde Ich nicht warten, sondern losstürzen, um
dich zu suchen. Ich werde dich noch mehr an Mich ziehen, Mein kleines
Kind, Ich werde dich mit Meinem Mantel bedecken, wenn dir kalt ist.
Ich werde dich nähren, Ich werde dich an Meinem Herzen tragen, wenn
du in Bedrängnis bist. Was würde Ich nicht für dich tun?*

Jesus?

Ich bin es.

Warum all diese Gnaden für mich? Warum?

Laß Mich frei, zu handeln, wie es Mir gefällt.

Ich will nicht verschieden sein von den anderen.

Vassula, du wirst Mich aufnehmen, laß Mich dich gebrauchen. Habe Ich dir nicht gesagt, daß Ich dich befreien werde?

Ich verstehe nicht.

Ich wünsche, viele Seelen von den Ketten zu befreien, von den Ketten des Teufels. Ich benütze dich als Mein Werkzeug. Verstehe Meine Werke richtig. Mein Ruf ergeht nicht nur an dich allein. Mein Ruf des Friedens und der Liebe ist an die ganze Menschheit gerichtet!

Gewiß, Herr, aber ich fühle mich nicht wohl, wenn meine Freunde mich anschauen und sagen, ich sei »privilegiert«. Ich fühle mich nicht wohl!

Meine Tochter, du brauchst dich nicht wohl fühlen, auserwählt worden zu sein wegen deines Elends. Ich habe dich nicht wegen deiner Verdienste auserwählt. Ich habe es dir schon gesagt: Deine Verdienste sind nichtig, was aber aus dem Mund des Herrn hervorgeht, ist nur Wahrheit. Komm oft zu Mir mit deiner Reue. Erinnere dich: Ich bevorzuge dich nicht mehr als Meine übrigen Kinder.

Ich weiß, Jesus, gerade deshalb fühle ich mich gehemmt, weil Du mir diese Gnade gibst, Dich zu jeder Zeit zu rufen.

Vassula, Vassula, Ich gebe selbst dem Elendesten. Deine Freunde sollen sehen, welcher Abgrund von Barmherzigkeit und Verzeihung Mein Herz ist. Sie sollen sehen, daß Ich sogar die Toten auferwecke.

Ich, ich war geistig gestorben.

Sie sollen sehen, wie sehr Ich sogar jene liebe, die Mich verleugnet haben.

Anfangs hatte ich Ihn zurückgewiesen.

Jesus?

Ich bin hier, Geliebte.

Ich weiß nicht, was ich sagen soll!

Sag Mir, daß du Mich liebst.

Ich liebe Dich, und Du weißt es.

Ich liebe dich, Meine Tochter, ja, trotz deines Elends. Vergiß nicht. Sprich zu Mir, Ich bin dein Bräutigam. Teile mit Mir. Lächle Mir zu, wenn du Mich siehst.

Ja, Jesus. Ich fühle, daß meine Gegenwart Dich beleidigt, und ich weiß, daß ich mich wiederhole. Wie kannst Du mich ertragen?
Ich liebe dich.
Ich liebe Dich auch.
Fühle Mich, schau Mir in die Augen.
Ich habe Ihn angeschaut. Seine Augen waren ernst, aber von Liebe erfüllt.
Ja, erinnere dich, Meine Tochter, daß Ich dein heiliger Vater bin. Wir wollen nun gehen.

19.5.1987

Jesus?
Ich bin es. Vassula, erinnere dich, daß diese Botschaft von Mir kommt.
Jesus, weißt Du, was ich möchte?
Ich weiß es, Meine Tochter.
Manchmal wünschte ich, daß die Gnade, die Du mir gegeben hast, Dir auf diesem Wege zu begegnen, Dich mit den Augen meiner Seele zu sehen, daß diese Gnade nur für mich allein sei. Du und ich, ich und Du — so würde ich mich ganz wohl fühlen. Nichts könnte mich beunruhigen. Ich könnte diese Gnade wie ein Geheimnis in meinem Herzen bewahren.
Ich habe geseufzt.
Meine Tochter, Ich habe dich gefragt, ob du mit Mir arbeiten wollest. Deine Antwort hat Mir Freude bereitet. Laß Mich dich erinnern, daß du Meine geliebte Seele bist, durch die Ich Mich zu erkennen gebe mit Meinen Wünschen, denn das ist Mein Wille.
Aber, mein Gott, ohne Dich beleidigen zu wollen: Dein Wort kann schwere Last sein, wenn es nicht abgenommen wird. Was kann ich tun?
Geliebte, werde Ich dir nicht beistehen? Ich bin der Herr. Brüder, lest Meine Botschaft, erfreuet Mich und erinnert euch an Meine Werke. Glaubt an Meinen unendlichen Reichtum und an Meine unendliche Barmherzigkeit! Vassula, folge Mir, Ich werde dich führen, Mein kleines Kind. Ich werde dir Meine Kraft geben, laß Meine Hand nie los.
Mein Gott ... Was willst Du von mir? ...?
Vassula, Ich will Liebe, Liebe, Liebe. Mein Leib tut Mir weh wegen des Mangels an Liebe. Meine Lippen sind ausgetrocknet durch den Durst nach Liebe. Ich möchte dich gebrauchen, Mein kleines Kind, als Mein Werkzeug für Meine Botschaft.

Mein Herr, Dein Wille geschehe, Deine Wünsche mögen sich erfüllen.

Geliebte, stütze dich auf Mich, höre auf Meine Stimme. Fühle dich nie allein, denn Ich, Gott, bin mit dir.

Er hat meine Hand wieder »genommen«, um zu schreiben:

Vassula, Ich liebe dich bis zur Torheit, Ich werde dich nie verlassen. Komm, wir wollen arbeiten.

Ich fühlte mich ein wenig getröstet.

Herr, wollen wir den Tag beginnen?

Komm, Ich werde ihn beginnen. Stütze dich ganz auf Mich. Ich führe dich.

19.5.1987

Meine Freundin Babette war gekommen. Sie hat mit Jesus gesprochen. Wir waren alle drei beisammen. Babette brauchte ihre Fragen nicht laut auszusprechen. Auf ihren Gedanken folgte unmittelbar die Antwort Jesu. Jesus bewies ihr Seine Gegenwart und daß Er es wirklich ist, der uns einlädt, vertraulich mit Ihm zu sein. Wir sollten uns auch immer an Seine Gegenwart erinnern, indem wir Ihn lieben. Ich muß zugeben, daß ich »beeindruckt« war, zu sehen, wie Jesus auf diesem Weg Babette begegnete.

Stütze dich auf Mich.

Jesus, meine Freundin hat mich gebeten, Dich zu fragen, warum Du nicht noch einmal zurückkommst wie früher, im Fleisch, damit die Leute sich bekehren können.

Oh, Vassula ... Ich werde zurückkommen. Jeder beginnende Tag bringt euch Meiner Rückkehr näher. Vassula, weißt du, was das bedeutet?

Sag es mir, Herr.

Die Liebe wird wiederkommen. Die Liebe wird einmal mehr unter euch sein. Die Liebe wird euch den Frieden wiederbringen. Mein Reich auf Erden wird sein, wie es im Himmel ist. Die Liebe wird die Liebe verherrlichen. Ich werde bald mit euch sein, Geliebte. Betet, denn diese Zeit ist nahe. Willst du, Mein kleines Kind, noch für Mich arbeiten?

Ich möchte Deinen Namen hören.

Ich bin die Liebe.

Ja, ich will für die Liebe arbeiten, mit meiner Unfähigkeit, ganz abhängig von Dir.

Ich weiß, daß du ohne Mich verloren bist, Geliebte. Du bist Meine Blume, die Licht braucht.

Ich bin so glücklich!

O Meine Tochter, Ich liebe dich bis zur Torheit! Stütze dich ganz auf Mich, Ich werde dein Unterscheidungsvermögen vermehren.

Mein Gott! Du willst meine Fähigkeit, Dich zu sehen, Dich zu hören und Dich zu fühlen, vermehren?

Ja, du wirst Mich fühlen und Mich besser erkennen können.

Mein Gott! Warum all diese Gnaden über mich? Ich habe nichts getan, um das zu verdienen!

Ich weiß, aber Ich liebe dich. Vergiß jedoch nicht, wer du bist.

Ich bitte Dich, hilf mir, mich daran zu erinnern, Herr.

Ich werde dich daran hindern, überheblich zu werden durch all die Gnaden, die Ich dir gebe, indem Ich dich an dein Elend erinnere. Ich werde dich daran erinnern, daß alle Gnaden, die du von Mir erhältst, für Meine eigene Ehre sind. Jede Gnade, die du von Mir erhalten wirst, wird Meinen Interessen dienen, nicht den deinen. Schöpfe deshalb aus Meinem Herzen und erfülle das deine. Ich will, daß Mein Altar ständig entflammt sei. Lebe für Mich, sei Mein für die ganze Ewigkeit.

Ich will es tun. — Mein Gott?

Ich bin es. Liebe Mich und wache über Meine Interessen.

Herr! ...

Ich habe geseufzt.

Ich, eine Null, und Du weißt es. Mein Herr, ich bitte Dich, vertrau mir nicht!

Laß Mich frei in dir wirken. Komm, Ich will dein Fragen zufriedenstellen. Die Liebe wird als Liebe zu euch zurückkommen. Wir wollen miteinander beten:

»O Himmlischer Vater, Vater der Liebe, komm zu uns zurück, um uns vom Bösen zu befreien. Vater, liebe uns und erlaube uns, in Deinem Licht zu bleiben. Tu, was Dein Herz wünscht. Dein Name sei verherrlicht. Amen.«

Gestatte Mir, dich zu benützen.

Erlaube mir, Deinen Namen noch einmal zu hören.

Ich bin Jesus Christus, der geliebte Sohn Gottes. Alles, was Ich von dir verlange, Vassula, ist Liebe und die Teilnahme an Meinem Kreuz des Friedens und der Liebe mit Mir.

Ja, Herr.

Meine Tochter, laß Meine Hand nie los. Liebe Mich, Meine Tochter.

Lehre mich, Dich zu lieben, wie Du von uns geliebt werden willst. Wenn Du es willst — jene, die Dich am meisten liebt auf der Welt ... Du lächelst!

Er lächelte.

Ich bin so glücklich! Du möchtest das für Mich tun?

Ja.

Meine Geliebte, mit Mir wirst du es lernen. Willst du auch annehmen, für Mich zu leiden?

Für den Herrn, ja, wenn es auch Sein Wunsch ist.

Dann wird alles nach Meinem Willen gemacht.

Du, Du weißt, was besser ist für die Seele, so vertrau ich mich also Gott an.

Ich bin Gott. Komm jetzt in diesen besonderen Winkel Meines Herzens, und bleibe dort.

* * *

Heft 12

20. 5. 1987

Manchmal bin ich selber erstaunt über den Grund, der mich treibt, Jesus auf diese Weise zu begegnen. Warum, wie und aus welchen Beweggründen bin ich so eifrig, Seine Botschaften niederzuschreiben und zu hören? In all diesen letzten Monaten ist mir das unentbehrlich geworden ...

Ich liebe dich. Ich bin es, Jesus, der dir diese Anregung gibt, Mir zu begegnen. Vassula, liebe Mich immer. Ich will dir Meine Wünsche kundtun, Meine Schwester.

Jesus war sehr zärtlich, aber Sein schönes Antlitz war traurig.

Ich wünsche alle Meine Priester zu vereinen. Ich wünsche von ihnen, daß sie Mich mehr lieben. Ich will von ihnen Reinheit, Eifer, Treue. Die Priester müssen begreifen, daß die Einheit die Liebe verstärkt. Die Einheit begünstigt die Liebe. Wie lange noch wird die Zwietracht unter ihnen herrschen? Die Liebe ist die Einheit. Meine Liebe vereinigt sie mit Mir. Meine Kirche ist schwach wegen ihrem Zwiespalt. Ich wünsche die Einheit. Ich wünsche, daß Meine Kirche eins werde.

Aber, Herr, Du sagst, daß Zwietracht herrscht. Folglich muß jemand sich unterwerfen. Wie werden sie das wissen?

Sie müssen beten, um erleuchtet zu werden. Sie müssen zu Mir kommen und aus Meinem Herzen schöpfen.

Von wem sprichst Du, Jesus, wenn Du „sie" sagst?

Ich spreche für Meine gesamte Kirche. Ich wünsche, daß sie sich vereinen, daß sie eins werden. Meine Kirche ist geschwächt worden wegen ihrer Differenzierungen. Sie ist gewaltig geschwächt worden.

Mein Herr, das scheint mir eine neue Botschaft zu sein.

Ich werde dich erleuchten, Vassula, indem Ich dir nach und nach zeige, wie Ich wirke.

Zuerst also der Katechismus für mich!

Ja, Vassula. Jetzt aber Meine Wünsche — Meine Wünsche, Meine Kirche zu vereinen. Wie kann ein Leib funktionieren, wenn eines oder zwei seiner Glieder gelähmt, verletzt oder weggerissen sind? Wird er die gleiche Fähigkeit und Kraft besitzen wie ein gesunder Leib? Meine Kirche ist Mein Leib. Wie kann Mein Leib funktionieren, wenn er betriebsunfähig geworden ist? Meine Tochter, zeichne Mein Zeichen:

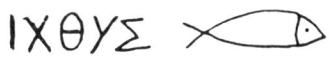

Das war das Zeichen der ersten Christen. Es gab nur eine Liebe, die Liebe war eins.

Jesus, ich weiß, daß Ostern zu verschiedenen Zeiten gefeiert wird. Kannst Du mir das genaue Datum angeben, auf einem getrennten Blatt?

Dann hol ein Blatt.

Danke, Jesus.

Er hat mir das genaue Datum für Ostern angegeben.

Komm jetzt, vereinigen wir uns im Gebet. Ein Gebet zum Vater für die Einheit:

»Vater, ich komme zu Dir, um Dich zu bitten, Deine Schafe zu erleuchten. Erleuchte sie, damit sie den Frieden und die Liebe in der Einheit wiederfinden. Amen.«

Vereine Meine Schafe, Vassula!

Jesus! Wer bin ich, um zu vereinen und etwas zu wissen über die Priester, ihre Diskussionen und was sich ereignet? Was bin ich, um ihnen mitzuteilen, was auf einem Blatt Papier geschrieben steht, und ihnen zu sagen, daß Du es geschrieben hast? Jesus, Du gibst mir Botschaften, Du sagst mir die Wünsche Deines Herzens. Herr, wäre es nicht leichter, das alles jemandem anzuvertrauen, der schon innerhalb der Kirche ist und Zutritt zu allen Obrigkeiten hat, jemandem, dessen Unbescholtenheit anerkannt und der vertrauenswürdig ist? Herr, Du hast wahrhaftig eine Verkrüppelte aufgelesen, die entmutigt worden ist von der Hälfte der Priester, die diese Schriften kennen und kein Interesse daran zeigen. Ich habe es satt, sie ihnen zeigen zu wollen, denn ich weiß, daß es sie langweilt und ihnen lästig ist. Was soll ich tun?

Vassula, was deine Schultern ertragen, ist Mein Kreuz auf dir. Ich werde es mit dir teilen, werde nie müde.

Herr, wie könnte Deine Botschaft die richtigen Ohren erreichen?

Die Botschaft wird ankommen. Sie ist wie ein Bach, der langsam fließt, sich nach und nach erweitert. Zuerst ist es ein Rieseln, es weitet sich aus, dann wird es ein Sprudeln, bis es sich in einen gewaltigen Ozean verwandelt. Vassula, stütze dich auf Mich, wenn du müde bist. Ich liebe dich. Ich werde dir helfen, Mein Kreuz mit Mir zu tragen, Geliebte. Fühle dich nie verlassen.

Ich habe verspürt, daß Jesus mich immer unterstützen wird, wenn ich stolpere. Er hat mir zu verstehen gegeben, daß ich mich immer auf Ihn stützen kann, um neue Kraft zu holen.

Vassula, Ich werde dich führen.

23.5.1987

Gestern bin ich Jesus nicht begegnet, als ich schrieb, aber Er hat mich Seine Gegenwart spüren lassen, ebenso Seine Worte. Er sprach zu mir und ich hörte zu. Er sprach mit mir zur gleichen Zeit wie mein Mann und meine Freunde. Es war, wie wenn Er mich an einem Arm zog, und die anderen am anderen Arm.

Jesus?

Ich bin es. Den Glauben haben, ist auch eine Gnade, Geliebte. Sprich zu Mir, Ich bin dein Bräutigam.

Ich habe Ihm etwas gesagt, und Er hat mir geantwortet.

Laß Mich mit dir tun, was Ich will, Vassula. Ich bin Gott. Jetzt, wo Ich dich zu Mir erhoben habe, dir gelehrt habe, Mich zu lieben, und dir erlaubt habe, Mir auf diesem Weg zu begegnen, hast du bereits verstanden, daß Ich etwas von dir will. Durch Meine Gnade hast du schreiben gelernt. Diese Gnade ist dir gegeben worden, um Mir zu erlauben, dich zu gebrauchen. Ich habe dir viele Gnaden gegeben, damit du Mich verherrlichen kannst. Ich habe dich mit Mir vereinigt. Ich habe dich zur Braut genommen. Ich und du, wir sind jetzt eins. Siehst du nicht deutlicher, Meine Tochter? Ich liebe euch alle, und Ich bin dir nahegekommen für Meine Interessen.

Mein Gott!

Ich bin es.

Ich habe Ihn an etwas erinnert.

Vassula, Ich erreiche immer Meine Ziele.

Ich weiß, ich weiß. Wenn Du es mir nur deutlicher sagen würdest!

Meine Tochter, Ich liebe dich weit über dein Verständnis hinaus. Ich weiß, daß du unaussprechlich schwach bist. Ich weiß, daß du ohne Mich ganz unzulänglich bist und unfähig, dich zu bewegen. Beunruhige dich nicht. Ich werde dich tragen, wie ein Vater sein invalides Kind tragen würde. Ich werde über dich wachen. Ich werde dir das Nötige geben. Ich werde dafür Sorge tragen, daß all Meine Werke vollendet werden. Erinnere dich: Ich habe dich dazu bewogen, Meine Botin zu werden, Ich werde dich nicht lassen, bis du deine Mission erfüllt hast.

Ich liebe dich. Liebe Mich und Mich allein. Ich will keine Nebenbuhler. Bete Mich an, denn Ich bin dein Gott. Vassula, Gott seine Aufmerksamkeit schenken heißt: Mir dienen. Diene Mir. Komm, sei eins mit Mir. Ich nehme dich an mit deiner Unwissenheit, Meine Tochter. Ich habe wirklich ehrliche Diener, die Mich umgeben. Sie sind die Geliebten Meiner Seele, sie sind in Meinen Augen sehr schätzenswert. Ich vertraue ihnen Meine Werke an. Sie ehren Meinen Namen, indem sie Mir mit Eifer dienen, Mich anbeten, ihre Seele für Mich aufopfern und mit großer Gnade Mein Wort segnen. Ich liebe sie und schaue sie liebevoll an. Halte mit deiner Frage nicht zurück!

Das wurde schnell und plötzlich gesagt.

Warum hast Du mich erwählt? Ich bin nicht gut und ich verursache ...

Er ließ mich meinen Satz nicht beenden.

Das Elend zieht Mich an. In allem bist du nichts, gar nichts! Aber indem du nichts bist, bin Ich alles, was du nicht bist, denn wen habe Ich als Rivalen? Ich finde keine Rivalen in dir, da du nichts bist. Das ist Meine Wonne in dir, Meine Tochter!

Ich verstehe nicht.

Nein, du kannst nicht verstehen, aber ist das wichtig? Ist das wirklich wichtig? Ich bin Herrscher der ganzen Schöpfung, ihr gehört Mir alle, und du, Mein kleines Kind, du, ohne das geringste Interesse, du ziehst Mich an. Die Kleinheit behalte Ich im Auge, das Nichts lockt Mich an. Vassula, eines Tages wirst du Meine Worte ganz verstehen. Wenn du Mir dienen müßtest, würde Ich dir nur Meine Passion zeigen.

Passion ...

Ja, die Passion. Willst du ...

Aus Schwachheit habe ich Ihn gehindert, Seine Frage zu Ende zu führen, indem ich meine Hand vom Heft abhob. Aber ich habe sie doch gehört ... Nichts kann Ihn aufhalten, mir zu sagen, was Er will.

Ich kann in dir bleiben trotz deiner beeindruckenden Schwachheit.

Der Ton Jesu war sehr ernst.

Liebe Mich, Vassula, hab keine Angst vor Mir. Ich bin Liebe, und Ich liebe dich sehr. Ich bin Liebe und Lehrmeister der Liebe. Kind, trotz deiner Zweifel und deiner unaufhörlichen Mißerfolge habe Ich dich erwählt, um Mein Altar zu sein. Da Ich deine Unfähigkeit kenne, aus Meiner Flamme zu schöpfen, werde Ich selber Meine brennenden Wünsche in dich hineinfließen lassen und so Meine entzündete Flamme bewahren. Geliebte, komm, du bist Meine Blume, die Mein Licht braucht. Lebe unter Meinem Licht, Ich will dich nicht zugrunde gehen sehen.

Herr, Du ziehst mich auch an, Du weißt es ...

Wundert dich das? Dein Elend wird durch Meine Barmherzigkeit angezogen, deine unaussprechliche Schwäche durch Meine Kraft, dein Nichts durch alles, was Ich bin. Lebe für Mich.

Ich habe Ihm gesagt, was ich wünsche.

Verdiene deinen Wunsch, Vassula.

Ich habe den Versuch Jesu wahrgenommen, mir Seinen Wunsch zu erkennen zu geben.

Vassula, komm, komm näher zu Mir. Vassula ...

Ich zögerte.

Wiederum bitte Ich dich, nur nach Mir zu verlangen. Vassula, verleugne Mich nicht! Höre die Schläge Meines Herzens. Kannst du Mir widerstehen?

Wie kann ich Gott widerstehen?

Ich versuchte trotzdem Widerstand zu leisten, denn ich wußte nicht, wie ich zu Ende kommen sollte.

Blume, Ich liebe dich. Friede deiner Seele! Ich bin der Erlöser! O wie Ich dich liebe. Ich weise keine Seele zurück. Für Mich seid ihr alle gleich. Ich habe dich gewählt, weil es so Mein Wille ist.

Ich liebe Dich, mein Gott.

Dann komm zu Mir, trage keinen Wunsch für dich selber in dir. Willst du Mich dort sehen?

Ich weiß nicht, warum in meinem Gedanken ein bekanntes Bild von Jesus, das sich an einem berühmten Ort befindet, aufgetaucht ist.

Wenn es Dein Wunsch ist, Herr ... Aber antworte mir nicht. Mach nur, wie Du es wünschest.

Meine Tochter, all deine Arbeit soll für Meinen Ruhm sein. Meine Wünsche sollen auch deine Wünsche sein. Ich werde Meine Wünsche schreiben und dich führen.

Ist es für die Einheit?

Ja, die Einheit Meiner Kirche. Ich will, daß Mein Leib gestärkt wird. Die Einheit wird Meine Kirche stärken. — Willst du dich an Meine Gegenwart erinnern? Dann komm, wir wollen gehen. Ich bin mit dir.

Willst Du, daß ich Dir diene?

Diese Frage wollte Er mir stellen, als ich meine Hand erhob, damit Er nicht schreibe.

170

Ich will es, Ich will es eifrig. Vassula, komm, Ich will dir zeigen, wo und wie du Mir dienen kannst. Erinnere dich an alles, was Ich dich gelehrt habe.

Es handelt sich um die mystischen Belehrungen, die meine Fähigkeiten aufgeweckt haben, um Ihn besser zu hören und Ihn wahrzunehmen.

Besitze Meinen Frieden. Höre auf Meine Stimme.

Ich möchte Dich hören können so klar wie Kristall!

Vassula, du wirst Mich genügend hören, um alles, was Mein Herz enthält, alles, was Mein Herz wünscht, schreiben zu können. Geliebte, befreie dich, um Mir dienen zu können. Weißt du, Vassula, was »frei sein« bedeutet? Ich werde es dir sagen. Hab Vertrauen.

Ich hatte kein Vertrauen zu mir selbst.

Frei sein heißt: deine Seele von den Sorgen der Welt losschälen. Befreie deine Seele und liebe Mich und ebenso Meine Werke. Bediene dich dieser Art, löse dich.

Ich hätte Schwierigkeiten, Herr!

Lo („nein“, auf hebräisch).

Ja, mein Herr, ich sehe Schwierigkeiten.

Lo, lo, bleibe bei Mir.

Ich habe Angst, Dich zu enttäuschen und Deine Wünsche scheitern zu lassen.

Meine Schwester, hab keine Angst. Geliebte, liebe Mich.

Ich habe Ihn gefühlt und habe Ihn geliebt.

Liebe für Liebe, liebe Mich wie jetzt. Arbeite und diene Mir wie in diesem Augenblick. Bleibe so, wie du bist. Ich brauche Diener, die Mir dort dienen, wo die Liebe am meisten fehlt. Arbeite viel, denn da, wo du bist, bist du unter den Bösen, den Ungläubigen, du bist in den schändlichen Tiefen der Sünde. Du wirst Gott dort dienen, wo die Dunkelheit herrscht. Du wirst keine Ruhe haben. Du wirst Mir dort dienen, wo alles Gute zu Schlechtem verdreht wird. Ja, diene Mir unter dem Elend, unter der Bosheit und den Missetaten der Welt. Diene Mir unter den gottlosen Menschen, unter denen, die sich über Mich lustig machen, unter denen, die Mein Herz durchbohren. Diene Mir unter denen, die Mich geißeln, unter denen, die Mich verurteilen. Diene Mir unter denen, die Mich wieder kreuzigen und Mich anspucken. O Vassula, wie sehr leide Ich! Komm und tröste Mich!

*Mein Gott, komm! Komm zu denen, die Dich lieben. Geh für einige Zeit zu
ihnen, dort wirst Du geliebt werden. Ruhe Dich in ihrem Herzen aus und vergiß. Kannst Du nicht vergessen, wenigstens für eine kurze Zeit?*

Jesus war so betrübt.

*Vassula, vergessen? Wie kann Ich vergessen? Wie, wenn sie Mich mehr-
mals wieder kreuzigen?*

Jesus diktierte mir so schnell, daß ich Mühe hatte, Ihm zu folgen.

Meine fünf Wunden bleiben offen für alle, die dort eindringen wollen.

Jesus hat Sein Haupt auf meine Schultern gelegt. Er war untröstlich,
erschöpft.

*Vassula, komm, du bist Meine kleine Blume. Ich will von dir glatte und
sanfte Blumenblätter, um Meine Dornen zu ersetzen.*

*Jesus, gestatte jenen, die Dich lieben, Dich zu trösten. Erlaube jenen, die Dich
lieben, Dir Ruhe zu schenken und Dich zu ersetzen in Deiner erneuten Kreuzigung.*

Ich wußte nicht, wie ich Ihn in einer solchen Todesangst trösten konnte.

*Geliebte, jene, die Mich lieben, kämpfen und leiden mit Mir. Sie teilen
Mein Kreuz mit Mir, sie geben Mir Ruhe, aber sie sind nicht zahlreich.
Ich brauche mehr Seelen, die sich mit Mir vereinigen und Meine Leiden
tragen. Blume, liebe Mich, weise Mich nie zurück.*

Jesus?

Ich bin es.

Willst Du mich lehren, Dich mehr zu lieben?

Ich werde es tun, Geliebte.

Ich bleibe sprachlos. Was könnte ich sagen? Wenn man wüßte, wie es wehtut, Ihn so verletzt zu sehen! Es ist, wie wenn Er wiederum sterben würde.
Wie kann man jemanden trösten, der an seinen Wunden stirbt? Und was
soll man ihm sagen? Daß alles gutgehen wird, auch wenn man weiß, daß
er zu Tode verwundet ist?

25.5.1987

Ich beginne zu begreifen, wieviel leichter es für mich ist, Gott zu begegnen
— durch diese Gnade, die Er mir gegeben hat —, wenn ich komme und Ihn
fühle, Ihn sehe und Ihn schreiben lasse, ohne den Schatten eines Zweifels
und ohne die geringste Ungläubigkeit. Ich fange an, zu verstehen, daß ein

starker Glaube alle Teufel in die Flucht schlägt, so daß sie sich verdrängt und ohne Macht fühlen. Sie haben Furcht und sind wütend! Wenn ich zögere und vom Zweifel erfaßt bin, fühlen sie sich stark und greifen mich an, indem sie ihre Beschimpfungen schreiben. Ein starker Glaube und ein Herz, das offen ist für Gott, können Berge in Bewegung setzen! Ich spüre Gott wie eine elektrische Empfindung in mir. Das ist wunderbar, und ich möchte Ihn nie verlassen und diesen Augenblick nicht vorübergehen lassen, wo Gott Seinen Finger auf mich legt ... Ich will, daß das immer so bleibt!

Liebe Mich, liebe Mich, fühle Mich, fühle Meine unersättliche Liebe zu dir. Ich dürste nach deiner Liebe. Ich verlange mehr Liebe von dir. Vassula, höre die Schläge Meines Herzens.

Jesus war leidenschaftlich erregt.

Ich dulde keine Nebenbuhler, keine! Wenn Ich Rivalen sähe oder Ihnen begegnen würde, würde Ich sie vernichten.

Jesus bezieht sich auf die Dinge und materiellen Vergnügen der Welt.

Nichts wird Mich ersetzen, Ich werde Herr bleiben. Verlaß diese Welt, indem du Mich verherrlichst. Heute abend werde Ich dich reinigen durch Meine göttlichen Werke für den Frieden und die Liebe.

Jesus meint das im mystischen Sinne.

Bete, Geliebte, Gesegnete, vereinige Meine Kirche, indem du Mein Zeichen zeichnest. Zeichne jetzt:

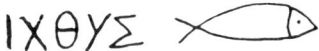

Durch dieses gesegnete Zeichen werde Ich, der Herr, dir den Weg zeigen, der zu Mir führt. Glaube, glaube, glaube, blühe und steh den anderen bei. Blühe, um die Liebe zurückzubringen, blühe, um den Frieden zurückzubringen.

Ich war erschüttert.

Ich liebe dich, Vassula. Sei nicht betrübt, Meine Geliebte, Gesegnete, komm zu deinem Vater, deinem Bräutigam, deinem Gott. Werde Ich dich je verlassen? Ich werde dich aus Liebe nehmen. In Meiner Liebe, die außer sich ist und unersättlich, werde Ich dich befreien. Bete mit Mir: »Himmlischer Vater, damit ich Dich verherrlichen kann, rette Deine Kinder vom Bösen, daß sie in Deinem Lichte seien, daß ihre Herzen sich öffnen und daß sie durch Deine Barmherzigkeit Dich aufnehmen. Amen.« Vassula, willst du Meine Gegenwart vollständig wahrnehmen und Meine Wunden küssen kommen?

Ja, Herr Jesus.

Ich habe Ihn erkannt und Ihn wieder in voller Herrlichkeit gesehen. Mit den Augen meiner Seele habe ich gesehen, daß Er diesmal schön war, schön, mit einer schönen Krone auf dem Haupt. Er ist als König zu Mir gekommen.

Herr, gib mir Deine rechte Hand.

Ich habe Seine rechte Hand geküßt.

Ich liebe Dich.

Ich habe Seine Hände, Seine Füße und Seine Seite geküßt.

Ich liebe Dich, mein Herr.

Es war eine Freude für Mich, dich zu führen.

Ich war sprachlos ...

Komm mit Mir, Ich werde dir etwas zeigen.

Ich sah Funken aus Seiner erleuchteten Brust hervorsprühen.

Jeder Funke, der aus Meinem Herzen hervorgeht und dein Herz berührt, wird es entflammen und verzehren. Mein Funke entzündet dich, schöpfe aus Meinem Herzen. Eines Tages werde Ich dein Herz ganz entflammen, indem Meine Flamme es ganz umgibt und verschlingt.

Was wird mit mir geschehen, wenn ich schon durch einen Funken mich so fühle?

Ich hatte den Eindruck, daß Jesus Freude empfand, mich erobert zu haben.

Ja, Ich freue Mich, triumphiert und dein Herz erobert zu haben. Wenn Meine Flamme dein Herz ganz umschlossen hat, wirst du nie mehr von Mir getrennt sein, du wirst im Himmel Meine Braut sein. Ich habe dich für Mich erschaffen.

Aber warum bin ich denn hier? Ich verstehe nicht.

Nein, du kannst nicht verstehen, Vassula, aber eines Tages wirst du verstehen ... Die Stunde ist für Mich eine Rivalin, wenn du auf deine Uhr schaust und Ich mit dir bin.

Ich hatte Ihn beleidigt, weil ich auf meine Uhr geschaut hatte.

Komm, Meine Tochter, nimm Meine Hand und laß uns gehen. Komm, wir haben soviel Arbeit.

Diese Arbeit oder die andere zu Hause?

Beide, Meine Tochter. Wo immer du bist, da bin Ich. Altar, Meine Flamme muß immer entzündet sein. Werde zu einem Nichts in Mir.

26.5.1987

Jesus, eine Freundin hat mich gefragt: „Auf den Bildern, die Ihn darstellen, sieht man Jesus nie glücklich noch mit einem freien Lächeln, warum?" Ich habe ihr geantwortet, daß ich Dich mehrmals glücklich gesehen habe und daß ich das frohe Lächeln, das Du mir gezeigt hast, nicht vergessen kann. — So auch heute morgen, als Du mir gesagt hast, daß Du in meinem Herzen ausgeruht hast. Dein ganzes Gesicht war ein Lächeln.

Vassula, Ich lächle in den reinen Seelen. Ich lächle und erfreue Mich an demütigen Menschen, Ich empfinde Wonne in den heiligen Menschen.

Jesus, mein Gott, ich begreife nicht, warum ich jemanden liebe, dem ich nie in meinem leiblichen Dasein begegnet bin. Wie und warum liebe ich Dich?

Oh, Vassula, Mich lieben! Alles, was von Mir kommt, ist Liebe. Ich habe euch für die Liebe erschaffen. Ich habe euch aus Liebe erschaffen, eure Seele dürstet nach Liebe, aber so wenige begreifen diese Gnade und nehmen sie an.

27.5.1987

Deine ganze Botschaft ist leicht zu verstehen, Herr. Sie ist in einer einfachen Sprache geschrieben.

Der pompöse Stil ermüdet Mich. Lerne demütig, einfach, bescheiden zu sein wie Ich! Vassula, wenn du wünschest, daß Ich dein Vater sei, werde Ich dich wie Mein Kind behandeln. Wenn du wünschest, daß Ich dein Bräutigam sei, werde Ich dich wie Meine Braut behandeln. Wenn du dich gegen Mich auflehnst, werde Ich dich wie ein Richter behandeln. Ich bin dein Heiland. Ziehe Mich allen und allem vor. Verleugne Mich nie. Komm oft, um Mich zu trinken und zu essen. Ich erfreue Mich in dir.

28.5.1987

Herr, Du hast gesagt, daß Du mich als Dein Opfer willst?

Vassula, ja, sei Mein Opfer.

Dann mach mich würdig, Herr, Dein Opfer zu sein.

Vassula, erinnerst du dich, als Ich kam, um dich zu bitten, Mich zu lieben? Erinnerst du dich, als ein Engel kam, um dich auf unerwartete Art zu bewegen?

Das erste Mal, als meine Hand schrieb, unabhängig von meinem Willen — das ist plötzlich geschehen.

So komme Ich. Seid deshalb wachsam, schlaft nicht! Ich bin auf unerwartete Weise zu dir gekommen und habe von dir Liebe verlangt. Ich wünschte, daß du Mich ehrst. Ich wollte Mich deiner Liebe bemächtigen und dein Meister werden, indem Ich über dich herrsche. Ich wollte, daß du Mich brauchst. Wie habe Ich nach deiner Liebe gelechzt! „Lama sabachthani?" („Warum hast Du Mich verlassen?", auf hebräisch.) Ich war zu dir gekommen, aber du hattest Mich zurückgewiesen.

Jesus bezieht sich auf jenen Tag, an welchem Er die Stelle des Engels einnahm, ohne daß ich dies bemerkte. Als ich erfuhr, daß Er es war, habe ich Ihn zurückgewiesen, denn ich empfand keine Liebe für Ihn.

Vassula, Ich habe dich losgelöst, aber Ich werde dich noch mehr loslösen. Besitze Meinen Frieden. Geliebte, sühne, sühne, sühne. Ich habe dich von den Toten auferweckt, um Meine Kirche zu vereinen.

Ich habe geseufzt.

Laß Mich dir den Weg zeigen. Trotz deiner Zweifel werde Ich dir die Wünsche Meines Herzens darlegen. Werde nie müde zu schreiben. Ich werde in dir arbeiten, stütze dich ganz auf Mich.

Jesus, ein Priester hat mir gesagt, Du hättest den Pharisäern gesagt, daß Du keine Zeichen mehr geben würdest. Er hat mir das gesagt, als ich ihm von dieser Botschaft sprach.

Vassula, als Ich das den Pharisäern gesagt habe, sprach Ich von den Wundern zur Zeit, wo Ich noch im Fleisch unter ihnen weilte. Mich jetzt verurteilen, heißt Meine himmlischen Werke verurteilen. Das beweist, wie ihre Herzen verschlossen und trocken sind. Meine Zeichen werden nie aufhören. Meine Gegenwart wird in der Welt gespürt werden, und Ich werde fortfahren, Mich durch Zeichen zu offenbaren. Glaubt! Glaubt, o kleingläubige Menschen! Entstellt Mein Wort nicht, denn was sagt ihr zu Fatima? Habt ihr Angst zu glauben, daß Ich euch dieses Zeichen gegeben habe? O kleingläubige Menschen, was sucht ihr nicht alles an Erklärungen, anstatt anzunehmen, daß die Zeichen des Himmels von Mir kommen! Liebt Meine Werke! Nehmt Meine Werke an! Glaubt, glaubt an Mich! Ich bin unendlicher Reichtum, unendliche Barmherzigkeit. Meine

Zeichen sind da, damit alle Menschen begreifen, daß die Liebe sie nicht
vergessen hat, daß die Liebe sich nicht zurückgezogen hat, um sich allein
in Ihrer Herrlichkeit zu rühmen. Die Liebe ist unter euch und verläßt
euch nie.

29.5.1987

Geliebte, komm und bereue. Glaube an das, was du verlangst.

Ich hatte Ihn gebeten, mir meine Sünden zu verzeihen, jedoch, ich hatte
es nur mit den Lippen getan. Als Jesus dann sagte: „Glaube an das, was du
verlangst", habe ich Ihn wiederum um Verzeihung gebeten.

Ich verzeihe dir. Liebe Mich, indem du Mich ehrst, liebst und verherr-
lichst. Ich bin Gott. Geschöpf, folge Mir auf Meinen Kreuzwegstationen.
Verlange nur nach Mir bei jeder Station. Ich bin bei jeder Station dabei.
Ich werde dort sein und Ich will dich dort. Ich will, daß du niederkniest.

Herr, ich weiß nicht, was Du sagen willst! (Wir, die Orthodoxen, verrichten
den Kreuzweg nicht.) *Ich weiß nicht, welche Stationen ...*

Ich werde dich dort erwarten. Suche, was Ich von dir wünsche, frage. Ich
werde dich reinigen, damit du Mein Opfer werden kannst. Sehne dich
nach Mir, erfülle Meinen unersättlichen Durst, befriedige Meine vor Lie-
be brennende Flamme, stelle Mich zufrieden, deinen Gott, indem du Mir
einen vollständigen Glauben schenkst. Ich werde deinen Schleier ganz
zurückziehen, damit du Mich ohne Mühe sehen kannst. Du hast sicher
von Meiner Schönheit sprechen hören durch andere, die Mich vor dir
gesehen haben! Glaube, glaube ganzheitlich, komm deinem Vater noch
näher und Ich werde deinen Schleier ganz zurücknehmen. Meine Tochter,
habe Ich dich nicht an Meinen Hof geführt?

Ja, Herr.

Dann schenk Mir Vertrauen. Laß nicht zu, daß die Menschen dich von
Mir fernhalten. Ich habe dir diese Gabe geschenkt, gebrauche sie doch,
um Mich zu erreichen! Fürchte die Liebe nicht. Ich bin allmächtig, glau-
be an Meine Allmacht. Meine Tochter, Ich habe gewünscht, daß du an
Meinem Hof seiest. Wieviel mehr wünsche Ich demnach, daß du dort
bleibst.

Mein Gott, vielleicht werden wir uns zusammen verirren, durch meine Schuld?

Hast du unsere Bande vergessen? Ich bin dein Bräutigam und du wohnst in Meinem Haus. Ich nähre dich, Ich umgebe dich mit Meinem Licht, Ich überwache deine Gebrechlichkeit. Ich behandle dich wie ein Kind wegen deines Elendes. Was würde Ich nicht für dich tun! Bist du glücklich mit Mir, Vassula?

Ja, Herr. Gelobt seist Du in Ewigkeit, denn Du gibst mir dieses Glück. Du bist mein Lächeln.

Liebe Mich trotz deiner Zweifel.

Herr?

Komm, du bist schwach, aber Ich werde dich stärken. Ich will dich stark für Meine Botschaft. Möchtest du, daß Ich den Schleier vor deinen Augen ganz entferne, damit du Mich deutlicher sehen kannst?

Ich möchte es, wenn es Dein Wunsch ist.

Du mußt noch einige Schritte in Meine Richtung machen, du bist fast am Ziel! Ich werde deine Augen von den Hüllen befreien und du wirst vor dir deinen Heiland sehen! Meine fünf Wunden sind geöffnet, damit du dort eindringst. Ich werde dich Meine Leiden kosten lassen. Ich seufze nach diesem Augenblick. Erfülle Mich mit liebenden Worten, Vassula, du bist an Mich gebunden — und trotzdem, fühlst du dich nicht freier denn je? Lächle Mir zu, wenn du Meine Gegenwart fühlst und Mich siehst. Ich sehe sehr gut, was deine Fähigkeit und dein Verstand wert sind. Ich weiß, daß Ich bei Mir ein Nichts habe, ein absolutes Nichts. Komm, lege Mich nicht falsch aus. Würde Ich ein Nichts oder irgendeine Rivalin nehmen? Natürlich werde Ich ein Nichts wählen, um Meine Worte und Meine Wünsche auf die Erde zu senden, ohne eine Rechtsverweigerung zu erhalten, da du ein Nichts bist.

Herr, Du hast mir so viel gegeben, daß ich mich total verpflichtet fühle!

Kannst du Mir etwas schenken, Vassula?

Ich zögere ... Was kann ich Ihm geben?

Du hast Mir sicher ein klein wenig zu geben ... Sogar, wenn du nichts hast, liebe Ich dich.

Vielleicht habe ich Dir etwas zu geben?

Hast du selber Mich nicht gefragt, ob Ich es wolle oder nicht? Ich genüge Mir.

Möchtest Du dennoch, daß ich Dir etwas gebe?
Ich will es.
Aber dann, was immer ich Dir auch gebe, es wird nichts sein in Deinen Augen.
Warum?
Weil Du vollkommen bist!
Ich werde es annehmen und, auch wenn es schlecht ist, werde Ich es verwandeln und etwas Gutes daraus machen! Ich bin die Gottheit.
Habe ich also etwas Gutes Dir anzubieten?
Ja, das hast du, aber alles, was gut ist, kommt von Mir. Ich habe es dir gegeben. Alles, was gut ist, kommt von Mir.
Ich bin ein wenig enttäuscht: Ich kann Ihm keine Freude bereiten.
Ich habe also von mir aus nichts Gutes Dir zu geben?
Nein. Ich habe dir alles gegeben, was gut ist und was du hast.
Vielleicht ein schönes Gemälde, das ich selber malen würde, um es Dir zu schenken?
Mit anderen Worten: ein Gemälde einer Kirche schenken.
Deine Malereien, Vassula? Habe Ich dir nicht auch diese Gabe der Kunst geschenkt? Kommt das nicht auch von Mir?
Aber was kann ich Dir dann anbieten?
Liebe! Bete Mich an. Opfere Mir deinen Willen, indem du dich Mir überläßt. Das ist das Schönste, das du Mir anbieten kannst.
Du weißt, Herr, daß ich Dich liebe und daß ich mich Dir ergeben habe.
Ich freue Mich, das zu hören, Mein kleines Kind!

29. 5. 1987

Plötzlich habe ich Sein Kreuz auf mir gespürt. Ich glaubte, daß es mir nie gelingen würde!

Erhebe! Erhebe Mein Kreuz! Streng dich an mit Mir! Miteinander ... miteinander ... Ich liebe dich. Hebe Mein Kreuz in die Höhe! Ich muß in dir ausruhen, jetzt.

Später, vor meinem Treffen mit der katholischen Charismatischen Bewegung.

Willst du Meine Schafe nähren? Nimm Meine Hand. Ich werde dich führen, indem Ich dich behüte.

Am Abend habe ich wieder den Weihrauch gerochen.

Zweifle nie an Meiner Gegenwart.

Ich habe Jesus gebeten, daß Er die bösen Geister entferne von einem jungen Menschen, der Gott verweigert. Man hat mich in der charismatischen Gruppe mit diesem Fall bekanntgemacht.

Erfülle Mich mit Freude und rufe Mich an für alles, was du willst. Vassula, erinnere ihn an seinen Bruder. Ich bin sein Bruder, der ihn liebt, der über ihn wacht. Erinnere ihn an Meine Existenz. Ich liebe ihn bis zur Torheit. Ich bin für ihn gestorben. Willst du das für Mich tun, kleines Kind? Glaube an Meine Erlöserliebe.

31. 5. 1987

Vassula, komm, empfange Mich (in der heiligen Kommunion). *Ich werde da sein. Sei Meine Wonne, komm, um Mich zu sehen! Sag Mir, daß du Mir gehörst. Erlaube Mir, es zu hören.*

Ich gehöre Dir, Jesus, und ich liebe Dich.

Ich habe jahrelang gewartet, Vassula, um diese Worte zu hören. Liebe Mich, jetzt, wo du Mir gehörst.

Lehre mich, Dich zu lieben, wie Du es wünschest.

Hab Vertrauen, Ich werde es tun.

Später. Ich bin noch erstaunt, daß meine Hand sich bewegt.

Weißt Du das, Jesus?

Ich weiß es. Bin Ich nicht allmächtig? Vassula, sei im Frieden, sei ruhig, sei gelassen wie Ich.

Zweimal bin ich unterbrochen worden durch meinen Sohn, der beim Eintreten die Türe zugeschlagen hat. Ich fühlte mich gestört... Zuviel Lärm um mich herum.

Liebe Mich, antworte Mir!

Ich liebe Dich, ich liebe Dich, Herr!

Ersetze Mich nie! Behalte Mich zuerst. Stell dich vor allem Mir gegenüber und verharre immer so Mir gegenüber. Sei wie ein Spiegel. Suche niemanden auf außer Mich. Geh nicht den alten Gewohnheiten deines ver-

gangenen Lebens nach. Ich bin heilig und Herr. Ich und du, wir sind jetzt eins. Ich beabsichtige, dich nur für Mich zu behalten und für immer. Demütige dich, lerne von Mir, wünsche nur Mich, atme für Mich, wende dich jetzt weder nach rechts noch nach links, fahre fort, geradeaus zu gehen. Geliebte, gestatte Mir, dich zu gebrauchen. Halte dich an Mich, entzücke Mich durch deine Einfachheit der Worte, die Einfachheit verlockt Mich. Sag Mir deine Worte. Erlaube Mir, sie immer wieder zu hören, sage Mir: „Ich liebe Dich, Jesus. Du bist Meine Freude, Mein Atemholen, Meine Ruhe, Mein Augenlicht, Mein Lächeln."

Meine Tochter, du würdest Mir übrigens Freude bereiten, wenn du Zeit fändest, nachzudenken und zu meditieren. Ab sofort suche Mich in der Stille. Liebe Mich in der absoluten Stille, bete in der Stille. Tritt in Meine geistige Welt ein, in der Stille. Belohne Mich jetzt. Ich liebe dich! Ehre Mich, indem du dich Mir schenkst, verdrieße Mich nicht ... Sei Mein, Geliebte, sprich!

Wie, Herr, stillschweigend?

Stillschweigend, wenn du Mich anschaust. Ich will, daß du still bleibst, ohne Störung. Suche Mich im Stillschweigen.

Jesus meinte damit die Kontemplation.

Ohne irgendeine Störung?

Keine Störung. Wünsche die Stille.

Jesus, wie könnte ich die totale Stille finden, da ich in einer Familie lebe? Das ist fast unmöglich!

Ich werde dir die Stille geben. Ich habe Mitleid mit dir, Vassula! Mein Ruheplatz, Meine Myrrhe, Meine Liebe, was werde Ich nicht für dich tun! Mein Herz ist von Mitleid erfüllt für dein Elend und deine Rückfälle. Ich, der Herr, werde dir beistehen. Fühle dich nie verlassen oder nicht geliebt. Weißt du, was Ich empfunden habe damals, als du dich nicht geliebt fühltest?

Wo das?

In Meiner Kirche.

Nein, Herr.

An jenem Tag fühlte Ich Mich wieder gekreuzigt, wundgeschlagen, gegeißelt, angespuckt, aufs neue angenagelt! Vassula, wie liebe Ich dich. Hilf Mir, Meine Kirche neu zu beleben. Hilf Mir, indem du Mir gestattest, dich zu benützen. Mut, Meine Tochter, Mut!

Es ging an jenem Tag um folgenden Zwischenfall: Nach so vielen Jahren, in denen ich nicht mehr in die Kirche gegangen war, hatte mich Jesus in Seiner Botschaft ermutigt, wieder zu gehen, ja, sogar die heilige Kommunion zu empfangen. Ich hatte mich also in die einzige katholische Kirche, die sich in Bangladesh befindet, begeben. Als ein Priester das erfuhr, gab er mir zu verstehen, daß ich schwer gesündigt hätte. Ich habe ihm gesagt, daß Jesus es von mir verlangt habe und daß Jesus jene nicht zurückweist, die Ihn suchen und auf Ihn zugehen. Der Priester antwortete mir, daß Jesus manchmal sich weigert, ja, daß Er sogar Seine Türe verschließt, wenn Er jemanden nicht will. Um mir das zu beweisen, hat dieser Priester mich eine Stelle aus der Bibel lesen lassen, wo von einer kanaanäischen Frau die Rede ist (Mt 15, 21-28). Die Stelle aber, wo Jesus die Frau erhört, hat er mir vorenthalten. Jesus hatte nämlich den Glauben dieser Frau nur auf die Probe stellen wollen! Ich jedenfalls kannte die Schriftstelle nicht im ganzen.

Nachdem ich kommuniziert hatte, hinterließ die Diskussion mit dem Priester in mir das Gefühl, als hätte ich alle Gebote Gottes übertreten. Ich kam mir vor wie eine Diebin der katholischen Kirche gegenüber. Ich fühlte mich so unwürdig, daß ich am folgenden Sonntag, als ich wieder in die Kirche ging, bei der Eingangstür stehen blieb, um halb draußen zu sein, da ich mich unerwünscht fühlte. Ich hielt mich für schlecht und glaubte, daß Gott sehr zornig über mich sein mußte. Ich bin auch nicht mit den anderen kommunizieren gegangen, um meine Situation nicht noch zu verschlimmern.

Jesus, ich wußte nicht, daß das alles Dich verletzt hatte: dieses Gefühl, nicht geliebt zu sein.

Nein, du wußtest es nicht. Du wußtest auch nicht, daß Ich nie jemanden, der zu Mir kommt, zurückweise. Ich bin Liebe, und die Liebe ist für alle, so schlecht ihr auch sein möget.

1.6.1987

Vassula, Meine beiden Hände tragen Wunden, Meine beiden Füße haben Wunden, Meine Seite ist weit geöffnet und zeigt Mein Herz. Sie kreuzigen Mich aufs neue.

Herr!

Sie schaden Meiner Kirche.

Herr, ist es so schlimm?

Ja, das Böse hat sie mit Blindheit geschlagen. Die Liebe fehlt unter ihnen. Sie sind nicht ehrlich, sie haben Mein Wort entstellt. Sie haben sogar Meinen Leib verunstaltet. Der Becher Meiner Gerechtigkeit ist voll, laßt ihn nicht überborden! Ich will, daß sie aufhören, Meinen Leib zu ersticken. Ich, Jesus, bin Liebe, Ich will, daß sie es aufgeben, sich gegenseitig giftige Pfeile zuzuschießen. Die Harmonie wird einen Teil des angerichteten Schadens wiedergutmachen, die Aufrichtigkeit wird das Böse entlarven. Warum soviele Zeremonien, wenn sie in der Tat Mir nichts anzubieten haben? Ich brauche Reinheit, Liebe, Treue, Demut, Heiligkeit. Sucht in Mir alles, was Ich wünsche, und Ich werde es euch geben. Sucht Meine Interessen, nicht die euren. Verherrlicht Mich, ehrt Mich. Die Worte genügen nicht, Akte der Liebe und der Zusammenarbeit werden Meinen Leib beleben. Brüder! Liebt euch gegenseitig! O Geliebte, wieviel werde Ich wiederherstellen müssen! Komm, Meine Tochter, ruhe in Mir. Der Friede sei mit dir.

2.6.1987

Triff Mich später. Ich werde dir vorbereitende Ratschläge erteilen, Vassula. Zeichne drei Stangen. Vereinige diese Stangen, indem du ihre »Köpfe« beugst:

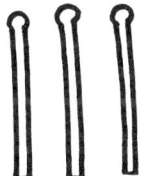 

Um euch zu einigen, müßt ihr euch alle neigen. Ihr alle müßt den Willen haben, euch zu neigen, indem ihr weich werdet.

Ich habe verstanden. Er hat mir eine deutliche und einfache Vision von drei Eisenstangen gegeben. Sie waren senkrecht, steif und nahe nebeneinander.

Wie können ihre Köpfe sich begegnen, wenn sie nicht alle sich neigen?

Später habe ich verstanden: Mit den »Köpfen« meinte Jesus die Obrigkeiten, die Verantwortlichen. An diesem Morgen bin ich ausgegangen, und je mehr ich über diese Vision nachdachte, umso größer wurde der »Berg vor mir«. Ich war dem Ersticken nahe, im Gedanken an die Sendung, die Er mir gibt.

Jesus!

Ich bin da. Mut! Steh auf, erhöhe! Heb auf! Heb Mein Kreuz auf, Geliebte! Auf, jetzt! Betrübe dich nicht. Miteinander ... miteinander ... Meine Vassula, miteinander werden wir uns wehren, stütze dich auf Mich, wenn du müde bist, und laß Mich auf dich stützen, wenn Ich müde bin. Begegne Mir und laß Mich Meine Wünsche erfüllen. Sei wie weiches Wachs und laß Meine Hand Meine Worte auf dich einprägen. Sei guten Willens. Hab keine Angst! Ich liebe dich, Geliebte. O komm! Die Liebe wird dir nicht wehtun. Komm, wir wollen beten:
»O, Vater, sei mit mir bis ans Ende. Ich bin schwach, gib mir Deine Kraft, um Dich zu verherrlichen. Amen.«
Geliebte, komm, gib deine Angst auf und höre Mir zu, diene deinem Gott. Ich will Meine Kirche vereinen. Ich habe dich ausgebildet, um Mich aufzunehmen. Geliebte, Mut!

Ich brauche Deinen Mut, ich habe keinen.

Ich werde dich ermutigen und Ich werde deine Liebe zu Mir verstärken, alles zu Meinem Ruhm. Vassula, willst du Meine Worte schreiben? Schöpfe in Mir, suche nicht deine Bequemlichkeit, sei arm. Sei wie Ich, als Ich auf Erden im Fleisch lebte. Sei einfach, damit wir beide den Gegensatz und die Vermessenheit jener empfinden, die Mich geißeln! Erlaube Mir, diesen Gegensatz zu spüren! Schöpfe in Meinem Herzen und verschönere Meine Kirche. Schöpfe in Meinem Herzen, und du wirst verstehen, Meine kleine Tochter.

3. 6. 1987

Ich bin wiederum von den Dämonen angegriffen worden. Sie waren wie Katzen, die auf meinen Rücken sprangen. Das ging mir auf die Nerven. Ich hatte den Eindruck, die ganze Hölle hätte sich entfesselt. Sie haben mich belästigt. Darauf habe ich zu einem von ihnen gesagt: „Im Namen Jesu

Christi, verschwinde und werde ins Feuer geworfen!" Er verschwand. Da sie zahlreich waren, habe ich einen nach dem anderen mit denselben Worten behandelt.

Bitte in Meinem Namen und du wirst erhört werden, aber du mußt mit Glauben darum bitten. Arbeite auf diesem Weg, bete und verlange. Bete in Meinem Namen, arbeite in Meinem Namen, bitte in Meinem Namen. Belebe Meinen Namen. Sei Mein Widerschein. Stimme mit Mir überein, erhebe den Kopf zu Mir. Glaube an das, um was du bittest.

Er sagte mir, daß die Teufel Angst haben vor mir, daß ich für sie eine Bedrohung bin. Später habe ich verstanden, wo ich war. Ich fühlte meine Füße im klebrigen Schlamm und erkannte sogleich den Ort und die Umgebung der Hölle. Überhaupt nahm ich an diesem Tag soviele schlechte Einflüsse wahr, während ich schrieb. Als ich Ihn nach dem Grund fragte, sagte Er zu mir:

Konnte das anderswo sein? Wir waren zusammen und gingen an den Toren der Hölle (das tiefste Fegefeuer, nahe der Höllenpforte) *vorbei und heilten Seelen. Vassula, erlaube Mir, dich auch so zu benützen. Das ist auch ein Teil deiner Arbeit.*

4.6.1987

Heute hat mich Gott mit Seiner inneren Handfläche erhoben. Er hat mich ganz klein gemacht. Er sagte mir, ich solle Ihn anschauen. Ich habe Ihn angeschaut und ich habe einen schönen lächelnden Riesen gesehen!

Vassula, schau Mich an, schau Mir ins Antlitz!

Er lächelte wunderschön! Ich fühlte mich wie ein kleines Samenkorn in Seiner Hand.

Und? Es macht Mir nichts aus, wenn du nur ein Sandkorn bist. Spüre, wie Ich dich liebe!

Er war schön und all das war schön!

Ich bin schön, Vassula. Wenn du an Mich denkst, denk an Mich, wie Ich auf Erden war, mit menschlichen Zügen, euer Bild. So mußt du an Mich denken.

Aber, Herr, wie siehst Du wirklich aus? Wie und welches sind Deine göttlichen Züge?

Ich bin das Ganze, Ich bin das Alpha und das Omega. Ich bin der Ewige, das Lebenselixier. Liebe Mich, bleib in Mir, hab nie Angst vor Mir. Diese Angst, die von Menschen fälschlicherweise gelehrt wurde, muß durch die Liebe ersetzt werden. Lebe ohne Angst in Mir. Fürchte Mich nur, wenn du Mir widerstehst. Ich bin die Liebe. Sag es, sag es ihnen, sag ihnen, welcher Abgrund von Liebe Mein Herz ist.

5. 6. 1987

Vassula, komm und triff Mich bei Meinen Kreuzwegstationen. Sei gesegnet, wir werden zusammenarbeiten.

Ich bin noch nicht zu Seinen Kreuzwegstationen gegangen. Aber ich werde hingehen. Ich warte auf Pater James, denn Jesus hat ihn gebeten, mich zu begleiten.

6. 6. 1987

Jesus?

Ich bin es. In das Antlitz Gottes schauen heißt die Liebe gesehen haben.

Ich habe Sein Bild angeschaut, das Bild des heiligen Grabtuches.

Willst du, daß Ich dich ganz beherrsche, Vassula?

Ja, mein Gott, ich will es, wenn es Dein Wunsch ist.

Dann laß Mich frei, leg Mir nie Hindernisse in den Weg. Lebe für Mich.

Herr, wie könnte ich Dir Hindernisse in den Weg legen? Sag es mir, damit es keine mehr gibt.

Es sind die Sünden, die Mich hindern, die Sünden, Vassula. Wirst du Mich in dir arbeiten lassen, wie Ich es wünsche?

Ja, mein Gott. Verbiete mir zu sündigen, verzeihe mir meine Sünden, wirke in mir, wie es Dir gefällt, schau nicht auf meine Feigheit, gib nicht acht darauf. Ziehe mich, wenn nötig. Fühle Dich frei mit mir. Vollbringe Dein Werk. Ich will nicht schuld an einer Verzögerung sein. Ich will nicht, daß meine Sünden ein Hindernis für Deine Werke sind. Beachte deshalb meine Schwachheit nicht, tu, wie es Dir gefällt.

Meine Tochter, Ich bin mit deinen Worten zufrieden. Komm, Ich werde Meine Werke fortsetzen.

Heft 13

6.6.1987

Laß Mich frei, Meinen Willen zu tun. Komm, erlaube Mir, dich aufzuklären über die Art und Weise Meines Wirkens. Ich habe dir viele Gnaden gegeben, Vassula, aber Ich möchte, daß du sie anerkennst. Erfreue Mich und glaube mehr an Mich.

Ich habe Angst, daß Du mir alle Gnaden zurückziehst, wenn ich Dir mißfalle.

Warum sollte Ich Meine Gnaden zurückziehen?

Du könntest sie zurückziehen, weil ich keine Fortschritte mache, um Dir rechtzeitig zu folgen.

Nein, das werde Ich nie tun!

Es erscheint mir gerecht, wenn Du Deine Gnaden zurückziehst, im Falle, daß jemand Dich nicht zufriedenstellt.

Das scheint recht in deinen Augen, Mein Kind. Ich werde dich nähren, bis Ich komme und dich befreie. Ich werde Meine Nahrung nie zurückhalten. Ich habe jahrelang nach dir geseufzt, Ich habe jahrelang gewartet, um dich an Mein Herz zu drücken, das dich liebt: Wie könnte Ich dir jetzt Meine Nahrung vorenthalten? Komm, stütze dich auf Mich, soviel du willst. Erinnere dich: Ich bin Liebe, Ich gebe unentgeltlich. Ich nehme nicht zurück, was Ich gebe. Ich werde dich immer an Meine Wege erinnern.

7.6.1987

Vassula, ja, schau Mein heiliges Antlitz an. Mich angeschaut zu haben, schon das tröstet Mich. Sag ihnen, daß es so wenig braucht, um Mich zu trösten. Komm, lobe Mich, indem du Mich liebst.

Ich hatte das Foto des heiligen Grabtuches vor mir, und ich schaute es an, als Jesus mir das sagte.

8.6.1987

Vassula, Ich möchte Meine Werke errichten.

Was muß ich tun?

Ich werde dich führen. Ich werde dich noch weiter führen. Sei von Mir abhängig, besitze Meinen Frieden.

9.6.1987

Gestern nachmittag habe ich das Antlitz Gottes am Himmel gesehen. Der Himmel war von einer gewaltigen Schönheit! Es war wie ein Bild, das von einem begabten Künstler gezeichnet worden ist. Ich habe darin die Schönheit Gottes erkannt. Sie war offensichtlich.

Ja, Vassula, schau Mich in Meiner Schöpfung an. Erkenne Mich und liebe Mich durch sie hindurch.

10.6.1987

Gestern waren wir sehr beschäftigt mit den letzten Packarbeiten für unsere Abreise von Bangladesh.

Herr, ich dachte über eine Theorie nach, die man »das Gewissen Christi« nennt. Ich glaube, das will heißen: »unser gutes Innere«. Vielleicht kommen meine Schriften von dort?

Vassula, hatte Ich dir nicht gesagt, daß wir eins sind? Wir sind eins, Geliebte. Nenne die Schriften: »Das wahre Leben in Gott«. Lebe für Mich. Das will Ich: daß du schreibst.

Ich suchte herauszufühlen, was Gott in diesem Moment schreiben wollte ...

Meine Wünsche, Mein kleines Kind.

Gott ließ mich einen Teil der Schrift lesen.

Ja, erhebe dich, hör Mir zu. Wirst du Mich in Meiner Kirche besuchen kommen? Vassula, komm zu Mir.

Welche Kirche, Herr?

Alle sind Meine Kirchen. Sie gehören Mir alle, und Mir allein. Ich bin die Kirche. Ich bin das Haupt der Kirche.

Aber, so wie Du es gesagt hast, schien es, als wolltest Du, daß ich in eine bestimmte Kirche gehe. So habe ich es gehört und verstanden!

Du kannst zu Mir kommen, wann du willst und in irgendeiner Kirche. Mach keinen Unterschied wie die anderen.

Zum Beispiel: Viele Protestanten oder Orthodoxen würden nie in eine andere Kirche hineingehen als in die ihre. Gott hat mich geführt, um in eine katholische Kirche einzutreten.

Sie gehören Mir alle. Ich bin ein Gott und Ich habe nur einen Leib, einen Leib, den die Menschen verstümmelt haben. Mühlsteine haben Meinen Leib beschädigt.

Mein Gott, Du scheinst so bestürzt!

Bestürzt? O Vassula! Warum, warum haben sie Mich grausam auseinandergerissen?

Jesus war sehr erschüttert. Es erinnerte mich an den Augenblick, wo Jesus im Tempel von Jerusalem die Tische der Wechsler umgestürzt hat. Bis heute hatte ich Ihn noch nie so erschüttert gehört und gesehen.

Vassula ...

Jesus?

Ich bin es.

Bist Du es wirklich, so erschüttert?

O ja! Ich bin es! O ja, endlich kann Ich Meine Worte auf dich legen, Vassula. Dieses Charisma ist dir nicht gegeben für deine Interessen, es ist dir gegeben worden, damit Meine Worte in dir eingeprägt seien.

Ich habe Dich bisher nie so erschüttert gesehen! Bist Du es?

Ich bin es. Mein Leib schmerzt Mich. Er ist auseinandergerissen worden.

Mein Gott! Was kann ich schon tun? Ich bin aus der Fassung gebracht.

Weiß Ich das alles nicht, Vassula? Ich werde Mich deiner bedienen bis ans Ende. Fürchte Mich nie, Meine Tochter. Es wird der Ruhm Meines Leibes sein, Meine Kirche zu vereinen. Besitze Meinen Frieden, Geliebte.

Ja, Herr. Ich werde weder nach links noch nach rechts oder rückwärts schauen. Ich werde geradeaus schauen.

Ja, begreife, wie Ich wirke. Sei immer, wie du jetzt bist. Sei bereit, Mir Freude zu bereiten. Sei eins mit Mir.

Herr, wenn jene, die auf Dich hören sollten, es nicht tun, was dann?

Du bist jetzt einen Schritt vor Mir, Kind, geh mit Mir, zusammen! Ja, folge Mir, vertrau Mir. Komm, Ich werde dich führen.

In diesem Moment überraschte mich das plötzliche und so ungewöhnliche Bellen meines Hundes. Schon sah ich, wie die Türe meines Schlafzimmers sich öffnete. Ich wiedererkannte sogleich den Dieb, der drei Nächte vorher in mein Zimmer gekommen war, um mir Geld zu stehlen, und dann geflohen war. Er war wieder da! Aus Angst befahl ich ihm in einem energischen Ton, er solle fortgehen. Er ging, und im gleichen Moment noch habe ich den Alarm ausgelöst. — Ich wußte, daß Gott mir unbedingt etwas sagen wollte, das diesen Zwischenfall betraf.

Vassula, Ich will dich an etwas erinnern. Als der Räuber in dein Zimmer eintrat, warst du darauf gefaßt?

Jesus hat das richtige Wort gebraucht: Wie wir es später feststellten, gehörte dieser Mann einer Bande an. Räuber sind Diebe, die einer Bande angehören.

Nein!

Geradeso werde auch Ich kommen, nämlich plötzlich. Niemand hat ihn übrigens erkannt, denn niemand war darauf gefaßt, ihn zu sehen.

Jesus will damit sagen, daß die zehn Packer und die Leute im Büro ihn wohl vorbeigehen sahen, dies aber doch nicht weiter beachteten. Der letzte Satz von Jesus ist sehr wichtig. Er enthält mehr, als er aussagt. Das Wort »erkannt« ist ebenfalls sehr tiefgründig.

Erinnert dich dieser Zwischenfall nicht an etwas anderes? Laß Mich es dir sagen: Er hat gesündigt, aber jene, die ihn gerichtet und bestraft haben, indem sie ihn verprügelten, haben sie nicht ebenfalls gesündigt?

Ich weiß nicht, was Du damit sagen willst. Gewiß, wir sind alle Sünder.

Vassula, werde Ich all dem zusehen und Mich stillschweigend verhalten?

Verteidigst Du den Räuber, Herr?

Nein, Vassula.

Jesus hielt einige Sekunden inne.

Nenne Mir einen Menschen auf Erden, der nicht sündigt!

Ich kenne keinen!

Große Sünden! Kleine Sünden! Alle sind Sünder. Zu Sündigen, beleidigt Mich. Vassula, Ich bin Zeuge so vieler Sünden. Die Liebe leidet. Die Liebe ist betrübt, so betrübt ... Schöpfung! Meine Schöpfung, kehrt zur Liebe zurück ... Meine Tochter, erfülle Mich mit Liebe, sühne, Geliebte, sühne.

11. 6. 1987

Jetzt sind die meisten Möbel herausgeholt worden und ich muß einen Stuhl suchen, um mich zu setzen. Das Haus ist noch in Unordnung, seitdem die Packer abgezogen sind. Da und dort liegen noch eine Menge Papier, Flaschen, Schuhe, Gürtel auf den Bürotischen herum. Trotz all dem — mitten in diesem Umzugsklima, den kalten Büffetts, die wir für unseren Abschied vorbereiten mußten (eines für 80 Personen, das andere für 30) —, hat die

Hand Gottes mich nicht losgelassen. Ich habe immer noch Zeit gefunden, zwei bis drei Stunden am Tag zu schreiben. Er gibt mir eine unglaubliche Kraft, und ich verspüre nicht die geringste Müdigkeit. Ich bin in einem totalen Frieden: Seinem Frieden.

Vassula, Geliebte Meiner Seele, bleibe bei Mir, stell dich Mir gegenüber, laß Meinen Finger dein Herz berühren. Mein Kind, wenn du wüßtest, wie sehr Ich dich liebe. Ich werde dich bis ans Ende führen. Leiste noch mehr Verzicht für Mich. Willst du für Mich leiden?

Ja, Herr, tu, was Dir gefällt.

Er hatte es schon früher von mir verlangt, und ich hatte gezögert, ich hatte Angst. Jetzt verlangt Er es wiederum von mir.

Vassula, Ich bin so glücklich! Willst du wie ein Lamm dich für Mich opfern?

Tu, was Dir gefällt, Herr.

Nichts wird umsonst sein, alles wird für den Frieden und die Liebe sein. Mein Durst ist groß, Vassula. Ich werde dich auf trockenes Erdreich führen, wo deine Augen sehen werden, was sie nie gesehen haben. Ich werde dich mit einer göttlichen Kraft in die tiefsten Tiefen Meines blutenden Leibes führen. Ich werde dir mit dem Finger alle Sünder im Priestertum zeigen. Das sind die Dornen Meines Leibes. Ich werde dich nicht verschonen. Ich bin erschöpft. Meine Wunden sind mehr denn je offen, Mein Blut quillt reichlich. Ich werde aufs neue gekreuzigt durch die Meinen: Meine eigenen Priesterseelen!

Mein Gott, Du gibst mir so viel Kummer. Warum tun sie das? Warum?

Vassula, sie wissen nicht, was sie tun. Geliebte, kämpfe mit deinem Gott. Nimm es auf dich, Meinen Leiden gegenüberzustehen und sie mit Mir zu teilen.

Ich werde es tun, um Dich zu trösten. Erinnere Dich jener, die Dich lieben!

Sie sind die Geliebten Meiner Seele. Ich brauche diese Seelen, die ihr Herz für Mich aufopfern. Ich liebe sie. Ich habe Vertrauen zu ihnen. Sie nähren sich von Mir, sie sind Meine Opfergabe. Sie sind die geschmeidigen Blätter, die Meine Dornen ersetzen, sie sind Meine Myrrhe. Vassula, fürchte dich nicht. Wir werden noch tiefer eindringen, dort, wo die Finsternis herrscht. Ich werde dich führen.

Später begann meine Seele die Bitterkeit Gottes zu fühlen. Alle Getränke und die Nahrung, die mein Mund aufnahm, waren bitter. Er ließ mich aus

Seinem Kelch trinken. Ich hatte Mühe zu atmen, meine Seele und mein Leib taten mir weh.

15. 6. 1987

Pater James ist gern den Kreuzweg mit mir gegangen. Wir hielten beide Kerzen in den Händen und wir knieten bei allen Stationen nieder. Pater James hat vielleicht Jesus und die Jungfrau Maria nicht gesehen, die bei jeder Station vor uns standen und uns segneten.

Hongkong / 15. 6. 1987

Für unsere Ferien haben wir das Flugzeug nach Hongkong genommen. Während des Transits in Bangkok trug sich folgende Begebenheit zu: Ich saß in einer Reihe leerer Sitze. Plötzlich kam ein Araber und breitete gerade vor mir einen Teppich aus. Mit zwei anderen, die hinter ihm gekommen waren, warf er sich auf den Boden, um Gott mit lauter Stimme anzubeten, was die Aufmerksamkeit vieler anzog. Sie ignorierten mich total. Ich hatte den Eindruck, daß meine Gegenwart sie stören mußte. Ganz allein, ihnen gegenüber, rührte ich mich nicht. Ihre Stimme erhob sich immer mehr, und jemand hat hinter uns ein Foto gemacht.

Später sagte mir Gott: „Dieser Mann hat seine Gebete laut genug verrichtet, um viel Aufmerksamkeit auf sich zu ziehen. Er ist im Transit gehört worden, aber er wurde nur von den Mauern dieser Halle gehört. Mein Herz hat nichts gehört, alle Worte sind auf seinen Lippen steckengeblieben. Trotz dieser Umstände aber habe Ich deine Stimme gehört, obschon niemand sie gehört hat und niemand wußte, was du Mir sagtest. Es kam von deinem Herzen und nicht von deinen Lippen." Ich wollte das nicht schriftlich aufzeichnen, um niemanden zu diskriminieren. Aber Gott hat zu mir gesagt: „Wovor hast du Angst? Ich bin die Wahrheit. Geschieht das nicht auch mit Christen?"

Heute haben wir mit dem Bus eine Rundfahrt durch die Stadt und die Vororte gemacht. Plötzlich habe ich anstelle der großen Wohngebäude große schwarze Kreuze gesehen. (Ich erinnere mich an die Worte: trockenes Erdreich.) Ich glaubte, es sei eine Einbildung von mir, aber ich habe die

Stimme Gottes gehört, die mir sagte: „Nein, es ist nicht deine Einbildung. Es sind Meine Kreuze." Als ich die »Verbraucher des Paradieses« sah, dachte ich: Wenn ich hier leben müßte, würde ich zugrunde gehen, es wäre eine Qual für mich. Und doch dachte ich vor einem Jahr noch ganz anders!

Gott verbietet mir nicht, noch folgendes zu sagen: Vom Bus aus zeigte uns der Reiseleiter die prunkvolle Villa des reichsten Mannes von Hongkong. Er sagte uns, daß es zwei berühmte Millionäre gibt, die in ganz Hongkong bekannt sind. Die Stimme Gottes sagte in mein Ohr: „Ich aber weiß nicht, wer sie sind, sie gehören der Welt an. Ihre Reichtümer sind die Reichtümer der Welt. In Meinem Reich haben sie nichts." Gott hat meine Hand genommen, um selbst zu schreiben, was unterstrichen ist.

Geliebte, Ich gebe dir Zeichen. Sei wachsam, Vassula. Glaube an das, was du von Mir hörst (an die innere Stimme).

Ich denke an den Araber.

Die Heiligkeit fehlte ihm. Du hast es selbst bemerkt.

Später.

O Vassula, verdiene Ich nicht mehr Ehrfurcht?

Wie ich es befürchtet hatte, bekam ich keine Gelegenheit, mit Gott zu sein. Ich unternahm es also, in meinem Hotelzimmer zu schreiben, wo ich mich mit meinem Mann und mit meinem Sohn befand, die vor dem Fernseher saßen. Um mich von dem Lärm zu isolieren, habe ich die Hörer eines Walkman an meine Ohren gepreßt. Ich hatte keinen anderen Ort, wo ich hingehen konnte.

Ich entziehe dir mit Recht alle Erleichterungen.

Warum, Herr?

Warum? Damit du lernst, dich nach deinem Gott zu sehnen. Warte, bis wir allein sind.

Verzeih mir ...

Ich verzeihe dir. Vassula, arbeite also, während du aufgehalten wirst.

Auf welche Weise, Herr?

Gestatte Mir, deinem Ohr all Meine Wünsche einzuflüstern. Vassula, sehne dich nach Mir, benütze die Gnaden, die Ich dir gegeben habe. Erinnere dich: Nicht nur Meine Hand benützt deine Hand, Ich habe auch dein Ohr geöffnet. Ich habe dir gezeigt, wie du Mich sehen und fühlen kannst. Benütze also auch die anderen Gnaden. Ich liebe dich.

Jesus?

Ich bin es, Vassula.

Wir sind wieder zusammen auf diesem Weg (d.h. im Gespräch auf dem Blatt).

Ja, aber nicht für lange. Spare Mich nicht für später auf, jetzt wo du nicht mehr den gleichen Lebensstil befolgst wie früher. Halte Mich in deinem Herzen eingeschlossen, Kind.

Herr, werde ich noch größere Prüfungen zu bestehen haben?

O ja. Du wirst viel schwereren Prüfungen gegenübergestellt werden.

Ich habe geseufzt.

Vertrau Mir, Ich werde bei dir sein. Du bist Mein Opfer, oder bist du es nicht? Warum hätte Ich dich denn inmitten der Bösen? Ich bringe dich ihnen, damit du unter der Bosheit bist.

Aber ich bin auch böse. Welchen Unterschied macht das? Ich bin wie sie.

Bist du es? Warum willst du denn zu Mir kommen, nach Hause (zum »Himmlischen Vater«)?

Weil ich Dich liebe!

Ich habe dich nach Meinem Bild gestaltet, um dich fähig zu machen, andere an Mich zu ziehen. Ich werde dich noch mehr von den Sorgen der Welt loslösen. Warte nur und du wirst sehen, Vassula. Ja?

Plötzlich habe ich Ihn vor mir gesehen.

Liebe Mich. Komm, nimm Meine Hand, wie du es gestern getan hast.

Später.

Vassula, schreibe das Wort »Aids«.

Aids?

Ersetze es durch das Wort »Gerechtigkeit«. (Lesen bei Röm 1, 18-32!). *Mein Kelch der Barmherzigkeit läuft über und Mein Kelch der Gerechtigkeit ist voll, laß ihn überfließen! Ich habe euch schon gesagt, daß die Welt Mich beleidigt. Ich bin ein Gott der Liebe, aber Ich bin auch bekannt als ein Gott der Gerechtigkeit. Ich verabscheue den Atheismus!*

Später.

Geliebte, du wirst in Meinen Leib eindringen und Ich werde dich Meine Dornen und Meine Nägel sehen lassen.

Herr, wie werde ich das alles »sehen«?

Ich werde dir die Gnade geben, zu sehen. Ich werde dir die Kraft geben, um Meine Dornen und Meine Nägel herauszuziehen. Ich werde aufs neue gekreuzigt.

Aber Herr, warum hast Du Dich wieder kreuzigen lassen?

Vassula, Vassula, gefangengenommen von den Meinen, vernachlässigt von Meinen Geliebten.

Er sagte das mit einer solchen Traurigkeit, wie jemand, der von seinem besten Freund verraten wird.

Komm, ehre Mich, liebe Mich!

Ich liebe Dich, ich werde mich an Dich klammern. Wann wird das geschehen?

Ach, Vassula, geh Mir nicht voraus. Komm, alles zu seiner Zeit.

Du weißt aber, Herr, ich bin ein Weltkind, ein Nichts, das nicht weiß, was in Deiner Kirche geschieht. Wer in meine Papiere (Deine Schriften) Einsicht nimmt, wird sie mir ins Gesicht schleudern, und lachend wird er sie um mich herum werfen wie Konfetti. Was bin ich schließlich, wenn nicht eine Berufssünderin?

Erinnere dich, wer dich führt! Ich bin Gott. Erinnerst du dich an das, was du deinem Freund, ja, dem ungläubigen Freund, gesagt hast? Es waren Meine Worte: „Du bist wie eine Maus, die einem Riesen entflieht." Ihr seid nur ein Sandkorn.

Das ist wahr. Ein gottloser Freund hat eine Botschaft von Gott erhalten. In 30 Sekunden hat diese Botschaft seine Anschauungen von 23 Jahren zerstören können. Er sagte: „Warum habe ich, ein Sünder von Beruf, eine solche Botschaft erhalten? Aber ich werde kämpfen, um davon loszukommen." Ich habe gelacht, dann habe ich ihm die Worte Gottes wiederholt.

Vassula, vertrau Mir.

Herr, ich vertraue Dir, aber das Problem bin ich. Warum vertraust Du mir? Das solltest Du nicht, mein Herr. Ich habe guten Willen, ja, aber ich bin sehr schwach, wie Du es gesagt hast. Trau mir nicht! Ich bin sehr schuldig.

Vassula, du bist unsagbar schwach. Ich wußte es von Ewigkeit her, aber sei nichts, Ich will, daß du nichts bist. Wie könnte Ich Mich sonst allein offenbaren, wenn wir zwei wären? Laß Mich immer frei und Ich werde in dir wirken. Komm, stütze dich auf Mich!

Dhaka / 17. 6. 1987

Jesus, ich weiß, daß Du Pater James sehr gebrauchst. Du hast Dich zuerst seiner bedient, um die Dämonen zu vertreiben.

In den ersten drei Monaten näherte sich mir der Teufel, um mich zu entmutigen und mich von Gottes Nähe fernzuhalten.

Darauf hast Du ihn zum Werkzeug meiner Qualen gemacht. Du brauchst ihn jetzt, um mir gute Bücher zu übergeben, damit ich Deine übernatürlichen Werke erkenne und um mir die Bestätigung zu geben, daß Du die Hand im Spiel hast in dieser Annäherung. Du hast mir auch mein Elend zu verstehen gegeben. Du hast mich trotz meiner Bosheit erwählt, obschon ich absolut kein Verdienst habe für solche Gnaden, die Du mir gegeben hast. Im Vergleich mit den Heiligen ist das ganz eindeutig. Du begreifst deshalb, woher die »Welle von Zweifeln« kommt! Nur hieran liegt es, alleine an meiner Unwürdigkeit. Erinnere Dich: Du hast mich seit Anbeginn alles gelehrt. Erinnere Dich, wie ich Dich am Anfang zurückgewiesen habe, als ich erfuhr, daß Du es warst. Du siehst, was ich sagen will, wenn ich die Welle von Zweifeln habe? Ich weiß, daß ich wegen dieser Gründe Dich beleidige und verletze, wie Du es mir einmal gesagt hast: „Du verletzt Mich, wenn du vergißt, wer dich aus der Dunkelheit gerettet hat."

Andererseits gerät mein Geist fast ins Schwanken, wenn er zu verstehen sucht, warum Du eine so wichtige Sendung einer Seele anvertraust wie der meinen, die noch alles zu lernen hat und 150 Prozent Sünderin war! Je mehr Deine Führung vorwärtsschreitet, um so mehr Wunder geschehen. Überzeugte Atheisten haben sich gebeugt, ja, Du hast Dein Werk gesegnet, Herr. Ich sollte mich also nicht darüber wundern.

Einer nach dem anderen kehrt zu Dir zurück, wenn er die Botschaft gelesen hat. Jemand hat mir gesagt: „Du wirst mich nie dazu bringen, auch nur eine Seite von all diesem Zeug zu lesen. Ich glaube nur an das, was greifbar ist: Geld, Business ..." Diese Worte höre ich immer noch in meinen Ohren, doch heute sehe ich diesen Mann, eifriger als seine Frau — die sich lange erfolglos bemüht hatte, ihn zu überzeugen —, und er will jetzt Deine ganze Botschaft hören. Er sagte mir, daß ihm dies einen außerordentlichen Frieden bringt. Nicht ich habe ihn überzeugt, da ich nicht redegewandt bin. Das ist ganz einfach geschehen: durch Jesus — natürlich! Du bist wunderbar!

Ich bin Jesus, der geliebte Sohn des Vaters. Ich habe dir all diese Bücher geschickt, damit du an Meine übernatürlichen Werke glaubst. Ich habe dich mit Meinem Brot genährt. Zweifle nie an Meinen Werken. Ich wünsche, daß du die Eigenheiten Meiner Gnaden lernst. Schenke also jeder neuen Offenbarung deine Aufmerksamkeit. Alles wird von Mir kommen.

Das Kreuz schien mich wieder erdrücken zu wollen. Das »Kreuz«, das ist die Botschaft Gottes.

Jesus?

Ich bin es. Heb auf! Heb auf! Falle nicht, Ich bin bei dir, um dir zu helfen. Heb das Kreuz auf, sei nicht wie der Cyrenäer, zeige guten Willen. Komm, Geliebte, der Weg kann rauh sein, aber Ich bin immer bei dir und teile Mein Kreuz mit dir. Vassula, schau Mich an!

Ich habe Ihn angeschaut. Er war da und stützte sich auf so jämmerliche Weise auf die Mauer in der Ecke. Er trug Seine Dornenkrone und ein Kleid, in welchem Er fast nackt und mit Blut bedeckt erschien. Er war mit Blut und Schweiß bedeckt, mehr Blut als Fleisch ... gerade nach der Geißelung.

Verdiene Ich das?

Nein! Mein Gott!

Ehre Mich, Meine Tochter.

Wer hat Dir das angetan, Herr?

Seelen, Vassula, sie sind es, Abbild von Sodoma.

Jesus gebrauchte das Wort »replica«. Er schrieb mir später, daß das Kopie, Wiedergabe bedeute. Später habe ich Seinen Zustand der Geißelung begriffen, als Er mir sagte:

Meine Tochter, Ich wünsche die Einheit in Meiner Kirche! Die Einheit!

Jesus war eindringlich und hat diese Worte mit Kraft gesagt.

19. 6. 1987

Vassula, Taten, Taten, Ich will Taten sehen! Ich bin entzückt, deine Worte der Liebe zu hören. Sie sind ein Balsam auf Meinen Wunden, aber Ich werde noch glücklicher sein, wenn Ich Taten sehe, die von dir kommen! Komm, Ich will dir in Erinnerung rufen, wie Ich während Meiner Zeit auf Erden arbeitete und wie Ich Meine Jünger gelehrt habe zu arbeiten.

Padre Pio arbeitete wie Du.

Er arbeitete für Mich. Ich habe ihm all diese Gnaden gegeben, um Mich zu ehren und Meinen Namen neu aufleben zu lassen. In Meinem Namen arbeiten verherrlicht Mich und reinigt euch. Erinnere dich, Ich strahle auf jeden aus.

Auch auf Menschen wie ich?
Ja, auf Seelen wie auch die deine.

Thailand / 20.6.1987

Maria: Wie froh war ich, deine Kerze zu empfangen. Schmücke Uns immer
mit deiner Liebe. Besitze Unseren Frieden.
Die heilige Jungfrau hat mir diese Worte mit Liebe gesagt. Ich hatte eine
Kerze für sie angezündet, bevor ich den Kreuzweg begann. Ich wollte ihr
danken, daß sie uns ihren Sohn geschenkt hat.

21.6.1987

Herr, warum haben so viele Menschen Dich vergessen?
O Vassula, Mein Leib ist so verstümmelt, daß er gelähmt ist. Führe das
Licht (eine angezündete Kerze) *ein bei Meinen Kreuzwegstationen und*
knie bei jeder Station nieder.
Ich schwieg ...
Vassula, Ich habe gesprochen.
Herr, was kann ich tun?
Nichts. Laß Mich alles tun.
Sicher. Aber niemand wird es tun, da niemand es weiß.
Den Glauben haben ist auch eine Gnade, die Ich gebe. Glaube Mir!
Später.
Jetzt, wo Du mich fasziniert hast, was wird mit mir geschehen?
Willst du es wissen? Mit Meinen Armen werde Ich dich in diese Verban-
nung werfen, zu der Meine Schöpfung geworden ist.
Mein Gott, liebst Du mich nicht mehr?
Ich war so bekümmert ...
Es war so wunderbar, in Deinen Armen zu sein! Und jetzt willst Du mich
draußen haben!
O Vassula, wie kannst du so etwas sagen!
Ich habe gespürt, wie Sein Herz sich zusammenzog.
Mein Herz spaltet und zerreißt sich, dich unter all diesem Bösen zu sehen.
Begreife, Mein Kind, daß es für Mich ein Opfer ist, dich unter den Gott-

losen zu sehen. Ich leide, daß du draußen bist, in Verbannung. Meine Töchter, viele werden versuchen, dir zu schaden. Ich könnte jetzt deine Leiden (das Leid, getrennt zu sein: meine Seele in Seinem Herzen und mein Leib in der Welt) *ertragen, aber Ich könnte nicht, nein, Ich könnte nicht dulden, daß sie dir Böses antun.*

Was würdest Du tun, Herr?

Ich würde nicht untätig bleiben.

Aber warum hast Du mich so umarmt und entzückt, um nachher mich hinauszuwerfen? Das ist fast ungerecht!

Ich schrie fast!

Habe Ich nicht gesagt, daß du Mein Opfer sein wirst? Ich bediene Mich deiner, du bist Mein Netz, ja, Ich werfe dich auf die Welt. Du mußt Mir Seelen opfern für ihr Heil. Ich werde sie loskaufen. Das wird nicht ohne Leiden geschehen. Der Teufel haßt dich und er wird nicht zögern, dich zu verbrennen, aber er wird nicht Hand an dich legen, Ich werde es ihm nicht erlauben.

Das erinnert mich an einen Zwischenfall, der sich vor kurzem ereignete. Auf einem Schiff, das wir soeben bestiegen hatten, faßte ich mit meiner linken Hand, auf die mein ganzes Gewicht gestützt war, an ein Auspuffrohr, das so heiß war, daß man ein Ei hätte kochen können. Ich war nahe daran, vor Schmerz in Ohnmacht zu fallen. Da ich mir die ganze innere Handfläche verbrannt hatte, war der Drang groß, die Hand in das Wasser des Meeres zu tauchen, um den starken Schmerz der Brandwunde zu lindern. Da fiel mir ein, daß das Wasser nachträglich mehr Schmerzen bereiten würde. Ich hielt also die Hand in der Luft und sprang hin und her vor Schmerz. Während zehn Minuten war die Handfläche rot und begann anzuschwellen, aber eine halbe Stunde später war die Anschwellung und die Brandwunde verschwunden und es tat mir nicht mehr weh. Diese Hand war ebenso in Ordnung wie die andere. Um sicher zu sein, rieb ich sie sehr stark mit der anderen, ich zwickte sie, aber es war nichts mehr festzustellen!

Mein Kind, Ich will dich nicht verletzt sehen. Ich liebe dich, und aus Liebe werde Ich Meine Reinigungen für dich auswählen. Ich werde keinen Flecken auf dir gestatten. Begreife, was Ich sagen will.

Gott allein wird für mich meine Leiden auswählen.

Herr, ich werde alles lieben, was von Dir kommt, sei es Genuß oder Schmerz.

Geliebte, ja, bereite für Mich einen Himmel in deinem Herzen, wie Ich Mich freue, das von dir zu hören, Mein Kind!

Das will heißen, daß die Schmerzen, die der Teufel mir zufügen könnte, sich nicht verwirklichen werden. Jeder andere Schmerz aber, der von Gott kommt, wird sich verwirklichen und dient so zur Reinigung der Seele.

Ja, und jeder Schmerz, den du durch deinen Willen gewählt hast, in der Meinung, er sei Mir angenehm, wird ein Abscheu in Meinen Augen sein. Du wirst nur dich selbst täuschen, es wird für den Teufel sein, nicht für Mich. Jeder Sühneakt wird von Mir entschieden werden.

Ich liebe Dich und bin ganz von Dir abhängig.

Ich habe den Teufel gehört, der sagte: „Diese Momente der Vertraulichkeit sind Momente des Martyriums für mich".

Er kann es nicht ertragen, daß mein Herz sich erfreut über die Liebe, die ich von Gott erhalte, und die Liebe, die ich für Gott empfinde.

Es ist wie ein rotglühendes Kreuz, das ganz und gar ihm eingebrannt ist.

23.6.1987

Jesus, Du bist seit dem Anfang Mein Lehrmeister, aber dürfte ich nicht einen geistlichen Seelenführer bekommen, der mich ein wenig leitet? Bis jetzt hatte ich keinen. Jene, die ich kennenlernte, zeigten kein Interesse, oder sind zu beschäftigt oder gar von Grauen gepackt.

Das geschah am Anfang, als ich noch keine Unterstützung hatte und man mir sagte, daß alles vom Teufel komme.

Niemand hat mir gesagt: „Mein Kind, tu dies oder jenes", mit Milde, und hat mich begleitet. Die einzige Weisung, die ich in strikter Form erhielt, lautete: „Hör auf. Das kommt nicht von Gott, hör also auf zu schreiben, wenigstens einige Tage, um zu sehen, was geschehen wird. Verrichte die drei Gebete, die ich dir gegeben habe, um Gott zu fragen, ob Er es sei." Ich habe ihm gehorcht, aber, mein Gott, Deine Hand hat meine Hand gestoßen und hat so eingegriffen, während ich meine privaten Notizen schrieb. Du hast mir gesagt: „Ich, Gott, liebe dich, vergiß das nie." Du hast meine Hand ganz in Besitz genommen. Einige Minuten später, noch einmal: „Vergiß nie, daß Ich, Gott, dich liebe." Es war wie ein Überraschungsbesuch während meines Aufenthaltes »im Gefängnis«. Es war wunderbar!

Mein Kind, laß Mich dein geistlicher Seelenführer sein. Bin Ich dir nicht recht genug? Ich bin alles, was dir fehlt. Vassula, mach Mir die Freude, beim Kreuzweg einfach das Licht einer Kerze hinzuzufügen, und ehre Mich, indem du bei jeder Station niederkniest. Ich werde dir weitere Unterweisungen zur gegebenen Zeit erteilen.

Jesus, ich danke Dir, daß Du mich mit D. bekanntgemacht hast.

Mein Kind, teile ihm in Meinem Auftrag mit: „Willst du Mich dich benützen lassen?"

Aber, Herr, hast Du das nicht bisher schon von ihm verlangt? Was willst Du genau sagen?

Ich will damit sagen: ob er wohl bereit ist, für Mich zu arbeiten? — Mein Kreuz ist schwer, willst du Mich ein wenig entlasten?

Ja, Herr.

Komm näher zu Mir.

Bangkok / 26. 6. 1987

Um 7.30 Uhr morgens habe ich eine buntfarbene Wolke gesehen, die mich anzog. Fünf Strahlen gingen von ihr aus, die eine Art von Stern bildeten. Ich habe geschrien: „Schau!" Und eine Hand hinter mir hat mich nach vorne gestoßen. Da bot sich etwas anderes dar: Auf einem Strahl war eine brennende Kerze aufgestellt. Ich habe wieder geschrien: „Schau!" Die Hand hinter mir hat mich gestoßen und ich fiel auf die Knie. Ich kümmerte mich noch immer nicht darum, zu wissen, wer mich gestoßen hatte, denn ich wollte keinen einzigen Augenblick des Ereignisses am Himmel verpassen. Die fünf Strahlen begannen nun sich so schnell zu drehen, daß eine Art leuchtender Ring entstand. Plötzlich erschien im Mittelpunkt dieses Ringes das heilige Antlitz Jesu. Ich habe geschrien: „Schau!" und die Hand hinter mir hat mich noch einmal gestoßen, und ich bin nach vorne auf die Hände gefallen. Gleich darauf vernahm ich zahlreiche Stimmen, die Jesus anbeteten, indem sie ohne Unterbrechung den Namen Jesu aussprachen. Dann verschwand das Bild von Jesus. Eine andere Szene erschien. Wieder schrie ich: „Schau!" Diesmal hat mich die Hand so gestoßen, daß ich glatt auf den Boden fiel. Nur mein Kopf konnte sich erheben, um dieses letzte Bild zu sehen: Ich schaute eine kniende Gestalt, umgeben von fünf Personen. Dieser Szene gegenüber war ein silberner Kelch von ungewöhnlichem Glanz.

Die fünf Personen, ein jeder mit einem langen Gewand bekleidet, waren gerade im Begriff, den Knienden zu segnen und zu salben. Ich hörte das Wort: „Salbung". Dann verschwand alles.

Mein Gott, ich habe diesen Traum nicht verstanden.

Die Weisheit wird dich unterrichten.

Ich erkannte, daß die Hand, die mich jedesmal mit Kraft gestoßen hatte, die meines Schutzengels Daniel war.

27. 6. 1987

Jetzt beginne ich zu begreifen: Ich habe mich trennen lassen. Mein Körper scheint in Bewegung zu sein, aber ohne meine Seele. Mein Gott, Du hast meine Seele genommen. Ich komme mir vor wie ein leeres Gestell, vollständig getrennt. Hat jemand schon die Erfahrung gemacht, nur an Gott zu denken, solange er wach ist?

Hat jemand die Erfahrung gemacht, bewußt an Gott zu denken, den ganzen Tag, jeden Tag, über ein Jahr? Im Augenblick, wo meine Gedanken sich abwenden, fühle ich auf meinem Kinn die Hand des Herrn, der meinen Kopf Ihm zuwendet, Ihm gegenüber, Seinem lächelnden Antlitz gegenüber. Ich staune selber darüber, andere Beschäftigungen damit verbinden zu können.

Vassula, Ich habe einfach dein Herz genommen und habe es in Mein Herz gelegt.

Gott hat mir das mit einer solchen Einfachheit und Sanftmut gesagt, als ob mein Herz ein Kinderspielzeug wäre.

Ich bin Gott und Ich liebe dich! Wiege Meine Liebe. Geschöpf, bleibe in der Gnade deines Schöpfers.

Wie, wie könnte ich in Deiner Gnade bleiben?

Du mußt heilig sein.

Wie kann ich heilig sein?

Indem du Mich mit Ergriffenheit liebst.

Wenn das Dein Wille ist, hilf mir doch, heilig zu sein.

Ich werde dir helfen. Empfange Meinen Segen. Ich werde nie etwas von dir verlangen, das dir schaden könnte. Denk immer daran. Komm, Ich will dir Meine intimsten und tiefsten Wünsche offenbaren. Gestatte Mir, sie dir einzuprägen, Mein kleines Kind.

30.6.1987

Ich bin herbeigeeilt, denn Jesus drängte mich zu schreiben.

Ich habe dich gerufen!

Ich fühlte und sah innerlich Jesus glücklich.

Ja, Ich bin es, Ich fühle Mich glücklich! Komm, wir wollen arbeiten. Ich werde dir Meine Wünsche wiederholen. Vassula, hab keine Angst, Meine Werke zu zeigen.

Herr, ich vergleiche mich mit unserer guten Freundin M., die so impulsiv ist. Ich bin jetzt ungeduldig wie sie. Ich will, daß sich die Ereignisse schnell vollziehen: morgen, heute, jetzt. Wenn es möglich wäre, sollten alle Deine Wünsche jetzt erfüllt werden: die Dornen herausgezogen und weit weggeworfen, der Speer aus Deinem Herzen herausgezogen, jetzt, und alles, was Du wünschest.

Vassula, überstürze nichts.

Ich fühle Seine Hand, die mir den Kopf streichelt.

Höre wieder Meine Wünsche an. Ich möchte sie an Meine Wege erinnern. Ich will, daß sie aufhören, sich gegenseitig mit giftigen Pfeilen zu beschießen. Vassula, war Ich ein Politiker?

Jesus hat mich mit Seiner Frage überrascht. Er sprach in einem ganz anderen Ton.

Nun, diesmal weiß sogar ich, daß Du kein Politiker warst.

Genau. Ich war kein Politiker, Vassula. Deiner Meinung nach, wer war Ich?

Herr, Du willst sagen: als Du im Fleische auf Erden warst?

Ja.

Der geliebte Sohn Gottes.

Ja, du siehst, sogar du wußtest, daß Ich kein Politiker war. Vassula, wir wollen mal sehen ...

Jesus dachte eben nach, in Seiner gewohnten Haltung: ein Arm über Seinem Gürtel, der andere Ellbogen auf diesen Arm gestützt und der Zeigefinger auf die Wange gelegt.

Hast du je in Meiner ganzen Botschaft eine Spur von Bosheit Meinerseits gespürt?

Nein, keine einzige Spur, Herr, nie.

Gut.

Was meinst Du damit, Herr?

Wie hast du dich gefühlt, Vassula?

Jesus hat meine Frage ignoriert.

Ich hatte das Gefühl, von Dir verwöhnt, gewaltig geliebt, umarmt zu sein und daß mir verziehen wurde.

Fahre fort ...

Ich fühlte mich trunken von Deiner Liebe, ich fühlte mich im Frieden, das ist wunderbar! Ich fühlte mich nie so glücklich wie in diesen Momenten, wo ich bei Dir war. Durch Deine Liebe hast Du mir wieder den Weg gezeigt, indem Du mich die Liebe, die Heiligkeit und die Demut lehrtest.

Ja, siehst du, Vassula, es gibt keine Spur von politischem Aufstand, keine.

Jesus hat mit der Hand eine Geste gemacht, mittels welcher Er das Wort „keine" betonte.

So bin Ich. Ich bin ganz Liebe, und Ich möchte, daß alle Meine wahren Jünger so seien. Hör Mir zu: Ich bin die Kirche, vergiß das nie. Besitze Meinen Frieden, Vassula.

Ich liebe Dich bis zur Torheit, und Du weißt es jetzt, Jesus.

Geliebte, Mein Herz wird dich in seiner Liebesflamme verschlingen. Erlaube Mir, dich in Meinem Herzen zu bewahren.

Ich habe an die Vision gedacht.

Die fünf Strahlen gehen aus Meinen fünf Wunden hervor.

Und die Kerze auf einem der Strahlen?

Ich möchte das Licht bei Meinen Kreuzwegstationen einführen.

Darauf habe ich Dich gesehen.

Ja, Ich trug Meine Dornenkrone, erinnerst du dich?

Ja, ich erinnere mich. Aber ich habe die letzte Szene nicht verstanden.

Meine Salbung.

Aber warum bin ich in die Haltung des Kniefalls gestoßen worden?

Du hättest knien sollen.

Und der Kelch, Herr?

Um euch zu reinigen und euch Meine heilige Eucharistie verehren zu lassen.

Ich danke Dir, Herr.

Ich hatte verstanden, daß der Herr mir eine Szene im Himmel gezeigt hat, wo man Ihn salbte.

Vassula, in die Tiefen Meines Leibes, in Mein Herz ist die Spitze der Lanze eingedrungen. Sie ist immer noch da. Ich will, daß die Lanze heraus-

gezogen wird. Verherrliche Meinen Leib, indem du Frieden, die Einheit und die Liebe bringst.

Geliebter Gott, das ist zu vage für mich, ich verstehe den Sinn Deiner Worte nicht.

Entferne die Dornen, die in Mein Haupt eingedrungen sind. Vassula, wirst du das für Mich tun? Ich werde immer vor dir sein. Heile Meinen Leib, beruhige Ihn. Meine fünf Wunden sind weit offen, verstehst du? Liebe Mich, verschönere Mich. Erinnere dich, daß die ersten Christen Mich mehr liebten als ihr eigenes Leben.

Mein Herr, ich kann nicht mehr als Fotokopien machen und sie verteilen!

Du wirst viel mehr tun als das, vergiß nie, wer dich führt.

Ja, Herr, ich bin von Dir abhängig.

3.7.1987

Jesus?

Ich bin es. Geliebte, die Eingebungen kommen von Mir wie die Tautropfen auf den Blättern. Ich habe einen Vertrag mit dir gemacht, dir gegenüber treu zu sein. Ich habe Meine Maßnahmen getroffen, damit auch du Mir treu bleibst. Verstehst du?

Jesus hat Sich abgesichert, daß ich Ihn nicht verrate, da Er wußte, wie schwach ich war.

Vassula, wirst du Meine Kirche vereinen, für Meine Liebe?

Jesus hat meinen Seufzer in mir fühlen müssen als Folge Seines Verlangens.

Ich bin vor dir, und Ich werde dich unterrichten, folge Mir einfach. Ich will alle Meine Kirchen geeint sehen. Ich will, daß Meine Priesterseelen sich an Meine früheren Werke erinnern und an die Einfachheit, die Meine Jünger hatten, die Demut und die Treue, die die ersten Christen besaßen. Komm, Ich will dir die tiefsten und intimsten Wünsche Meines Herzens offenbaren. Erlaube Mir, sie in dir einzuprägen, Mein kleines Kind.

Hier fühlte ich mich hoffnungslos ... Ich spürte, daß Gott so viele wichtige Dinge wünscht, die Er mir schriftlich diktiert, und ich sitze da wie gelähmt. Ich fühle, daß ich nicht tue, was Er will, da ja nichts sich ändert. Aber wie wird das sich ändern, wenn niemand viel darüber weiß? Ich spüre, daß ich Ihm mißfalle, weil ich ungehorsam bin, indem ich das, was Er am meisten wünscht, nicht ausführe. Ich habe diese Botschaft Pater James gezeigt. Aber auch er, was kann er anderes tun als lesen und mir Ratschläge geben? Mehr als 100 Personen haben Kopien von diesen Botschaften, aber das genügt nicht!

Jesus?

Ich bin es. Lebe im Frieden. Ich werde Meine Kirche wiederherstellen. Gestatte Mir nur, Vassula, daß Ich Meine Worte auf dich einpräge. Ich liebe dich. Verherrliche Mich, indem du Mich liebst. Meine Kirche vereinen ist Mein Werk. Du wirst nur Meine Botin sein. Verstehst du den Unterschied? Selbst wenn Ich sage: „Belebe oder vereine Meine Kirche, Vassula", geht das nicht dich direkt an. Du wirst lernen. Hast du nicht schon einen Teil Meiner Werke mit Mir gelernt?

Ja, Herr.

Warte, und du wirst sehen.

Es entstand eine lange Pause. Er hielt meine Hand auf dem Heft, ohne etwas zu sagen, und schaute mich an.

Ich habe eine Frage an dich zu richten: Warum bist du jetzt nicht zu Mir gekommen, damit Ich dich tröste?

Binnen kürzester Zeit hat Jesus mir eine Vision gegeben. Es war eine richtige Erzählung, wie ein Gleichnis. Hierin ging es um die Beziehung eines Kindes zu seiner Mutter, die dieses nach Jahren der Trennung endlich wiedergefunden hat: Ihre Freude war sehr groß. Sie begann wieder ihr Kind zu belehren, wie es sich an sie wenden solle, wenn es sie brauche. Die Mutter liebte es ja und es gehörte ihr. Das Kind aber hatte große Schwierigkeiten, sich einer Person anzupassen, die ihm sagte, sie sei seine Mutter und es liebe. Es hatte sich an seine Einsamkeit, an sein Elend und sein Unglück gewöhnt, und auch daran, niemanden zu haben, zu dem es sich wenden könnte. Und so fuhr es fort, zu vergessen, daß die Mutter es ist, die ihm helfen und ihn trösten könnte. Die Vision handelt also von einem kleinen Kind, das in seinem ganzen Elend geblieben ist, das jammernd um das Haus herumirrte und die Mutter ignorierte. Die Mutter, sie sah das Kind in seinem Elend, sah, daß es einfach nicht kommen wollte, um sich in ihre Arme zu werfen und ihr zu zeigen, daß es ihre Liebe braucht. Das Herz dieser Mutter war ganz zerbrochen, ihr Kind im Elend zu sehen, sie ignorierend, sie, die doch so viel tun könnte, wenn es Vertrauen in sie hätte. . . . Nun, das Kind war ich und die Mutter war Jesus.

Und das alles, weil ich einsah, daß ich nichts erreichte, daß ich nicht viel tun konnte. Die Botschaft, sie lastete auf meinem Rücken ... Am Nachmittag beschloß ich, mich hinzulegen, und versuchte zu schlafen, um zu vergessen. Ich dachte an Jesus, aber ich fühlte mich zu traurig, um Ihm gegenüber zu treten.

Geliebte, Ich bin dein Tröster! Stütze deinen Kopf an Mich. Erlaube Mir, dich zu streicheln und dein Elend zu beruhigen. Gestatte Mir, Meine Worte in dein Ohr zu flüstern. In Meinem Herzen habe Ich einen Platz für dich. Verbring keine Zeit anderswo. Komm jetzt an deinen Platz.

Er sagte das alles so zärtlich, wie nur Gott allein sprechen kann.

Ich bin unfähig dazu.

Ich werde dich aufheben und dich dorthin setzen.

Schweiz / 7.7.1987

Du wirst schweren Prüfungen gegenüberstehen, Vassula, vergiß Meine Gegenwart nicht. Ich bin bei dir. An Meine göttlichen Werke glauben ist auch eine Gnade, die von Mir kommt. In euren Augen scheinen Meine Werke nicht zeitgemäß, aber Ich bin Gott, und mit wem könntet ihr Mich vergleichen? Und mit welchen Werken könntet ihr Meine Werke vergleichen?

Vassula, wenn Ich sehe, wie Meine Priesterseelen Meine Zeichen und Meine Werke verleugnen, wie sie jene behandeln, denen Ich Meine Gnaden gegeben habe, um die Welt daran zu erinnern, daß Ich unter euch bin, leide Ich ... Unbewußt schaden diese Seelen Meinem Leib, pono („es tut mir weh", auf griechisch)! Sie verleugnen Meine Werke und schaffen so Wüsten, anstatt fruchtbares Erdreich!

Herr, wenn diese Seelen Deine Werke verleugnen, muß es doch Gründe geben dafür!

Geistig sind sie tot. Diese Seelen sind selber Wüsten. Wenn sie in dieser großen Wüste eine Blume erblicken, gehen sie auf diese Blume los, treten sie mit Füßen und vernichten sie.

Warum?

Warum? In ihrer Wüste erregt diese Blume Anstoß. Diese Seelen versichern sich ständig, daß ihre Wüste trocken bleibt! Ich finde keine Heiligkeit in diesen Seelen, keine. Was haben sie Mir anzubieten?

Den Schutz, Herr! Schutz, der darin besteht, Dein Wort nicht zu entstellen.

Nein, sie schützen Mich nicht, sie leugnen Mich als Gott. Diese Seelen leugnen Meine unendlichen Gnadenquellen. Sie leugnen Meine Allmacht, sie vergleichen sich mit Mir. Weißt du, was sie tun? Sie ermutigen die Gottlosigkeit, sie vermehren die Zahl jener, die Mich geißeln, sie vergrößern die geistige Taubheit. Sie verteidigen Mich nicht, sie machen sich lustig über Mich! Trotz ihrer Verleugnung habe Ich ihnen helfen wollen, damit sie ihrerseits Mir helfen und Meine Lämmer nähren. Liebe Mich, Vassula, ehre Mich, indem du Mich nie verleugnest.

Ich werde Dich nie verleugnen, ich werde nie leugnen, daß alle diese Dinge Deine Werke sind, Herr, auch wenn ich deswegen sterben müßte.

Meine sanfte Myrrhe, Meine Ruhestätte, Meine Geliebte, wache über Meine Interessen, sei Mein Altar, bleibe klein, damit Ich in dir arbeite und durch dich wirke. Komm, wir wollen beten:
»Vater der Barmherzigkeit, vereine Deine Schafe, bringe sie wieder zusammen. Laß sie ihre Trockenheit begreifen, verzeih ihnen, gestalte sie so, wie Du wünschest, daß sie seien. Erinnere sie an Deine Wege. Aller Ruhm sei in Deinem heiligen Namen auf ewig. Amen.«

Ich fühle mich traurig wegen Gott ...

Geliebte, sei traurig wegen der Welt und was aus ihr geworden ist. Ruh in Mir aus.

8.7.1987

Herr, ein Priester hat mir einmal gesagt, daß nach Deinem Tod und Deinem Begräbnis Dein Leib sich aufgelöst hat in der Luft und daß man aus diesem Grund Dich nicht gefunden hat. Mit anderen Worten, dieser Priester leugnete Deine Auferstehung.

Vassula, sie verdrehen Mein Wort. Ich bin auferstanden. Ich habe Mich nicht aufgelöst. Mein Leib ist auferstanden.

Herr, sprichst Du symbolisch zu mir, oder sagst Du mir, daß Du »gegenwärtig« in Deinem Leib auferstanden bist?

Mein Kind, Ich habe wortwörtlich zu dir gesprochen. Mein Leib ist auferstanden. Sag ihnen, sie sollen aufhören, Mein Wort zu verdrehen, um das menschliche Verständnis zufriedenzustellen. Ich bin allmächtig.

Später.

Herr, ich fürchte, eine Ursache der Verzögerung zu sein in der Verwirklichung Deiner Pläne.

Wie könntest du Mich verzögern, wenn Ich arbeite?

Durch Sünden, die ein Hindernis sein können.

Ich verlange von dir, daß du oft bereust. Ich werde dich deine Sünden sehen lassen. Ich will dich rein.

Mein Gott?

Ich bin es, Vassula, Ich habe so viele verborgene Geheimnisse für euch! Das Wenige, das Ich euch offenbart habe, wird von vielen menschlich verstanden. Da sie diese Geheimnisse nicht begreifen, legen sie sie auf die Seite oder geben eine ungenaue Erklärung dafür. Wie sollte es euch möglich sein, Meine Werke mit menschlichen Werken zu vergleichen? Die Wissenschaft kann nicht mit den göttlichen Werken verglichen werden. Es ist, wie wenn ihr euch mit Mir vergleichen wolltet! Es ist wahr, Meine Werke erscheinen euch nicht logisch, aber, was Mich am meisten betrübt, ist, daß Ich sehen muß, wie gewisse Priesterseelen Meine Werke in Zweifel ziehen, sich weigern, daran zu glauben, und Mich fernhalten, statt Mir Ehre zu erweisen. Meine Schöpfung hat sich in eine trockene, unfruchtbare und liebeshungrige Wüste verwandelt. Womit werden Meine Lämmer sich nähren, wenn sie ihnen nichts zu bieten haben?

10.7.1987

Meine Blume, schließe dich Meinem Leib an. Es ist hart, in der Wüste zu leben, aber Ich werde dich immer zu Meinem Brunnen führen, wo Ich deinen Durst stillen werde und dir Ruhe und Schutz geben werde. Meine Tochter, sei Mein Opfer, alles wird nicht umsonst sein. Klammere dich an Mich. Du bist nicht allein, wir sind beieinander, um diese Wüste zu durchqueren. Erlaube Mir, Mein spezielles Gebot dir aufzudrücken: Liebt euren Nächsten wie euch selbst.

Aber, Herr, das ist nicht neu. Du hattest es uns schon gesagt.

Befolgt ihr es? Jeder, der zur Kirche gehört, muß noch lernen, Meinem Gebot zu gehorchen. Sie sollen aus Meiner unendlichen Liebe schöpfen, um sich gegenseitig lieben zu lernen. Fühle Mich: Alle Teile Meines Leibes zerreißen. Vassula, Ich bin noch nicht fertig mit dem Diktieren Meiner

Wünsche und Ich habe noch einen größeren Wunsch auf Reserve! Du beginnst ihn zu fühlen, Vassula, weil Ich dich erleuchte, damit du vorausahnst, was Ich wünsche. Ich liebe Meine Schöpfung unendlich.

Mein Gott, wenn es »das« ist, was Du wünschest, dann wird wahrhaftig Dein Reich auf Erden sein, wie es im Himmel ist!

Nach und nach wirst du begreifen. Ich werde dir Visionen geben, und du wirst sie schriftlich wiedergeben. Sei mit deinem Gott, der auch leidet!

* * *

Heft 14

10.7.1987

Schöpfung! Meine Schöpfung! Heute verleugnet ihr Mich als euren Gott, aber morgen werdet ihr Mich loben, Mich anbeten und nach Mir verlangen! Komm, Vassula, vergiß nie, wer Ich bin, klammere dich an Mich, rufe Mich wie gestern und Ich werde herbeieilen.

Das geschah letzte Nacht. Im Gebäude, wo wir wohnen, schließt der Abwart die Eingangstür um 22 Uhr. Wir hatten den Schlüssel in der Wohnung vergessen. Als wir die Türe geschlossen sahen, wußten wir, daß wir unmöglich hereinkommen konnten. Ich habe mich der Tür genähert und sagte klagend: „O mein Gott, sag nicht, daß die Tür geschlossen ist! Mach, daß sie sich öffne, bitte!" Im selben Augenblick kam ein anderer Mieter des Wohngebäudes und hat die Tür geöffnet.

Ich liebe dich. Ehre Mich, indem du dich nach Mir sehnst und Mich liebst. In solchen Situationen sagen die meisten von euch, es sei Zufall, und vergessen Mich! Es gibt kein Wort »Zufall« in Meinem Wortschatz! Ich helfe euch, Schöpfung!

11.7.1987

Bereue!

Ich danke Dir, mein Gott, daß Du über mich wachst. Ich habe Reue und Leid erweckt.

Geliebte, alles ist verziehen, denn so ist Meine Barmherzigkeit. Ich werde dich lehren, zuerst zu schauen, bevor du den nächsten Schritt machst. Sei wachsam, bevorzuge Mich über alles. Blume, wende dein Gesicht nicht von Meinem Licht ab, schau Mich an, stell dich Mir gegenüber, blühe auf!

Ich bin schwach, ich finde es manchmal schwer, Dein Kreuz zu tragen.

Meine Ruhestätte, vereine dich mit Mir, wir wollen eins sein, zusammen, zusammen werden wir Meine Kirche wiederherstellen.

12.7.1987

Vassula, Ich freue Mich, wenn du begreifst.

Manchmal begreife ich ganz gut, daß ich wirklich mit Gott bin und daß Er sich auf diese Weise mir mitteilt, dann hüpft mein Herz vor Freude! Das geschieht wellenartig. Meistens verstehe ich, jedoch nicht wirklich vollständig.

Weißt Du das, Herr?

Ich weiß, Ich weiß es sehr gut. Vassula, erinnerst du dich an Juan? Wir werden ihn mit Mir verbinden.

Mein Gott!

Ich bin es.

Du denkst viel an Juan!

Er ist Meine geliebte Seele. Ich liebe ihn. Ich will ihn neben Mir haben. Ich will ihn führen und aus ihm einen großen Diener machen. O Vassula! Welch große Dinge kann er für Mich vollbringen!

Aber, Herr, das ist unmöglich! Erstens glaubt er nicht an Dich. Sodann hat er andere Beschäftigungen in seinem Leben!

Kind, begreifst du, wer dich führt?

Ja, mein Gott ...

Ich bin das Alpha und das Omega, Schöpfer aller Dinge. Begreifst du, daß er Mich seit Jahren sucht?

Ach ja? Ich dachte, er glaube nicht.

Er hat immer geglaubt, aber er ist irregeführt worden. Ich liebe ihn und werde ihn dazu bringen, daß er Mich wieder findet. Ich bin Liebe und er wird zur Liebe kommen. Ich werde ihn mit Meiner Liebe erfüllen. Alle Meine Segnungen werden ihn zurückführen. Geliebte, jetzt mußt du dich erholen.

Herr, willst Du immer noch, daß ich kniend schreibe?

Ich will es, ehre Meine Gegenwart.

Ja, Herr.

13.7.1987

Vassula, um Meine Botin zu sein, mußt du Mich lieben, wie Ich es dich gelehrt habe. Lebend, endlich lebend! Ich habe dich auferweckt von den Toten!

Und die anderen?

Geschöpf, die anderen müssen noch auferweckt werden. Der Tau Meiner Liebe wird über sie kommen. Mein Licht wird sie bedecken und sie werden wieder leben. Schöpfung, Ich werde euch wiederbeleben! Ich habe dich nicht für deinen Ruhm wiederbelebt, sondern für Meine Herrlichkeit.

214

Ja, Herr.

Mein kleines Kind, nenne Mich »Abba«, ja, sei Mir nahe. Ich werde dich nie verlassen.

18.7.1987

Seit meiner Ankunft in der Schweiz fühle ich mich nicht in Form, um zu schreiben. Ich fühle mich nicht wohl. Zuerst wegen eines Schnupfens, gefolgt von einer Infektion im Mund und auf den Lippen. Ich habe Mühe beim Essen. Dazu kommt ein sehr heftiger Schmerz auf der Seite, der mich seit fünf Nächten am Schlafen hindert und noch andauert.

Komm, laß Mich dir sagen, daß das alles von Mir kommt. Es sind Meine Reinigungen. Meine Tochter, Ich liebe dich. Lerne, wie Ich wirke. Ich werde dich unterstützen, auch wenn du leiden mußt. Ich wache über dich und werde keinen Flecken auf deiner Seele dulden. Begreife, wie Ich wirke, aber fühle Mich. Erlaube Mir, dich zu Mir sprechen hören. Erinnere dich an Mich. Ich werde nie gestatten, daß irgend etwas Mir vorgezogen wird. Ich bin der Erste. Ich will deine Seele polieren, damit sie glänzt wie Gold. Ich werde dich jetzt daran erinnern, warum Ich dich erwählt habe. Ich habe dich erwählt wegen deines unaussprechlichen Elends und wegen deiner Schwachheit. Ich bin ein Gott des Erbarmens. Jetzt kannst du arbeiten gehen, aber du mußt Mich immer im Geiste gegenwärtig haben. Ich verliere dich nie aus den Augen. Schau auf Meine Lippen, wenn Ich zu dir spreche. Ich liebe dich. Komm, steh auf, steh vor Mir und erlaube Mir jetzt, dich zu hören.

Es ist wahr. Seit geraumer Zeit hatte ich Gott vernachlässigt. Die Tatsache, daß ich in ein anderes Land gezogen bin, hatte mich mit vielen anderen Dingen beschäftigt.

Erlaube Mir, daß Ich dich noch für eine kurze Zeit benütze.

Ja, Herr.

Empfange Meinen Segen.

Ich danke Dir, Herr.

Stockholm / 21.7.1987

Heute sind zwei Frauen gekommen und haben an meine Tür geklopft. Zeugen Jehovas, wie sie sagten. Wir hatten Schwierigkeiten mit der

Sprache. Aber sie schienen sehr entschlossen, und zweifellos griffen sie den katholischen Glauben an! Sie sagten mir, daß sie mit englischen Büchern zurückkommen wollten ...

Sie kamen wieder, als ich schrieb. Ich habe ihnen kurz diese Offenbarung gezeigt. Alle beide haben gelacht. Ich verstand das Wort »Teufel«. So ließ ich sie gewähren. Hatte Gott mir nicht gesagt, daß man sich bald über mich lustig machen würde? Hat Er mir nicht Seine Dornenkrone gegeben, damit ich den Spott fühle (Prophezeiung von Heft 11)? Ich fürchte, das ist nur der Anfang ...

Vassula, Ich bin bei dir, fürchte nichts.

22.7.1987

Vassula, siehst du all diese Seelen? Sie warten reihenweise.

Ich sah eine Gruppe von Seelen hinter Jesus.

Jesus?

Ich bin es. Ja, es waren Seelen!

Nachdem ich diese Seelen gesehen hatte, stieg sogleich ein anderes Bild in mir auf, ein Bild, das auf mehrere Jahre zurückgeht. Ich konnte 17- oder 18jährig sein. Wenn ich mich im Wohnzimmer aufhielt, geschah es oft, daß ich Seelen sah, die am Boden saßen und sich gegenseitig Stillschweigen auferlegten, um sich ruhig vor mir zu halten und einfach um mich versammelt zu sein, so, als ob sie gekommen wären, um eine Rede anzuhören. Zu jener Zeit fragte ich mich, warum ich diese »toten Personen« sehe, wie ich sie gewöhnlich nannte. Aber ich achtete nicht weiter darauf, denn sie hatten mich nie gestört und sehr schnell war ich durch andere Dinge um mich herum abgelenkt worden.

Ja, Vassula, sie warteten!

Was erwarteten sie, Herr?

Sie warteten, daß du größer wurdest.

Wußten sie?

Ja, sie wußten. Ich habe gewartet, daß du Mich liebst und daß du sühnst. Mich mit Eifer lieben, sühnt. So sind diese Seelen, die sich im Fegefeuer befanden, geheilt worden (d.h. die Feuer wurden gelöscht für sie).

Ich habe den Herrn gebeten, »Fegefeuer« statt »Hades« zu schreiben; »Hades« bedeutet nämlich Fegefeuer.

216

Sie sind dem reinigenden Feuer entrissen worden und können endlich zu Mir kommen. Vassula, weißt du, wie sehr sie leiden, solange sie im Fegefeuer sind, nämlich wegen ihrer Sehnsucht, Mich zu sehen, aber unfähig sind dazu? Wie sehr hängen sie von dir ab! Ah, Vassula, wirst du ihnen helfen?

Ja, Herr, ich möchte so gern sie endlich mit Dir sehen!

Besitze Meinen Frieden. Ich, der Herr, werde dir zeigen, wie du ihnen helfen kannst. Suche Mich immer wieder auf. Opfere dich und beklage dich nie. Ich werde dir helfen, Meine Wünsche zu erfüllen. Geliebte, liebe Mich, denn deine Liebe heilt sie.

Jesus, wirst Du es mich wissen lassen, wenn sie mit Dir sein werden?

Ja, Ich werde es tun.

Jesus, und die Zeugen Jehovas?

Laß sie dir alles geben, was sie wollen. Empfange sie mit Mir. Du wirst verstehen, warum Ich sie zu dir geschickt habe. Stütze dich auf Mich, Geliebte.

Jesus, werde ich niemandem von Deinen Leuten begegnen?

Laß Mich dir sofort sagen, daß Ich dich nehmen werde und unter die Meinen stellen werde. Meine Tochter, wenn du eine einzige Meiner Gnaden verdient hättest, hätte Ich dir gezeigt, auf welche Weise Meine Liebe führt, ohne auf Schwierigkeiten zu stoßen, und zwar mit »offenen Türen«.

Das heißt, daß Satan und seine Anhänger die Erlaubnis haben, sich bei mir einzuschleichen, ihre Schmähungen zu schreiben oder mich Falsches schreiben zu lassen. Gott hat mich gelehrt, die Teufel zu erkennen. (Satan kann niemals eine Seele in seiner Gegenwart in Frieden lassen, so verraten sie sich.)

Das heißt?

Das heißt, daß du die Gnaden, die du erhalten hast, gar nicht verdient hast, und daß Meine unendliche Güte sich über dich geneigt hat. Von nun an sehne dich mehr denn je nach Mir. Du wirst jede Gnade verdienen, indem du Mir Akte der Liebe aufopferst. Jeder Akt der Liebe wird alles, was du zerstört hattest, wiederherstellen.

Was hatte ich denn zerstört, mein Gott?

Alle guten Dinge, die Ich dir gegeben hatte, und die in Böses verwandelt wurden. Ehre Mich, Ich liebe dich.

Herr, wirst Du mir helfen, diese guten Taten zu verrichten?

Ich werde dir helfen. Erinnere dich, daß alles, was Ich dir gegeben habe, auch unentgeltlich gegeben werden soll. Ich will, daß Mein Altar rein sei.
Später hat mir Gott gezeigt, daß ich keine Seiner Gnaden verdient habe. Darum komme ich jetzt eher schüchtern zu Ihm zurück, um etwas von Ihm zu erbitten.

Herr?

Ich bin es.

Erlaube mir, in Deinem Licht zu sein.

Sei in Meinem Licht und bleibe darin.

Erlaube mir, mich auf Dich zu stützen.

»Erlauben« im Sinn von verlangen, habe ich von Ihm gelernt. Denn Er, obwohl Gott und Herrscher, bittet immer Seine Geschöpfe auf diese Weise: „Erlaube Mir, dieses oder jenes zu tun."

Ich werde es dir immer erlauben.

Erlaube mir, Deine Hand zu nehmen und bei Dir zu sein.

Komm in die Arme deines Vaters.

Erlaube mir, mit Dir zu sprechen!

Sei ganz eins mit Mir. Stell dich Mir gegenüber. Sei Mein Widerschein und laß Mich mit dir reden.

Erlaube mir, von Dir getröstet zu werden.

Mein kleines Kind, Ich werde dein Tröster sein. Komm, fühle Mich, stimm dich auf Mich ab, sei ganz eins mit Mir. Vernichte dich in Mir. Laß Mich dich ganz in Besitz nehmen und über dich herrschen, laß Mich dich in Mein Herz eintauchen. Komm näher, sei in Mir und Ich in dir. Wie sehr liebe Ich dich, Meine Tochter.

Ich habe gespürt, daß Gott zufrieden war.

Ich liebe Dich, Herr.

Ich habe gespürt, daß Seine Liebe mich ganz einhüllte.

Sei mit Mir, jetzt. Bleibe.

Ich wollte gerade aufstehen und fortgehen.

Verweigere Mir nichts, Vassula. Ich schreie stark. Meine Schreie hallen wider und lassen alle Himmel erzittern. Mein Ruf hätte gehört werden müssen von Meinen Seelen, die Mich lieben, sie haben Mich hören müssen. Sag ihnen, daß sie sich das nicht eingebildet haben. Ich bin es, der geliebte Sohn Gottes, und Ich will, daß sie sich vereinen und daß sie die Einheit, den Frieden und die Liebe verbreiten. Ich will, daß sie wie eine

*Armee der Erlösung seien, die sühnen für alles, was zerstört und entstellt
worden ist. Mein Ruf kommt aus den Tiefen Meiner verletzten Seele
hervor.*

Deine Wünsche mögen sich erfüllen.

Bleib Mir treu, gleiche dich Meinem Leib an, klammere dich an Mich.

24. 7. 1987

Ich knie vor meinem kleinen Tisch, während Jesus mir gegenüber auf dem
Sofa sitzt. Ich schaue Ihn an und warte, daß Er zu mir spricht.

*Meine Geliebte, vermehre deine Liebe zu Mir, so wirst du Seelen heilen.
Liebe Mich und befreie sie. Du hast jetzt fünf Seelen zu Mir zurückgeführt. Stell Mich zufrieden, indem du Mir Seelen schenkst. Ich will all
jene elenden Seelen retten, die vor den Toren Satans sind. Ich liebe euch
alle so sehr!*

Später.

Agapa Mé. („Liebe mich", auf griechisch.)

Jesus?

*Ich bin es. Sage zu Sirkka Lisa, sie solle Mich mehr lieben. Warum kommt
sie nicht zu Mir? Ich bin ihr Ratgeber. Ich bin derjenige, der über sie
wacht. Ich bin euer Tröster. Weiß sie, welch ein Abgrund der Liebe Mein
Herz ist? Ich liebe sie, Vassula. Ich werde auf sie warten. Ich werde fortfahren sie zu rufen: „Antworte, Seele! Antworte auf Meinen Ruf! Ruf
Mich an in deinen Gebeten. Sprich zu diesem Herzen, das dich liebt!"*

Jesus hat mir diese Botschaft für eine meiner Freundinnen gegeben.

25. 7. 1987

*Ich bin dein Himmlischer Vater, der dich liebt. Nenne niemanden
»Vater« außer Mir, der Ich dein Schöpfer bin. Lerne von Mir. Vassula,
habe Ich nicht gesagt, daß Ich immer unter euch bin? Ich bin Liebe. Führe Meine Herde zur Liebe zurück, damit ich sie retten kann. Verringere
das Heidentum, entfache die Liebe. Hilf Meinen Kindern, indem du
ihnen die gleiche Nahrung gibst, die Ich dir gegeben habe.*

*Mit Deiner Hilfe werde ich Deine Wünsche erfüllen. Sei das Licht, das mich
leitet.*

Der Gedanke, daß die Zeugen Jehovas bald kommen werden, beunruhigt mich. Was könnte ich ihnen sagen?

Schreibe.

Jesus hat mit der Hand eine Geste gemacht, die auf das Heft zeigte.

Liebe sie. Tu, was Ich von dir zu tun verlange, liebe sie. Sie sind alle Meine Kinder.

Aber ich habe Angst, daß sie mir schlechte Ratschläge geben. Sie werden mir erklären wollen, daß die Zeugen Jehovas die einzigen sind, die die Wahrheit erfaßt haben, und daß die übrige Welt, die Katholiken, die Orthodoxen, die Protestanten, die Mohammedaner, die Juden hundertprozentig im Irrtum sind! Und daß nur ihr Glaube gestattet, in den Himmel einzugehen.

Jesus schien unbeugsam.

Geliebte, liebe sie.

Einverstanden. Aber, was mache ich, wenn sie mich in Irrtum führen?

Würde Ich untätig bleiben, wenn ich sähe, daß sie dich in Irrtum führten? Nein.

Meine Tochter, fürchte nichts. Ich werde dich führen.

Ich bin glücklich, mit Dir zu sein, mein Gott ...

Warum?

Weil ich Dich liebe, weil Du mein Glück, meine Freude, mein Lächeln bist. Du bist mein glückliches Leben. Darum.

Erfülle Mich mit Freude und liebe Mich, Vassula. Grabe im Tiefsten Meines Herzens und laß Meine ganze Liebe dich vollständig verzehren in nichts anderes als in eine lebendige Flamme der Liebe! Meine Geliebte, ruh dich aus in Mir und laß Mich in dir ausruhen, sei Mein Himmel.

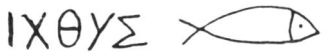

26.7.1987

Mein Gott?

Ich bin es. Mein kleines Kind, wer anderer hätte dich auf diesen besonderen Weg führen können, wenn nicht Ich, Gott, der Ich ihn für dich gewählt hat?

Anfangs zögerte ich sehr, da ich fürchtete, es komme vom Bösen.

Der Teufel wäre geflohen, als du Mich anbetetest. Er hätte sich entlarvt, wenn er die hinterlistigen Absichten gezeigt hätte, die er vorhatte. Er würde die Demut, die Liebe und die Frömmigkeit nicht dulden. Erinnere dich immer daran. Drücke Meine Hand und erhebe dich (d.h. geistigerweise Fortschritte machen). *Werde nicht müde. Bereue oft. Wie willst du jetzt vorgehen?*

Das fragst Du mich, Herr?

Ich bin es.

Es wird mir nicht gelingen, es sei denn, daß Du es tust, indem Du mir hilfst.

Gut. Wer gegen Meine Wünsche kämpft, wird gegen einen Stachel Fußtritte geben.

27. 7. 1987

Ich komme zum Herrn mit dem Gefühl, verlassen zu sein. Ich spüre, daß Gott mir nicht so nahe ist wie zuletzt.

Betrübe dich nicht, Vassula, Ich werde dir das alles erklären. Ich bin bei dir.

28. 7. 1987

Wiederum das Gefühl von Verlassensein!

Jesus, ich habe so Angst, die Leute zu täuschen, wenn ich ihnen erzähle, wie ich manchmal Deine Hand spüre, die mir den Kopf streichelt. Vielleicht täusche ich mich? Das wäre schrecklich, wenn ich mich täuschen würde!

Mach dir keine Sorge. Glaube an Meine Erlöserliebe. Ich habe dich so oft gestreichelt, jetzt wie in der Vergangenheit. Nein, Vassula, du hast dir das nicht eingebildet. Ich bin es, Jesus.

29. 7. 1987

Immer noch dasselbe Gefühl.

Jesus?

Ich bin es. Ich habe dir gesagt, daß Meine Bande ewige Bande sind. Warum ängstigst du dich so? Du irrst dich, wenn du glaubst, daß Ich weniger mit dir bin oder daß Ich dich verlassen habe oder daß Ich gegen dich erzürnt bin, nur weil Ich dich nicht so wie früher gebrauche. Nein, nein, Vassula, nicht wegen dieser Gründe. Meine Liebe hat sich nicht geändert. Ich habe dich nicht verlassen, Ich werde dich weiterhin inspirieren.

30.7.1987

Ich bin immer noch unruhig. Warum fühle ich Gott nicht wie vorher? *Jesus?*

Ich bin es. Komm, schau Mich an. Ja, schau.

Ich habe in die Augen Gottes geschaut und war gerührt.

Habe Ich dich nicht erhoben und in Mein Herz gestellt, ohne Rechnung zu tragen mit dem, was du bist? Vassula, Meine Vassula, werde Ich dich je verlassen?

Jesus hat das mit einer Zartheit gesagt, wie nur Gott es tun kann.

Denk doch nach. Ich bin Liebe, und bis Ich komme, um dich zu befreien, werde ich Meine Liebe dir einflößen. Ela thipia Mou imé o Christos. („Komm zu Mir, Ich bin Christus", auf griechisch.)

Jesus versuchte mich zu beruhigen, und ich fühlte mich ein wenig besser.

31.7.1987

Vassula, komm. Ich will dich über deine unbegründete Angst aufklären. Ich will dich im Innern belehren. Faß das nicht als ein Aufgeben Meinerseits auf. Schreibe. Ich gebe dir Meine Gnade, damit du einen höheren Grad von Betrachtung erreichst. Gleichzeitig reinige Ich deine Seele, damit sie dieses höhere Ziel erreiche. Ich versichere dir, Meine Geliebte, daß Ich mit dir bin und nie weit weg von dir. Ich sporne deine Liebe zu Mir an und stärke dich. Das alles wird eine tiefere Andacht und eine vollkommenere Liebe zu Mir bewirken.

Vassula, Ich wünsche, daß du diese höhere Stufe von Betrachtung erreichst. Du mußt wachsen. Geliebte, entferne aus deinem Geist jeden Schatten von Zweifel, Schatten, die dich beängstigen. Ich will, daß du

Fortschritte machst. Ich will, daß deine Seele die Vollkommenheit und die Reinheit erreicht. Ich will deine Seele in diesem höheren und zarteren Licht fortschreiten lassen. Deine auf diese Weise gereinigte Seele wird fähig sein, Mir Tugenden anzubieten, die in Vollkommenheit und Reinheit eingehüllt sind.

Von der Betrachtung wirst du zu einem höheren Grad der Kontemplation gelangen. Diese Trockenheit und dieses Gefühl von Verlassenheit, die dich glauben lassen, daß »alles verloren sei«, kommen daher, weil Ich dir einen Teil Meines Lichtes entziehe. Hab jedoch keine Angst. Sei glücklich, den Unterschied spüren zu können. Indem Ich einen Teil Meines Lichtes dir entziehe, stärke Ich gleichzeitig in dir den Wunsch, Mich zu suchen, und so werde Ich deinem Geist ein zarteres Licht mitteilen. Trotzdem ist nie alles Licht vollständig entzogen, weil Ich dir immer ein wenig Licht lasse, damit du es sehen und ihm folgen kannst und es dich stützt, damit du nicht strauchelst. Ich gebe dir diese Kraft, damit du fortfährst, Mich mit immer mehr Eifer zu suchen. Suche Meine Wünsche in Mir, Vassula. Ich werde dich nie verlassen. Ich bin dein Himmlischer Vater, der dich wachsen und erblühen lassen will. Das sind Meine Wege. Fürchte dich nicht, aber sei wachsam, schlafe nie ein, suche ohne Unterlaß. Du wirst von Mir lernen, Ich bin dein Lehrmeister. Liebe Mich, Vassula. Lächle Mir zu, wenn du Mich siehst. Nimm Meine Hand, wenn Ich sie dir reiche. Besitze Meinen Frieden. Vertrau Mir. Komm, Ich liebe dich.

O Vater, ich danke Dir, daß Du mich beruhigst und mir das erklärst. Ich danke Dir für all Deine Lehren. Ich liebe Dich!

Schweiz / 4. 8. 1987

Meine Rückkehr in die Schweiz. Ich habe fast Angst wegen dem, was mir passiert, wie ich glaube. Ist das der Scharfsinn, von dem Gott mir letzte Woche gesprochen hat?

Mein Gott?

Ich bin es, Geliebte.

Verstehe ich Dich gut, mein Herr?

Ja! Die Liebe wird aus dir einen Spiegel machen, der die Todesängste all jener, die leiden, widerspiegelt. Du wirst ihren Todeskampf und ihre Leiden fühlen, wie wenn sie die deinen wären. Wenn du von irgendeinem Leiden hörst oder es siehst, oder wenn jemand sich in einer großen

Bedrängnis befindet, werde Ich, der Herr, dir diese Gnade anbieten, daß
du diese Leiden ebenso stark empfindest wie derjenige, der sie trägt. Du
wirst auf diese Weise voll und ganz in ihre Wunden eindringen können,
um einen klaren Begriff von ihren Gefühlen zu erhalten. Vassula, durch
diesen Scharfsinn, den Ich dir gebe, wirst du jenen, die leiden, gewaltig
helfen können. Leide, wenn sie leiden. Wenn du sie verleugnest, werde Ich
dich unaufhörlich daran erinnern. Du wirst ihre Leiden teilen.

O mein Gott, wird mein Organismus all das ertragen können? Nicht um mei-
nen Geist habe ich Angst, aber mein Fleisch ist schwach ...

Denk daran: Ich werde deiner Seele und auch deinem Fleisch genügend
Kraft geben bis ans Ende. Glaube Mir, das ist eine Gnade, Mein kleines
Kind. Liebe Meine Kinder ebensosehr, wie Ich sie liebe. Sei Mein Wider-
schein. Stimm dich ab auf Mich und auf sie. Ich liebe dich, und durch
diese erhabene Liebe gebe Ich dir diese Gnade. Werde nicht müde,
komm, Ich werde dir Meine Liebe mitteilen, indem Ich dir Meine Nägel
gebe. Fühle alle Leiden. Meine Tochter, wirst du das alles für Mich tun?

Ja, mein Gott ... wenn es so Dein Wille ist.

Komm, die Liebe wird dich führen.

Ich hatte etwas geahnt, und zwar aus folgendem Grund: Vor drei Tagen
zeigte man im Fernsehen zwei Kinder, die gestorben sind, gefangen unter
der Erde. Ich habe mit viel Leid an sie und an ihre Eltern gedacht. Ich habe
für diese Eltern gebetet. Einen Tag später habe ich bei den Nachrichten im
Fernsehen die Verwüstungen und die Schäden gesehen, die ein Orkan verursacht hat, als er über Kanada tobte. Die Leute waren erschrocken. Am
Abend habe ich für diese Leute gebetet, und ich empfand Mitleid, aber
nicht so, wie wenn ich in ihrer Haut gesteckt hätte. Plötzlich hat Gott Seinen durchdringenden Strahl auf mich geworfen. Ich spürte, wie er meine
Brust durchbohrte, mich durchdrang und durch den Rücken herausging.
Dieser Strahl brannte mich und verursachte mir Angst, so daß ich einen
sehr starken Durst empfand, ich fühlte mich wie in Flammen. Alsdann
schlief ich ein.

In meinem Schlaf hat Gott mir ein lebhaftes Bild gegeben von dem, was
ich empfinden sollte diesen Katastrophen gegenüber. So habe ich meinen
eigenen Sohn gesehen, der unter der Erde starb. Ich bin erwacht wegen der
Angst, die ich empfunden habe. In dieser Angst hat Gott von mir verlangt,
für diese Eltern zu beten, die ihren Sohn verloren haben. Ich habe mit
Ergriffenheit gebetet, wie wenn diese Kinder meine eigenen wären. Er ließ

es nachher zu, daß ich wieder einschlief, um mir zu zeigen, was es heißt, einem Orkan ausgesetzt zu sein. Ich habe schreckliche Momente erlebt und erwartete den Tod. Gott hat mich wiederum geweckt und Er sagte zu mir, ich solle für jene beten, die eben dies erlebt haben. Ich habe mit Eifer gebetet, während ich im Geiste dieses erschreckende Bild vor mir hatte.

5.8.1987

Jesus?

Egho imé. („Ich bin es", auf griechisch.)

Ich danke dir, daß Du mir diese Gnade gegeben hast. Obschon ich weiß, daß sie auch bestimmt ist, andere damit zu nähren, gehört sie mir.

Wir werden während endloser Stunden zusammen sein, du und Ich. Vassula, habe Ich dir nicht gesagt, daß die Gelehrten das, was vom Geist kommt, nicht verstehen werden? Die Philosophie kann nicht mit der Geistigkeit verglichen werden. Nie! Das ist eine der hauptsächlichsten Gründe, warum all jene, die an der Macht sind und sich gelehrt wähnen, dich auslachen, dich verachten, dich entmutigen, dich gründlich untersuchen werden. Sei darum bereit, Geliebte, für die Wölfe, die dich verfolgen werden. Hab keine Angst, Ich werde bei dir sein.

Ich habe geseufzt.

Vassula, alles ist nur vorübergehender Schatten, entmutige dich nicht, Ich werde bei dir sein.

Dann erinnerte ich mich, wie unfähig ich mich fühlte, in der »Verbannung« zu leben, und wie ich das verabscheute.

Was ich in meinem früheren Leben unterhaltend fand, ist mir jetzt zum Leid geworden. Ich kann an diesen Dingen keine Freude mehr finden, ich ertrage sie nicht mehr ... ich fühle mich nicht mehr in meinem Element.

Ich weiß, stütze dich auf Mich.

Ich war der Verzweiflung nahe.

Vassula, Vassula, nein, du kannst nicht mehr wie früher Freude finden an diesen weltlichen Angelegenheiten, denn das ist Mein Wille. Ich will nicht, daß du diese Dinge duldest.

Jesus?

Ich bin es.

Schau auf Meine Hände, sie bluten. Erneuere Meine Kirchen. Hör Mir zu:
Siehst du all das Blut, das Meinen Armen entlangfließt? Ich leide.

Herr, warum verursachst Du mir so viel Qual und warum zeigst Du mir das alles?

Die Vision war so lebendig, daß ich glaubte, Sein Blut werde auf mein Heft herabfließen.

Um dir zu verstehen zu geben, wie sehr Ich leide, Geliebte, wenn Ich so viele Seelen unter dem Einfluß Satans sehe. Laß Mich dich gebrauchen bis zum Ende.

Ich liebe Dich.

Sei mit Mir, »wir«. Ich werde dich immer daran erinnern: »wir«.

Als Er „wir" sagte, bewegte Er Seinen Zeigefinger wie ein Lehrer.

Liebe Mich.

7. 8. 1987

Jesus?

Ich bin es.

Jesus zeigte mir Bilder Seiner Geißelung. Die rechte Seite Seines Antlitzes war geschwollen. Von neuem fühlte ich mich wie zerrissen.

Vassula, Ich liebe euch alle so sehr!

Schnell! Schnell!

Ich wollte damit sagen: „Beeile Dich, Deinen Willen zu erfüllen, damit Du nicht mehr leidest!" Ich konnte es nicht mehr aushalten, Ihn so leiden zu sehen ...

Durch Meine Macht werde Ich sogar die Toten auferwecken. Vassula, Ich will dir Meine Botschaft der letzten Woche deutlicher erklären. Weißt du, daß Ich dir nur ein wenig von Meinem Licht entziehe? Spürst du es?

Ja.

Nun, wenn Ich dir gerade ein wenig von Meinem Licht entziehe, nähre Ich deinen Verstand. Auf diese Weise leite Ich dich an, dich mehr nach Mir zu sehnen. Ich erhebe dich zur Kontemplation, deren Seele Ich bin. So bringe Ich sie zum Blühen und mache sie auch fruchtbar.

Wie nährtest Du mich denn, bevor Du mich so weit brachtest?

Ich gab dir Hilfsquellen außerhalb deines Verstandes. Ich will von nun an, daß du in eine höhere Stufe der Betrachtung aufsteigst. Vassula, du mußt Fortschritte machen. Durch diese kleine Änderung bin Ich nur im Begriff, dir eine reichhaltigere Nahrung zu geben. Ich will, daß dir das klar ist. Ich habe dir gesagt, daß Ich dich von allen äußeren Sinnen loslösen werde, nicht wahr?

Das stimmt, ja, das hast Du gesagt.

Jetzt, wo du nicht mehr an diese Sinne gebunden bist, werde Ich deine geistigen Fähigkeiten lebendig gestalten.

Den »inneren Sinn«, von dem Du mir gesprochen hattest?

Ja, deinen »inneren Sinn«. Indem Ich dir diese geistige Gnade gebe, kannst du anderen Leuten helfen.

Wie, anderen Leuten, Herr?

Du wirst imstande sein, Meine Kinder zu verstehen, und auch fähig sein, ihnen zu helfen. Sieh diese kleine Zurückhaltung Meines Lichtes nicht wie ein Verlassen an, nein, Vassula, Ich bin dabei, deine Seele in der Heiligkeit Fortschritte machen zu lassen.

Herr, ich hatte Angst, wie ein Schiff ohne Ruder zu werden und zurückgestoßen zu werden, indem ich alles verliere, was Du mich vorher gelehrt hattest! Ich geriet in Panik!

Vassula, Ich muß dich reinigen. Begreife, daß eine Seele, die gereinigt wird, schreckliche Furcht und Angstzustände durchstehen muß. Dies aber sage Ich dir: Deine Sehnsucht nach Mir bereitet dich vor, zu dieser Gnade erhoben zu werden.

Welches ist diese Gnade?

Es ist die Kontemplation. Ich will, daß deine Liebe zur Vollkommenheit gelangt, indem du dich Mir ganz schenkst.

Herr, meine Seele verlangt sehnlichst nach Dir.

Mein kleines Kind, verlange nicht auch Ich sehnlichst nach dir? Wir!

Er erinnerte mich daran, beim Gespräch dieses Wort (»wir«) zu gebrauchen.

Komm, wir wollen gehen.

Jetzt begreife ich, daß Jesus mich gleichzeitig zwei Dinge lehrt: die Kontemplation und den »inneren Sinn«. Er hat mich sachte auf diese Änderung vorbereitet. Als Er sein Licht ein wenig zurückzog, verfiel ich in Panik. Meine Seele geriet aus der Fassung. Schuldig und voller Sünden, wie ich bin, suchte ich, welches wohl diese Sünden waren, die Ihn so erzürnt hatten, daß Er mir sachte Sein Licht entzog. Hatte ich Ihn beleidigt? Oder war es Satan, der mir das antat? Ich dachte, daß ich in beiden Fällen mich um so fester an Meinen Heiland klammern müßte: Mehr beten als gewöhnlich, mehr betrachten und alle anderen Gnaden, die mir gegeben worden waren, aufs beste ausnützen. Seine Gegenwart fühlen, mehr denn je mit Ihm reden, nie Seine Gegenwart vergessen. Arbeiten, wie ich es noch nie getan hatte. Wenn Satan der Urheber war, wäre er bestimmt vor Wut geflohen. Ich hätte ihn in seiner Wut gelassen und er mich in Ruhe gelassen. Auf der anderen Seite, wenn es von Gott kam, als eine Prüfung, hätte ich sie erfolgreich bestehen wollen wie eine gute Schülerin. Ich will Ihn doch lächeln sehen ...

Einige Tage waren unverändert verstrichen. Meine Kräfte gaben nach. Da begann ich in Panik zu geraten. Ich versuchte, Ihm mit mehr Liebe und Andacht zu dienen. Ich begriff nicht, warum mir alles nicht half. Ich glaubte es wenigstens. Dann hat mein Heiland und Lehrer mich aufgeklärt über das, was geschah. Wenn ich glaubte, Er hätte mich verlassen, reinigte Er mich und hob mich auf eine höhere Stufe der Betrachtung. Er erweiterte meinen Verstand, teilte ihm ein subtiles Licht und inneren Sinn mit.

Es ist eindeutig: Sogar wenn ich meine eigenen Gefühle erkläre, ist es Gott, der sie mir diktiert. Das Wort »subtil« wurde mir sehr stark gesagt, als ich zögerte, wie ich dieses Licht beschreiben sollte. Ich habe im Wörterbuch nachgeschaut, um die Bedeutung zu finden, denn ich wußte sie nicht ...

10.8.1987

Letzte Nacht wurde ich vom Herrn geweckt. Er hat wiederum von mir verlangt, daß ich mich Ihm ganz hingebe. Ich betete mit folgenden Worten zu Ihm:

»Ich danke Dir, Vater, mich angeschaut zu haben, mich, die ich nichts anderes bin, als die Verkörperung der Sünden dieser Welt. Ich danke Dir für Deine Barmherzigkeit, als ich Dich verleugnete. Ich danke Dir für die Liebe, die Du für mich hast. Trotz meiner Schuldhaftigkeit hast Du mich in Dein Herz erhoben. Erlaube mir, daß ich bei Dir bleibe, zu Deinen Füßen. Wenn Du mir das erlaubst, ist das mehr, als was ich verdiene. Indem Du mir gestattest, mit Dir zu reden, ist das mehr, als ich verdiene, ich verdiene nichts. Vater, ich überlasse mich Dir vollständig. Ich weiß, daß ich nichts bin, aber dieses Nichts gehört Dir. Wenn Du mich in eine Ecke werfen willst, tu es. Wenn Du mich mit Füßen treten willst, tu es. Wenn Du mir nichts als Leiden schicken willst, tu es. Wenn Du mich in Deinem Herzen *willst, dann ist es mehr, als ich je verdient habe. Was immer Du willst, Herr, ich möchte nichts anderes, als Dir danken und Dich lieben. Gebrauche mich, wenn Du es wünschest, bis auf meine letzten Kräfte, um anderen zu helfen. Mach mich würdig, damit Du mich ganz gebrauchen kannst. Ich gehöre Dir, und nur Dir, so elend ich auch bin, aber ich liebe Dich.«*

Später, am Tag.

Jesus?

Ich bin es. Vassula, es war im August, als Ich dich zu unterrichten begann. Es ist wie eine Art Geburtstagsfeier unter uns, freue dich! Geliebte, es ist unser Fest. Laß Mich einen Kranz der Liebe auf dich legen. Komm, feiere mit Mir. Ich lasse dich jetzt gehen (Ich mußte mich beeilen, um zu einer Verabredung zu kommen.), **aber komm zu Mir, um Meinen August zu feiern.**

Nachdem Jesus mir das gesagt hatte, beeilte ich mich, in meinen alten Heften nach dem Datum zu suchen. Ich erbebte vor Glück, als ich las, was Daniel, mein Schutzengel, mir gesagt hatte: „Ich, Dan, segne dich im Namen Gottes, unseres Vaters, Seines geliebten Sohnes Jesus Christus und des Heiligen Geistes. Gesegnet seien, die reinen Herzens sind, denn sie werden Gott schauen." Darauf hatte Dan mich zu Gott geführt, indem er mit folgenden Worten schloß: „Ehre sei Gott. Ich habe alles getan, was Gott von mir wollte." Seit diesem Moment lehrt mich Gott.

Ich feierte mit Gott! Ich flog vor Glück, als ich mich beeilte, um das meiner Kusine zu sagen! Sie war ebenfalls glücklich darüber. Aber sie warnte mich, daß andere vielleicht nicht verstehen würden und nicht glauben würden, daß ich in Gott verliebt bin, weil ich nicht »richtig« liebe. Was sie mir gesagt hat, hat mich sehr traurig gemacht, und ich bekam Angst. Und wenn sie die Wahrheit gesagt hätte?

Jesus?

Meine Tochter.

Ich habe Angst davor.

Ich weiß, Vassula, wende dich an Meine Mutter. Ich möchte, daß du begreifst, wie sehr deine Angst unbegründet ist. Ich habe dich gelehrt, Mich zu lieben, Mich, deinen Gott, so wie Ich will, daß jeder Mich liebt. Ich feiere das Ende eines Jahres, Geliebte, willst du Meine Tochter des Friedens und der Liebe sein? Ich habe viele Leben gesehen, die vom Haß erfaßt worden sind. Ich habe Mein Reich mit einem ewigen Frieden

erfüllt. Sollte Meine Schöpfung sich nicht Mühe geben, um den Frieden zu haben? Mein kleines Kind, trotz deines Elendes, deiner Verleugnungen und deiner Mißerfolge bin Ich dir nahegekommen. Ich bin ein Gott der Liebe. Ich schaue Meine Kinder mit liebevollen Augen an. Jeder soll Mich erkennen, bis Ich komme, um sie zu befreien. Jede Seele soll sich Mir ohne Furcht nähern. Sie sollen lernen, daß Ich sie mit offenen Armen empfangen werde, denn Ich bin ein liebender Vater. Sie sollen wissen, daß Ich die Steine in treue Diener verwandeln kann. Sie sollen wissen, daß Ich ihre Seele befreie und ihnen die wahre Freiheit geben kann. Vassula, Ich werde dich nicht verlassen wegen deiner Angst. Laß dich von Meiner Mutter belehren, wie unrecht du hast. Ich werde immer bei dir sein. Wir?

Ja, Herr.

Ich habe verstanden, daß die heilige Jungfrau Maria mich für einige Zeit unterrichten und mir beweisen wird, daß meine Angst unbegründet ist. Zwischen dem 10. und 14. August fühlte ich die heilige Jungfrau Maria neben mir. Sie sprach mit mir, und ich begann zu begreifen, daß meine Gefühle für sie ebenso stark waren wie für Jesus.

14.8.1987

Mein Gott?

Ich bin es. Nimm Meine Worte von heute: „Wer Mich sucht, wird Mich finden." Geliebte, liebe Mich immer mit Eifer und verherrliche Mich. Wiederhole Meine Worte für Oerjän: „Glaube ... glaube ... glaube ... Komm, Geliebter. Ich habe dich wirklich gerufen, Bruder! Wie Ich dich liebe! Ich, dein Erlöser, biete dir Meine Liebe an. Ich bin Friede. Komm, komm zu Mir und dringe tief in Meine Wunde ein, fühle Mein Herz, fühle Mich ... Lebe in Meinen Wunden, Bruder." Geliebte Blume, bleibe.

Ich war im Begriff fortzugehen.

Meine Mutter kommt.

Maria: Ach, Vassula, laß mich dir sagen, was geschehen wird. Du wirst meinen Sohn verherrlichen. Meine Tochter, nähre dich von Ihm.

O heilige Mutter, du hast mich immer ermuntert! Seit dem Anfang bist du meine Stütze gewesen.

Ich empfinde eine große Liebe für sie. Sie ist so mütterlich!

Maria: Trage immer meine Medaille (die Wunderbare Medaille, die mir Pater James geschenkt hat), *denn ich habe sie auf dir gesegnet. Unser Friede sei mit dir!*

In diesem Moment kniete ich nieder, in Verehrung für sie.

16. 8. 1987

Mein Gott, ich liebe Dich!

Vassula, du bist in Meinen Augen. Hör zu und schreibe: Der Abel von heute wird leben. Sei nur von deinem Gott abhängig. Abel wird leben! Abel wird diesmal leben. Meine Geliebte, die Welt, in ihrer Schwachheit, ist voller Kains. Könnte Ich beständig dulden, Meine Abels von den Kains verurteilt und getötet zu sehen?

Wieviele müssen noch vor Meinen Augen sterben? Nein, Vassula, Ich trage Wunden, die wieder offen sind. Diese Generation ist eine Rasse von Kain. Meine Geliebte, jedesmal, wenn ein Abel sich erhob, hat ein Kain sein Verbrechen wiederholt, ohne im geringsten zu zögern. Siehst du, Mein kleines Kind?

Gott schien traurig zu sein, als Er mir das sagte, und das hat auch mich traurig gestimmt.

Warum das, mein Gott?

Weil die Abels Meine Saat sind, sie kommen von Mir.

Und die Kains?

Die Kains? Sie gehören der Welt an. Sie kommen von den Menschen. Diesmal werde Ich Mich zwischen Kain und Meinen Abel stellen. Ich werde alles, was von Kain kommt, austilgen. Ich werde die Waffe aus der Hand Kains wegnehmen und ihn bloßstellen. Er wird genötigt sein, Abel gegenüber ohne Waffe zu sein. Vassula, Ich werde dir das deutlicher erklären. Schau Mir ins Antlitz, beobachte Meine Lippen und du wirst verstehen. Willst du immer für Mich arbeiten?

Ja, mein Gott, wenn Du es mir erlaubst, Jesus?

Ich bin Jesus Christus, vielgeliebter Sohn Gottes und Heiland.

Wir?

Ja, Herr.

Ich bin glücklich, und Er lächelt!

So komm denn, wir werden miteinander arbeiten.

20. 8. 1987

Mein Gott?

Ich bin es.

Ich glaube, daß ich Deine vorhergehende Botschaft verstanden habe.

Du hast nur einen Teil davon verstanden, Mein Kind.

Außer dem, was ich begriffen habe, bedeutet Kain etwa auch die Technologie, die von den Menschen kommt, materielle Objekte?

Ja, Kain versinnbildlicht alles, was der Welt gehört. Schreibe: Kain stellt alles dar, was Meine Augen verabscheuen. In der heutigen Zeit stellt er die Ungerechtigkeit, den Materialismus, die Revolutionen, den Haß, den Atheismus, die Unterdrücker jener, die Ich gesegnet habe, die Sittenlosigkeit dar. Kain hat Abel, den Ich nach Meinem Bild gestaltet habe, nie begriffen. Abel kommt von Mir, er ist Meine Saat.

Das will heißen, daß er vom Geist kommt und daß er Dich liebt?

Genau das, und wegen dieses Unterschieds ist Abel von Kain gehaßt worden. Ich habe gesagt, daß die Gelehrten das, was vom Geist kommt, nicht verstehen werden.

Etwas beunruhigt mich.

Ich wollte es nicht schreiben.

Ich weiß. Alles, was Ich will, ist, seine Weisheit erschüttern. Was ist wichtiger für dich: ihn unter schweren Mühlsteinen zu belassen oder weiterhin »beunruhigt« sein? Selbst wenn Ich dir Leiden verursachte, was würdest du für ihn wählen?

Ich würde ohne die geringste Zögerung mich entscheiden, für ihn zu leiden.

Ich habe dich aus deinem Schlaf gerissen, könnte Ich nicht dasselbe auch für andere tun?

Sicher, mein Gott.

Dann laß Mich frei, durch dich zu wirken. Von Meiner Hand Geheiligte, Mein Geist ist auf dir. Braut, Geliebte Meiner Seele, Ich habe dir unentgeltlich gegeben, gib ebenfalls unentgeltlich. Komm, werde zu nichts in Mir, werde eins mit Mir! Ich liebe dich, Meine Vassula.

232

Jesus, ich bin sprachlos, denn alles, was ich sagen könnte, würde nicht genügen.
Ich werde alles tun, was Du willst.
So komm denn, Ich werde Meine Schöpfung wiederherstellen. Wir?
Ja!

23. 8. 1987

Gestern ist etwas Eigenartiges passiert: Alle Geräte in der Wohnung waren in Betrieb, denn es war auch mein Wäschetag. Da herrliches Wetter war, sind mein Mann und mein Sohn ins Schwimmbad gegangen. Sie hatten versprochen, um 15 Uhr zum Essen zurück zu sein. Ich war allein zu Hause. Um 13.45 Uhr hatte ich die elektrische Platte angeschaltet, um Butter zu schmelzen. Plötzlich blieben alle Maschinen still. Die Sicherungen waren durchgebrannt, auch die Hauptsicherung. Ich hatte keine auf Reserve. Unser Auto hatte einen Defekt, die Läden waren geschlossen. Ich wußte nicht, wo ich mir neue Sicherungen verschaffen konnte. Ich fühlte mich in die Enge getrieben ... Mein Mann und mein Sohn würden bald zurückkommen und das Essen nicht bereit finden.
Ich war so entmutigt, daß ich mich auf mein Bett hinlegte. Fünf Minuten später hörte ich einen Lärm, der von der Küche her kam. Ich stand auf, um zu sehen, was es war. Zu meiner großen Überraschung begann die Butter zu schmelzen auf der Platte, die unterdessen wieder heiß geworden war. Ich verstand gar nichts mehr, denn der Strom funktionierte nirgends in der Wohnung. Wie konnte also der Kochherd funktionieren? Ich stellte mir allerlei Fragen. Nichtsdestotrotz war es mir von Nutzen, da ich ja besorgt war, das Essen zuzubereiten. Als mein Mann zurückkam, verstand auch er nichts an der ganzen Sache: Obwohl wir nämlich alle schlechten Sicherungen herausgenommen hatten, der Stromzähler daraufhin funktionierte, stand er doch um 15 Uhr wieder still. Folglich war auch mein Kochherd außer Betrieb, aber mein Essen war bereit. Mein Mann hat abermals die Sicherungen gewechselt, von da an hat alles wieder normal funktioniert.
August ist unser Fest! Wir wollen nicht, daß der Tag unseres Festes verpfuscht werde.
Du willst sagen, daß ...
Jesus hat mich den Satz nicht beenden lassen.
Ich will dich nicht traurig sehen am Tag unseres Festes. Vassula, du bist Meine Blume. Du weißt, was »Blume« bedeutet? Die Blume versinnbildet

die Gebrechlichkeit. Aus diesem Grund gebe Ich sehr acht auf dich,
damit deine Gebrechlichkeit dir nicht schade.

Danke, mein Gott, ich weiß, daß Du mir sehr nahe bist und ich Dich liebe.

Ich geniere mich, denn ich verdiene nichts. Gestern abend, als ich mich im
Zimmer meines Sohnes befand, habe ich den Duft von Weihrauch wahrgenommen. Ich war glücklich darüber!

Mein Gott?

Ich bin es. Ich liebe dich, zweifle nicht daran! Du bist nicht allein. Ich,
Jesus, bin mit dir, Blume. Ich habe dich immer bis zur Torheit geliebt.
Verbreite deinen Wohlgeruch, wie Ich es dich gelehrt habe. Verschönere
Meinen Garten, sei Meine Wonne. Komm. Du siehst, Vassula, du beginnst
zu verstehen. Jetzt habe Ich dich mit Recht allen entzogen, Geliebte. Du
gabst dir nicht genau Rechenschaft, was Ich im Begriffe war, mit dir zu
tun.

Hast du Meinen Arm nicht auf deinen Schultern gespürt, als Ich dich von
jedem entfernte, indem Ich die Wünsche Meines Herzens in dein Ohr flü-
sterte? Jetzt, wo du deinen Kopf erhebst, begreifst du plötzlich, daß du nie-
manden mehr um dich herum hast, als Mich. Wie sehr liebe Ich dich! Ich
bin so glücklich! Paß dich Mir an, um allein mit Mir zu sein, ja, wir beide
ganz allein, Ich und du, du und Ich. Ach, Vassula! Steh jetzt vor Mir, dei-
nem Gott gegenüber. Von jetzt an gibt es nur Mich, und Mich allein. Ich
bin dein Gott. Ich bin dein heiliger Gefährte. Ich bin dein Erlöser. Ich
bin dein Bräutigam. Ich werde für all deine Bedürfnisse Sorge tragen,
Geliebte. Brauchst du Hilfe? Ich werde herbeieilen. Brauchst du Mut? Ich
werde dir Meine Kraft geben. Brauchst du Trost? Fall in Meine Arme.
Bleibe in Meinem Herzen. Lobe Mich, Vassula, lobe Mich, Meine Tochter!
Komm und verherrliche Mich! Verherrliche Mich, wirf dich zu Meinen
Füßen, bete Mich an! Sei Mein! Ach, Vassula, liebe Mich, wie Ich dich
liebe! Umgib Mich mit deinem Wohlgeruch, wie Ich dich mit Meinem
umhülle. Ich stehe vor dir, Ich, dein Heiland! Bete Mich an. Fühle Mein
Herz in diesem Moment und in dieser Stunde. Die Nacht ist nahe, willst
du nicht deine Lampe mit Mir füllen? Warte nie, bis der Tag vorbei ist.
Laß Mich deine Lampe füllen, komm und schöpfe in Mir. Gestatte Mir,
allein mit dir zu sein. Lebe für Mich. Ich labe Mich an unserer Einsam-
keit! Ich liebe dich eifersüchtig! Meine Liebe ist so groß, daß Ich dich
allen entzogen habe. Willst du nicht versuchen, Mich zu verstehen? Ich
habe geseufzt, um allein mit dir zu sein. Die Liebe ist entbrannt, und

wenn die Liebe entbrannt ist, erlaube Ich mir zu tun, was Mir gefällt. Jetzt gehörst du Mir, und Ich wünsche, daß du Mich mit Liebeskränzen krönst. Entzücke Mich mit deinen kindlichen Worten. Laß Mich frei, dich zu lieben, wie es Mir jetzt gefällt. Hast nicht du selber Mir die Freiheit gegeben, dich zu gebrauchen, wie Ich es wünsche?

Ja, Herr.

Ich werde also diese Freiheit benützen. Mein Finger wird einfach dein Herz berühren, und wenn Er es tut, wirst du Mir nichts verweigern. Es ist schließlich unser August. Ich werde dich immer daran erinnern, daß wir ihn feiern.

24. 8. 1987

Vassula, bereue.

Ich habe Reue erweckt.

Ich verzeihe dir deine Sünden. Jetzt will Ich, daß du Mich lobst!

Ich zögerte, um die richtigen Worte zu finden.

Vassula, sprich: „Ehre dem allmächtigen Gott." Weißt du, wer Ich bin?

Du bist das Alpha und das Omega, Schöpfer des Alls.

Du hast gut geantwortet, Mein Kind. Ich sage dir jetzt folgendes: Glücklich jene, die Meine Botschaft lesen werden und die glauben, was Ich geschrieben habe, ohne Mich gesehen zu haben, als Ich es schrieb. Glücklich jene, die Meine Botschaft hören und sie befolgen. Glücklich jene, die sich vereinigen und den Frieden und die Liebe verbreiten. — Verbreite Meine Botschaft, verbreite Meinen Frieden, er möge in allen Herzen herrschen. Zweifle nie an Meiner Liebe.

Wie willst Du, daß ich das verbreite, wie kann ich irgend etwas tun? Ich habe keine Hilfsmittel.

Warte, Vassula, und du wirst sehen. Ich werde dir helfen. Komm! Wir?

Ja, mein Gott: Wir!

* * *

Heft 15

25.8.1987

Erinnere dich, Mein Kind, an die Liebe, die Ich für dich habe! Vassula, Mein Kind, Ich habe dein kleines Kreuz, das du um den Hals trägst, gesegnet, glaube! Glaube an Meine göttlichen Werke, Vassula.

Mein Gott! Ich danke Dir. Je mehr Du mir gibst, um so mehr spüre ich, daß ich weniger verdiene.

Ich liebe dich, komm, bleibe bei Mir. Ich höre dich gern die Dinge sagen, die Ich dir gesagt habe, bezüglich Meiner Gegenwart und auch andere Dinge, die Ich dich durch Ismini (Kusine von Vassula) *gelehrt habe. Lebe für Mich und verherrliche Mich.*

Herr, manchmal spüre ich Deine Gegenwart weniger und ich sage mir: Gott, jetzt bist Du mir nicht mehr so nahe. — Warum das?

Es ist ein Irrtum zu denken, daß ich Dir nicht nahe genug bin. In diesen Augenblicken bin Ich dir ebenso nahe, wie es möglich ist. Du bist nicht allein, nie!

Plötzlich habe ich Ihn überaus deutlich erkannt. Durch gewisse Gesten hat Er mir Seine so lebendige Gegenwart bewiesen! Dies dauerte einige Minuten, es war wunderbar!

Alles ist übernatürlich.

Mit diesen Worten habe ich begriffen, daß alles übernatürlich ist. Im physischen Zustand ist es unmöglich, diese »übertragenen Handlungen« zu verstehen. Es ist nichts Physisches, es ist also auch nicht möglich, es auf physische Art zu erklären. Sie stehen im übernatürlichen Raum und nicht in unserer physischen Wirklichkeit.

Viele von euch vergessen zu leicht, daß Ich Geist bin und daß auch ihr Geist seid.

26.8.1987

Vassula, willst du immer noch Meine Botin sein?

Ja, Herr, wenn Du mich immer noch willst, trotz meiner Unfähigkeit und meiner Mißerfolge.

Mein Kind, Ich werde dir helfen, deine Aufgaben zu erfüllen, dann werde Ich dich befreien. Die Weisheit wird dich belehren. Willst du auf deine freie Zeit verzichten und dich noch mehr für Mich opfern?

Ja, ich will es gern.

Nimm Meinen Arm, Ich werde dich unterstützen. Vassula, deine Generation hat jeden Sinn für die geistigen Werte verloren. Ich werde jedoch immer bei euch sein, um euch zu helfen. Ich bin Jesus Christus, der geliebte Sohn Gottes. Ich bereite dich vor. Erlaube Mir, dich blind zu führen. Glaube Mir blindlings bis zum Ende.

Das heißt: Verlange keine Beweise dafür, glaube nur. Ihm blind gehorchen verherrlicht Ihn.

29.8.1987

Vassula, Ich habe Erkenntnisse und Einsichten über dich ausgegossen, du bist von Mir unterrichtet worden. Ich habe dir Mein Brot aus Meiner Vorratskammer gegeben. Ich habe dir Früchte Meines Gartens gegeben. Ich habe Meine Werke in dir ausgegossen, um die Welt zu erleuchten und ihr Mein Antlitz zu offenbaren. Komm, vergiß, warum Ich dich auserwählt habe. Begnüge dich mit dem, was Ich dir gebe, Meine Tochter. Ich habe dir in Fülle vom Baum des Lebens gegeben, damit du auch andere nähren kannst. Stütze dich auf Mich, sei von Mir abhängig. Würdest du Mir alles geben, was du hast?

Alles, was ich habe, gehört Dir, ich will nichts für mich allein behalten.

In der Tat, alles, was du hast, gehört Mir, aber Ich habe dir die Freiheit gegeben, zu wählen.

Was wählen, Herr?

Wählen zwischen dem Bösen und dem Guten. Ich habe jedem diese Freiheit der Wahl gegeben.

Da es das einzige ist, was ich besitze, entscheide ich mich, bei Dir zu bleiben.

Laß Mich also dich noch enger an Mich binden, laß Mich dorthin führen, wo man Mich am meisten sucht.

Ich liebe Dich, Vater. Dein Wille geschehe.

Liebe Mich, Mein Kind. Hör Mir zu, damit du zu Mir kommst. Ich werde dich von deinen Fesseln nicht befreien, bis Mein Werk vollendet ist. Ich werde Mich deiner bedienen, um Meine Wünsche schriftlich wiederzugeben. Die Liebe liebt dich, zeichne Mein Zeichen:

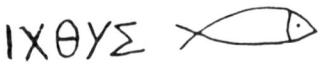

Jesus Christus, der geliebte Sohn Gottes und Heiland.

30.8.1987

Am Abend:
Jesus?
Ich bin es. Erlaubst du Mir, in dir auszuruhen?
Ja, Herr.
Meine Blume, suche Mich, verlange mit Eifer nach Mir.
Ich fühlte Ihn und hatte den Eindruck, Ihn berühren zu können.

31.8.1987

Vassula, Ich werde in der Stille der Nacht kommen. Die Stunde ist nahe, du bist nicht allein. Die Welt scheint Meine Gegenwart zu vergessen. Ich bin Gott, aber wieviele denken an Mich? Eine ganz kleine Zahl.
Ich sah eine Nacht voller Sterne, alles in Schweigen gehüllt, doch hinter diesen Sternen fühlte ich die Augen Gottes über uns.
Bleibe wach, denn Ich werde in der Stille dieser Nacht herabsteigen. Ich habe Meine Pläne vorbereitet, bevor Ich dich erschuf, kleines Kind. Ich will dich zu Mir erheben und dir etwas zeigen. Ruhe jetzt aus, Geliebte.

1.9.1987

Ich liebe die Treue. Vassula, Ich werde dir eine Vision geben und dich zu Mir emporheben. Ich will dir zeigen, wie der Himmel aussehen wird.
Der Himmel wurde mir gezeigt. Er glich irgendeiner Sternennacht, dann änderte er sich. Es sah aus wie die Farben einer Malerei, wie die Palette eines Malers, aber eine Farbe beherrschte alle anderen: die rote Farbe. Sie war dick und schwoll immer mehr an, wie Hefe, die von oben auf uns herabfließt.
Vassula, Ich will die Himmel öffnen und dir zeigen, was noch kein Auge gesehen hat. Du hast richtig erkannt, bleibe wach. Ich werde über dich wachen, hör Mir zu und schreibe:
Seit Urbeginn der Zeiten habe Ich Meine Schöpfung geliebt. Ich habe aber die Schöpfung auch erschaffen, damit man Mich liebt und Mich als

239

ihren Gott anerkennt. Seit dem Beginn der Zeiten habe Ich alles, was Meine Hände geschaffen haben, geheiligt. Ich bin ein Gott der Liebe. Ich bin der Geist der erhabenen Liebe.

Geschöpf, seit dem Beginn der Zeiten habe Ich der Menschheit Meine Liebe erwiesen, aber Ich habe auch Meine Gerechtigkeit gezeigt. Jedesmal, wenn Meine Schöpfung sich gegen Mich und Mein Gesetz auflehnte, verhärtete sich Mein Herz und war betrübt wegen ihrer Freveltaten. Ich bin gekommen, um sie daran zu erinnern, daß Ich der Geist der Liebe bin und daß auch sie Geist sind. Ich bin gekommen, um sie daran zu erinnern, daß sie nichts anderes sind auf Erden als ein vorübergehender Schatten, ein Schatten aus Staub. Meine ersten Wassertropfen, die auf sie fallen, werden sie wegspülen, ohne eine Spur zu hinterlassen. Ich habe ihnen Meinen Hauch eingeblasen, indem Ich ihnen das Leben gab. Die Welt hat nicht aufgehört, Mich zu beleidigen. Ich Meinerseits habe nicht aufgehört, sie an Meine Existenz zu erinnern und daran, wie sehr Ich sie liebe. Der Kelch der Gerechtigkeit ist voll, Schöpfung!

Meine Gerechtigkeit lastet schwer auf euch! Einigt euch und kehrt zu Mir zurück, ehrt Mich, Schöpfung! Wenn ihr das tut, werde auch Ich Meine Gerechtigkeit wieder aufheben. Mein Schrei hallt wider und erschüttert den ganzen Himmel. Meine Engel zittern vor dem, was geschehen wird. Ich bin ein Gott der Gerechtigkeit und Meine Augen sind müde, die Heuchelei, die Gottlosigkeit und Sittenlosigkeit mitanzusehen. Meine Schöpfung ist in ihrem Zerfall eine Wiederholung dessen geworden, was Sodom war. Ich werde euch durch Meine Gerechtigkeit erschüttern, wie Ich die Sodomiten erschüttert habe.

Erweckt Reue, Schöpfung, bevor Ich komme. Ich habe euch oft gewarnt, aber ihr habt Meine Belehrungen nicht angenommen. Ich habe Heilige erweckt, um euch zu warnen, aber, Meine Tochter, sie haben ihr Herz verschlossen. Meine Schöpfung zieht es vor, in der Wollust zu leben und Mich zu ignorieren. Ich habe ihnen Zeichen gegeben, um sie aufzuwecken.

Mein Gott, Deine Kinder schlafen nur. Bitte, komm, wecke sie auf. Sie schlafen nur.

Sie schlafen eine Stunde nach der anderen, ein Jahr nach dem anderen.

Aber, Herr, wen kann man tadeln, wenn sie nicht unterrichtet worden sind? Sie sind fast unschuldig, wenn sie nichts über Dich wissen.

Ich habe Diener und Lehrer auf Erden erzogen, um sie zu belehren.

Aber, Herr, Deine Diener und Deine Lehrer arbeiten, aber was können sie mehr tun, wenn die Massen widerspenstig sind? Sie sind hilflos!

Hilflos? Sie sollten Reue erwecken, sie sollten zu Mir zurückkommen und bereuen. Ich habe ihnen im Laufe der Zeiten Zeichen gegeben, aber sie haben sie zurückgewiesen mit der Behauptung, sie kämen nicht von Mir. Ich habe sie gewarnt durch schwache und elende Seelen, aber sie haben an Meinem Wort gezweifelt. Sie haben all diese Gnaden zurückgewiesen und haben Mich dadurch betrübt. O Menschen mit Herzen aus Stein! Menschen mit wenig Glauben! Wenn sie mehr Herz gehabt hätten, wäre Ich ihnen im selben Augenblick zu Hilfe gekommen. Ich habe sie aus ihrem Schlaf aufgerüttelt, aber wie oft haben sie ihre Augen geschlossen und sind in den Schlaf zurückgefallen?

Aber warum haben sie Deine Zeichen, wenn Du sie gibst, der Welt nicht bekanntgemacht?

Einige tun es, aber die meisten Meiner Priesterseelen haben durch Zweifel und Angst ihr Herz verschlossen. Viele von ihnen haben Angst. Vassula, erinnerst du dich an die Pharisäer?

Ja, Herr.

Laß Mich dir sagen, daß eine große Anzahl von Priesterseelen durch ihren Zweifel und ihre Angst den Pharisäern gleichzustellen sind, mit Blindheit geschlagen in ihrer Eitelkeit und Heuchelei. Erinnerst du dich, wie oft Ich ihnen Zeichen gegeben habe? Über hundertmal habe Ich ihnen Zeichen gegeben, und was haben sie daraus gemacht? Die Zeiten haben sich nicht geändert. Viele Meiner Priesterseelen sind genau dieselben, Kopien der Pharisäer! Ich habe ihnen Zeichen gegeben, aber sie wollen Zeichen, die so beschaffen sind, daß man sie beweisen kann, sie wollen Beweise.

Wirst Du ihnen Beweise für Deine früheren Zeichen geben, und auch für diese Offenbarung?

Alles, was Ich ihnen geben werde, das bist du, Mein Kind.

Aber, Herr, das ist doch nicht überzeugend. Ich bin nicht überzeugend, ich bin nichts, um zu überzeugen! Sie werden mich auslachen.

Ich habe dich gesegnet.

Aber, Herr, ich weiß, daß Du es bist, und einige andere wissen es auch, aber viele werden damit nicht einverstanden sein, denn es gibt keinen festen Beweis, daß es von Dir kommt. Ich bin nichts, Du weißt es.

Meine Tochter, laß Mich alles sein, bleibe nichts und laß Mich alles sein:
Je weniger du bist, um so mehr bin Ich. Ich habe jetzt Meine Gerechtig-
keit über die Menschheit ausgestreckt. Sie erntet, was sie gesät hat.

Gibt es denn keine Lösung? Ich will damit sagen: Kann nicht alles auf irgend-
eine Weise so werden, wie Du es willst, so daß Deine Gerechtigkeit zurück-
treten wird?

Vassula, wenn Ich von Meinen Priesterseelen angenommen (nämlich Seine heutigen göttlichen Werke anerkennen) **und nicht verleugnet werde,**
dann werde Ich Meine Gerechtigkeit aufheben. Ich habe sie gewarnt,
aber sie behalten Meine Warnungen verborgen.

Bitte, sag mir, warum sie das tun?

Sie scheinen Meine Allmacht und Meine Reichtümer zu vergessen. Sie
streben nur eines (einen Beweis) *an: Sie werden erst glauben, wenn sie*
sehen. Sie bauen nicht auf Meine Segnungen, und das betrübt Mich.
Geschöpf! Geschöpf! Belebe Meine Kirche, Vassula, ehre Mich. Die Stunde
ist nahe, Geliebte, die Stunde kommt, die Liebe wird zurückkommen als
Liebe.

Ich danke Dir, Herr.

In diesen vergangenen drei Tagen, zwischen dem ersten und vierten dieses
Monats, habe ich in meiner Seele eine unerklärliche Angst verspürt.

4.9.1987

In meinem Privatheft hat mir Jesus eine Botschaft gegeben, die mich beunruhigt hat. Ich bin aufgestanden und habe die Botschaft ausgelassen. Später
bin ich wieder schreiben gegangen. Jesus hat die Botschaft wiederholt. Ich
bekam es mit der Angst. Meine Gedanken waren schon das erste Mal verwirrt. Ich fragte mich und fragte Gott: „Warum ich?"
Warum haben diese Niederschriften eigentlich begonnen? Warum fühle ich
mich so an Gott gebunden? Wie war ich vor eineinhalb Jahren, und wie
bin ich gegenwärtig? Ich lebe in der Wahrheit und ich fühle mich verantwortlich für alles, was geschieht. Ich spüre, daß ich Gott wohlgefällig sein
müßte ... Dann kamen wieder Zweifel, Zweifel, die mich Jesus leiden ließ.
Voll von diesem Zweifel bin ich zu Ihm gegangen.
Er wußte davon und fragte mich: „Nun?" Dann hat Er zu mir gesagt, ich
solle noch einmal versuchen, meine Hand zu kontrollieren. Ich hatte im

Sinn, meine eigenen Sachen zu schreiben, und nahm meine Hand bewußt unter Kontrolle. Ich habe gekämpft, um von mir aus zu schreiben, aber es gelang mir nicht. Dann hat Er geschrieben: „Schreibe", und Er hat meine Hand gezwungen, viermal „Liebe" zu schreiben, während ich kämpfte, um meine Hand aufzuhalten.

Ich bin Liebe. Ich will dich daran erinnern, daß Ich auf deine Schultern Mein Kreuz des Friedens und der Liebe gelegt habe. Auf! Auf! Richte auf! Richte auf! Meine Tochter, begreifst du, warum Ich dich habe? Ich habe dich erzogen, um Meine Kirche zu vereinen. Altar, habe Ich nicht gesagt, daß du die Wahrheit aus dem Mund des Kindes und nicht des Gelehrten hören wirst? Ich habe dir gesagt, daß die Gelehrten wohl hören, aber nicht verstehen werden, daß sie wohl schauen, aber nichts wahrnehmen werden, denn ihr Herz ist verhärtet, sie haben ihre Ohren verstopft und ihre Augen geschlossen. Vassula, Ich habe dich von den Toten auferweckt, indem Ich dich durch die Weisheit belehrte. Fürchte dich nicht und schreite vorwärts.

Jesus hat mir eine Vision von mir selbst gegeben, wie ich Ihm gegen-überstand. Ich fühlte mich zögernd. Er hat meine Hände in Seine Hände genommen, und während Er rückwärts ging, zog Er mich, um mich voran-schreiten zu lassen.

O Meine Tochter, wie sehr liebe Ich dich! Blume, alles, was du empfin-dest, kommt von Mir, schreite vorwärts.

Ich hatte den Eindruck, wie ein Kind zu sein, das seine ersten Schritte macht. Ich frohlockte vor Freude!

Vassula, Ich bin ganz eingenommen von deiner Schüchternheit. Meine Tochter, notiere das Wort »Garabandal«. Vassula, als Ich dich aus deinem Schlaf aufgerüttelt habe, geschah es nicht nur, um dich zu wecken, es geschah auch, um dich zu gebrauchen, Geliebte. Indem Ich dich reinigte, war es nicht nur der Reinigung wegen, es geschah, damit du Meine Gegenwart spürtest und daß du in Meiner Gegenwart seiest. Mich deiner bedienen, geschah nicht nur, um dich zu benützen für die Niederschrift Meiner Botschaften und Wünsche, sondern auch, um Meine Segnungen für Meine kleinen Kinder von Garabandal zu schreiben. Ich komme zur Verherrlichung Meiner Botschaft. Altar, bewahre diese glühende Flamme. Durch Meine Macht werde Ich die Kirche wiederherstellen. Liebe Mich, schwanke nicht, stütze dich auf Mich und ruhe aus. Ich werde dir beiste-hen, geh voran, die Stunde ist nahe, bete mit Mir:

»Vater, befreie mich, nimm mich in Deine Arme, laß mich neben Dir ausruhen. Heilige mich, Vater, wenn Du mich aufnimmst. Verzeih meine
Sünden, wie ich anderen verziehen habe. Ehre sei Gott. Amen.«

5.9.1987

*Vassula, fürchte dich nicht. Schreibe das Wort »Garabandal«. Garaban-
dal ist die Folge anderer Zeichen. Die Erscheinungen von Garabandal
sind echt. Glaubt, ihr alle, die ihr nicht gesehen habt, glaubt, glaubt.
Meine Tochter, Ich habe dich benützt, um Mich durch dich offenbaren zu
können. Meine Mutter ist Meinen auserwählten Seelen erschienen. Aus
ihrem Munde kam die Wahrheit, aber viele Meiner Priesterseelen haben
diese Erscheinungen als zweifelhaft bezeichnet, gewisse haben sie ganz
geleugnet. Ich offenbare Mich durch dich, um diesen Zweifel über Garabandal aufzuheben. Die Erscheinungen von Garabandal sind echt, und
Meine Kinder haben wirklich Meine Mutter gesehen und ihre Botschaften
gehört. Vassula, du wirst noch eine größere Prüfung bestehen müssen, die
Mein Kreuz auf deinen Schultern noch schwerer machen und Meinen
Becher der Gerechtigkeit noch mehr füllen wird. Ich habe die Welt
gewarnt.*

*Mein Gott, es ist wahrscheinlich, daß nur eine sehr kleine Zahl dieses Ereignis
kennt.*

*Das ist wahr, viele wissen es nicht wegen der Zweifel und der Furcht, die
Meine Priesterseelen empfinden. Durch ihren Zweifel leugnen sie Meine
göttlichen Werke. Sie haben vergessen, daß Ich allmächtig bin. Mit ihrem
verstockten Herzen haben sie ihre Geistigkeit verloren. Von Blindheit
geschlagen, suchen sie ohne Licht und ohne Weisheit. Alle Meine Werke
sind immer einfachen Kindern gegeben worden, nie den Gelehrten. Meine Werke scheinen in ihren Augen nicht ordnungsgemäß zu sein, aber das
ist so, weil sie sich mit Mir vergleichen. Seit Anbeginn der Zeiten habe
Ich euch nie verlassen.*

Er ließ mich verstehen, daß die Zeichen uns gegeben sind, um uns an Seine
Gegenwart unter uns zu erinnern, um uns zu ermutigen.

Vassula, erinnerst du dich an die Pharisäer?

Ja, Herr.

*Sie haben Mich zu einem bestimmten Zeitpunkt angeklagt, gegen das
Gesetz des Mose zu predigen. Welcher Unterschied besteht heute? Ich*

wurde angeklagt, alles durcheinanderzubringen und gegen ihr Gesetz zu verstoßen. Die Anklagen und Unsicherheiten von heute sind jenen der Pharisäer sehr nahe. Laß Mich dir sagen, daß jene, die die Erscheinungen und Botschaften von Garabandal anfechten, Mich verletzen. Sie sind die Dornen Meines Leibes. Ich habe dir vor einiger Zeit gesagt, daß Ich dich durch göttliche Kraft in die Tiefen Meines blutenden Leibes einführen werde. Ich habe dir gesagt, daß Ich mit Meinem Finger auf jene zeigen werde, die Mich verletzen.

Jesus bezieht sich auf die Botschaft vom 11. Juni (Heft 13). Als Er mir damals sagte, daß Er sie nicht verschonen werde, wußte ich nicht, auf wen Er sich bezog.

Ich bin Jesus Christus, der vielgeliebte Sohn Gottes. Vassula, fürchte dich nicht, denn Ich bin vor dir.

6.9.1987

Jesus?

Ich bin es. Werde Ich dich je vergessen? Blume, umgib Mich mit Kränzen von Liebe, versammle Meine Kinder um Mich, damit Ich sie segne. Ich habe sie erwartet. Ich habe auf diese Stunde gewartet. Ich bin gekommen, um sie zu empfangen und zu segnen. Versammle Meine Geliebten, umarme sie für Mich, küsse sie für Mich, erinnere sie an Mein Versprechen. Liebe sie, vereinige sie. Komm näher zu Mir, laß Mich dich durch die Weisheit belehren.

7.9.1987

Der Friede sei mit dir.

Auch mit Dir, Herr.

Ich grüßte Ihn so aus Unkenntnis.

Sauge Mich auf, Blume, Mein Licht erstrahle auf dir und deine Sorgen mögen erleichtert werden. Mein Hauch wird sie weit zerstreuen, das ganze Gefüge wird ins Wanken geraten, zusammenfallen und dich lächelnd zurücklassen. Mein Tau der Gerechtigkeit wird dich schöner machen. Blume, empfange Meine heutige Botschaft. Fürchte dich nicht, denn Ich habe Meine Pläne bereits vor deiner Geburt vorbereitet.

Heißt das, daß, was auch immer mit mir, mit den Botschaften und mit allen geschieht, durch Deinen Willen geschieht?

Ja, Geliebte, was kommen wird, kommt von Mir.

Ich habe Angst vor dem Scheitern, Herr.

Wie kannst du Meine Pläne zum Scheitern bringen? Denk doch nach. Du bist nichts, wie kann denn ein Nichts etwas sein? Wie kann dieses noch so kleine Etwas Meine Pläne zum Scheitern bringen? Aber du bist nichts, beunruhige dich also nicht. Laß alles in Meinen Händen. Vassula, Ich bin dein Meister, fürchte dich nicht, wenn du mit Mir bist.

Ich möchte dir etwas sagen, Herr.

Fühle dich frei.

Weißt Du, daß es Augenblicke gibt, wo ich glaube, ich sei total verrückt, wahnsinnig?

Ich weiß.

Nun, stell Dir erst jene vor, denen ich das eines Tages zeigen werde. Sie werden schockiert sein! Sie werden sagen, daß sie eine natürliche Erklärung finden können. Ganz einfach, sie werden nicht glauben.

Glauben können ist eine Gnade. Den Glauben besitzen ist auch eine Gnade. Meine göttlichen Werke sehen, hören und verstehen ist auch eine Gnade, die alle von Mir kommen.

Ja, Herr.

Vassula, Ich habe mit dir gearbeitet. Ehre Mich, Meine Tochter.

Mit Deiner Hilfe werde ich nicht scheitern, Herr.

Höre nun folgende Worte, die von Meiner Mutter kommen.

Maria: Vassula, pethi mou („mein Kind", auf griechisch)**, fürchte dich nicht. Ich bin mit dir. Mein Sohn Jesus hat absichtlich Grenzen gesetzt für dich, was die Beweise und Zeichen betrifft, die du von Ihm verlangtest, aber Er hat Seine Gründe dafür. Er hat dir jedoch die Gnade gegeben zu glauben. Er hat dich durch die Weisheit belehrt. Vassula, du hast in der Tat blind geglaubt.**

Wirklich?

Maria: Ja. Sonst hättest du nicht diesen Eifer, um zu Uns zu kommen und zu schreiben, indem du dich nach Seinem Willen gebrauchen ließest. Indem du das getan hast, beweist du, daß du blind glaubst. Deshalb freut sich Gott, dein Glaube ist groß. Und dadurch will Jesus andere belehren,

ebenfalls Glauben zu haben und Seinen göttlichen Werken blind zu glauben. Seid unschuldig, seid wie Kinder, an denen Gott Seine Freude hat.

Und wenn sie nicht glauben, heilige Mutter?

Der Ton Mariens änderte sich plötzlich und wurde sehr ernst.

Maria: Deine Leiden werden groß sein, du wirst wie ein Spiegel sein, der das Bild Jesu widerspiegelt. Auf dir werden sich Seine Leiden widerspiegeln.

Du willst sagen, daß Jesus leiden wird, wenn sie sich ungläubig und verächtlich erzeigen?

Maria: Genau. Jesus wird leiden. Seine Leiden werden sie auf dir ablesen.

Wenn Er aber Seine Pläne schon im voraus bereitet hat, warum hätte Er es nicht so einrichten können, daß kein Widerspruch entsteht?

Maria: Kind, die Menschen neigen dazu, so zu denken. Vergiß Seine Lehren nicht. Jesus will, daß Seine Werke durch die Gnade erkannt werden.

Jesus hat mir gesagt, daß Er mich verteidigen würde, wenn Er jemanden sähe, der mir Böses antun will.

Maria: Er hat es tatsächlich gesagt. Und ich sage dir folgendes, meine Tochter: Ich werde dich ebenfalls verteidigen und ich werde nicht gestatten, daß sie dir Böses antun.

Da war ich sehr ergriffen.

Ich bin feige, ich habe Angst, aber ich werde mich an Dich klammern, und an Jesus.

Maria: Meine Tochter, ich will dir noch etwas sagen: Gott hat Seine Gerechtigkeit über die Menschen ausgestreckt. Sein Becher ist nun voll. Hör mir aufmerksam zu, denn diese Worte sagen viel mehr aus. Verherrliche Gott, Vassula, ich bin deine heilige Mutter. Meine Tochter, vertrau mir, werde nicht müde zu kämpfen. Denk daran: Jesus ist auf dem Kreuzweg von allen verlassen worden. Er hat Sein Kreuz allein getragen.

Ja, Mutter, ich will von Ihm nicht mehr verlangen, als was Er mir gibt.

Maria: Vassula, laß mich Antwort geben auf die Frage, die du in dir trägst: Wenn sie immer noch nicht glauben wollen, wird der Zorn Gottes größer werden. Sein Becher der Gerechtigkeit wird sich füllen, wie in der Vision, die Gott dir gezeigt hat. Bete und sühne, denn das Ende der Zeiten ist nahe.

Ja, Mutter.

Ich bin es, Jesus, Mein kleines Kind, bleibe klein. Wir wollen miteinander reden, wir wollen diesen Tag miteinander teilen, gestatte Mir, dein heiliger Gefährte zu sein.

Herr, erlaube mir, zu Dir zu sprechen. Ich will mich an Deine Gegenwart erinnern.

Komm: »wir«.

Später.

Der Friede sei mit dir, Meine Tochter. Erinnere dich an die Worte, die Ich noch einmal wiederholen werde, erinnere dich ganz besonders jetzt an diese Worte: Ich, der Herr, Ich stehe vor der Tür und klopfe an. Wenn jemand Meinen Ruf hört und seine Tür öffnet, werde Ich eintreten und Mahlzeit mit ihm halten. Seite an Seite mit ihm. Wer Sieger bleibt, dem werde Ich erlauben, Meinen Thron mit Mir zu teilen, wie Ich selber gesiegt habe und Meinen Platz mit Meinem Vater auf Seinem Thron geteilt habe. Wer Ohren hat zu hören, der höre, was der Geist den Kirchen sagt. — Meine Tochter, sag ihnen, sag ihnen Meine Worte, denn sie haben sie vergessen.

Jesus, hilf mir.

Ich werde dir immer beistehen, Vassula.

Ich habe geseufzt.

Danke, Herr.

8. 9. 1987

Vassula, bereite Mir Freude und empfange Mich. Ich will, daß du Mir folgst. Ich will dich hinführen zu Meiner Begegnung in Meinem Tabernakel. Empfange Mich und Ich werde dich segnen. Ich liebe dich.

Jesus ruft mich wieder, um Ihn in der heiligen Kommunion zu empfangen.

Ich liebe Dich, Herr, und ich werde kommen.

9. 9. 1987

Vassula, Ich will, daß die Worte, die Ich dir geben werde, bekannt werden. Ich wünsche, daß diese Worte überall verbreitet werden: „Ich, der Herr, Ich segne Meine Kinder von Garabandal."

Herr, mit Deiner Hilfe will ich es tun.

Daraufhin war die ganze Hölle »entfesselt«. Satan war wütend, und mit ihm alle Teufel. Sie haben sogar Namen, und ich kenne jene, die mich angreifen.

Vassula, komm, Ich will dir zu verstehen geben, wie sehr sie dich hassen, fürchte dich nicht.

Jesus hat mich unter die Erde gezogen. Wir waren beide dort. Ich habe die Hölle erkannt, denn meine Füße steckten in einem schwarzen, dicken Schlamm. Die Hölle ist wie eine unterirdische Grotte. Jesus sagte zu mir, ich solle zuhören.

Satan rief: „Haha! Sie ist es wieder, eine andere Hexe! Bo, paß auf! Verletze sie, mach sie für immer zu einem Krüppel. Verwunde sie, damit wir siegen, mißhandle sie. Sie spürt den Haß, den ich für sie und den Rest Seiner Schöpfung empfinde. Sabi, verwunde sie ebenfalls. Ich hasse euch alle!" Satan benahm sich wieder wie ein Verrückter. Jesus hat mich sodann hinausgeführt und sagte zu mir in einem Ton, als wolle Er jemanden aufwecken: „Jetzt, wo du seinen Haß gehört hast, mußt du begreifen, mit welcher Entschlossenheit er dich verfolgt, damit du aufhörst zu schreiben. Ich, Jesus, liebe dich und Ich behüte dich unter Meinen Flügeln, ohne dich einen Augenblick aus den Augen zu verlieren."

Später.

Vassula, lies diese Bücher nicht, sie enthalten weder Weisheit noch Wahrheit. Die Weisheit befindet sich in der Heiligen Schrift. Ich bin zufrieden, daß du Mich angehört hast.

Ich habe an diesem Tag nicht viel getan, denn ich habe fast die ganze Zeit meditiert. Als ich auf die vorgerückte Stunde aufmerksam wurde, bin ich gegangen, um unser Essen vorzubereiten. Ich hatte kaum zu arbeiten begonnen, als Jesus, der mir zuschaute, meine Arbeit unterbrochen hat, indem Er sagte: „Vassula, hast du einen Augenblick Zeit für Mich?" Ich sagte: „Ja, ich habe Millionen von Augenblicken Zeit für Dich, nicht nur einen." Ich habe meine Arbeit verlassen und ging, um zu schreiben. Er sagte mir, ich solle aufhören mit dem Buch, das ich gerade las, mit dem Hinweis, es sei kein gutes Buch. In diesem Buch war die Rede von Legenden, Religionen, Esoterik usw., ganz von Autoren ohne theologische Referenzen geschrieben. (Jesus rät uns, nie esoterische, d.h. geheime und nur für Eingeweihte bestimmte Bücher zu lesen. Die Jugend von heute aber interessiert sich so sehr für solche Bücher!)

Später, am Abend.

Alle diese Teile Meines heiligen Antlitzes sind verletzt worden.

Ich schaute das Foto des heiligen Grabtuches an.

Alles, was ich sehe, Herr?

Ja, alles. Sie haben einen Teil Meines Bartes ausgerissen. Sie haben Mein rechtes Auge verletzt.

Jesus, ich weiß nicht, was ich sagen soll.

Ich war erschüttert.

Sag Mir: „Ich liebe Dich!"

Ich liebe Dich!

Vassula, entmutige dich nicht, nie. Ich bin mit dir. Miteinander tragen wir Mein Kreuz.

10.9.1987

Ich liebe dich. Vassula, glaube Mir blind, bis Ich komme und dich befreie.

Jesus, ich weiß, daß es Momente gibt, wo Du wirklich unzufrieden sein mußt mit mir, nämlich wenn ich zweifle. In diesen Augenblicken bin ich das Resultat einer Multiplikation. Wenn Du den heiligen Thomas mit zehn multiplizierst, wäre ich das Resultat.

Blume, du bist gebrechlich, und gerade deine Gebrechlichkeit zieht Mich an. Weiß Ich das alles nicht, Geliebte? Ich bin deine Stärke.

Jesus hat etwas in mein Ohr geflüstert. Ich werde es geheimhalten.

Vassula, Garabandal ist die Fortsetzung der Wunder. In der Zwischenzeit habe Ich viele andere Zeichen gegeben.

Kannst Du schreiben, welche Wunder?

Schreibe einige davon auf: Lourdes, dann Fatima. Ich will, daß du jetzt schreibst: Garabandal, in San Sebastian. Verherrliche Mich! Erinnere dich, daß Ich das Licht dieser Welt bin.

Plötzlich hat mich Jesus an einen Traum erinnert, den ich letzte Nacht hatte, und den ich vergessen hatte. Er entsprach der Vision, die ich letzthin hatte, doch war es in diesem Traum noch schlimmer.

Hör zu: Ich habe dich diese Vision in deinem Schlaf sehen lassen, um dir das Ereignis zu spüren zu geben. Nein, es gibt keinen Ausweg!

Ich erinnere mich an dieses rote Zeug, das aus dem Himmel wie eine riesige Welle auf uns zukam. Ich hatte versucht, zu rennen und mich zu verstecken, obschon ich wußte, daß es unmöglich war.

Aber warum uns das antun, wenn Du uns liebst? Warum?

Ich bin bekannt als ein Gott der Liebe und ebenso als ein Gott der Gerechtigkeit.

Was können wir tun, um das aufzuhalten?

Gewaltige Sühneleistungen sind jetzt von euch allen verlangt. Vereinigt euch und seid eins. Liebt euch gegenseitig, glaubt an Mich, glaubt an Meine göttlichen Werke, denn Ich bin immer unter euch.

11.9.1987

Vassula, laß Mich dir sagen, daß die Wahrheit dich nicht nur unterrichtet hat, damit du den Frieden findest. Die Weisheit hat dich nicht mit Myrrhe bedeckt, nur um dich mit dem Wohlgeruch Seiner erhabenen Liebe zu erfüllen. Die Weisheit hat dich nicht auf krummen Wegen geführt, um dir Furcht einzujagen und dich zu prüfen und dich jetzt zu verlassen. Nein, Vassula, Ich habe dich geführt, damit du dort seiest, wo Ich es gewünscht habe. Ich werde vollenden, was Ich begonnen und gesegnet habe. Komm, ruhe an Meiner Schulter.

Später.

Mein kleines Kind, Ich finde selten Treue bei den Menschen. Ich will dich warnen vor der Schwäche der Menschen: der Untreue. Ich liebe dich und Ich werde dich unterstützen, denn Ich kenne deine Gebrechlichkeit. Erlaube Mir, Meine Blume, dich zu umarmen.

Ich habe mich zu Gott geneigt, und Er hat meine Stirn geküßt, mich, Sein Kind.

Ich liebe dich, Ich habe dich geheiligt, Ich habe dich befreit. Komm, Ich und du, du und Ich, wir. Ehre Mich, indem du Mich glühend liebst.

Ich liebe Dich, heiliger Vater, darf ich Deine Hände küssen?

Liebe Mich immer, Meine Tochter.

Ich habe Seine Handgelenke geküßt.

12.9.1987

Die Treue findet immer ein Mittel, um mit Mir zu sein. Liebe Mich und sei treu, Kind, Meine Werke sind vor den Augen der Gelehrten verschleiert. Ich habe sie ihnen verborgen. Ich gebe Meine verborgene Weisheit den demütigen und einfachen Kindern. Meine Tochter, Ich bin Geist, und Ich habe Mich dir genähert, indem Ich dich von Geist zu Geist belehrte. Meine Lehren sind dir im Geist gegeben worden, und nicht so, wie die Philosophie gelehrt wird. Vassula, gib dir Rechenschaft, was geschehen wird, denn eine nicht-geistige Person wird diese Werke nicht annehmen als vom Geist Gottes kommend. Sie wird sie herausfordern, denn sie übersteigt ihre Begriffe. Das kann nur mittels des Geistes verstanden werden. Ich, der Herr, Ich weiß, was die Gelehrten denken, und Ich sage dir in Wahrheit, sie überzeugen Mich nicht.

Aus einem unbekannten Grund hat meine Seele an diesem Abend gelitten. Ich hatte ein glühendes Verlangen nach Gott. Ich habe bereut. Ich habe Ihn gefragt, ob Er mich hören wolle und ob Er einen Augenblick Zeit habe, um meine Reue zu hören. Mit einer Last von Sünden bin ich erneut Gott gegenübergetreten.

13.9.1987

Am 8. September hat Jesus mich zur heiligen Kommunion gerufen. Ich bin heute gegangen und habe Ihn empfangen.

Himmlischer Vater, laß die Menschen nicht die Ursache meiner Vernichtung sein. Laß sie nicht nehmen, was Du mir schon gegeben hast. Ich befürchte ihre Gefühllosigkeit und daß sie ihr Herz vor Deinen himmlischen Werken verschließen und ebenso ihre Ohren. Ich bin sehr schwach und verletzbar. Sie könnten mich mit einem Wort ebenso leicht zerbrechen, wie man einen Stengel zerbricht.

O Vassula, Vassula, nimm Meine Hand! Wenn sie dich verfolgen, verfolgen sie Mich, wenn sie dich auslachen, lachen sie Mich aus. Die Liebe leidet.

Vater, beschütze mich vor diesen Leuten.

Die Liebe wird dir beistehen. Schmücke Mich mit Reinheit, sei Mein Altar. Trage Mein Kreuz mit Mir. Altar, betrübe dich nicht.

Ich verlange sehnlichst nach Dir.

Später. Zum zweiten Mal seit Beginn dieser Offenbarung, am heutigen Sonntag (13. September), habe ich in meiner Seele eine grenzenlose Angst, eine unerklärliche Traurigkeit und Bitterkeit empfunden, so daß ich glaubte, nicht überleben zu können. Meine Seele litt, und auch körperlich tat mir alles weh. Schmerzen gingen von meiner Brust aus und längs meiner Arme. Jesus hat mich gerufen:

Vassula, hab Mitleid mit Mir und fühle Meinen Schmerz. Sie kreuzigen Mich aufs neue.

Warum tun sie Dir das an?

Geliebte, sie wissen nicht, was sie tun.

Wer tut Dir das an?

Viele Seelen. Ich liebe sie, und trotzdem verachten sie Mich. Vassula, teile Meinen Schmerz, sei eins mit Mir.

Wir, Herr?

Ja, Meine Tochter, wir leiden beide wegen der Treulosigkeit der Menschen. Nimm Meine Hand. Miteinander?

Miteinander, Herr.

15.9.1987

Jesus, ich halte es nicht aus, daß sie Dich ständig beleidigen. Beeile Dich, diese Dornen herauszunehmen.

O Meine Tochter, Ich werde sie dir zeigen, einen nach dem anderen. Ich will dir sagen, wo sie sich befinden. Mit Meiner Kraft wirst du sie herausziehen, einen nach dem anderen. An Stelle dieser Dornen, die Mich verletzen, wirst du Mir nur Blumen aus Meinem Wonnegarten darbringen. Sie sind gewachsen unter Meinem Licht und breiten auf Erden ihren lieblichen Wohlgeruch aus, der Meinen Garten verschönert. In Meinem Herzen und in Seinen geheimsten Tiefen steckt immer noch die Lanzenspitze (das ist symbolisch gemeint). *Vassula, auch diese wird durch Meine Macht herausgenommen werden. Ich werde sie herausnehmen. Diesmal werde Ich sie nicht verschonen. Vereinige Meine Lämmer und sage ihnen folgendes: „Ich, der Herr, Ich segne sie."*

20.9.1987

Meine Tochter, zu dieser Stunde wirst du begriffen haben, wie Ich wirke. Glaube, Meine Vassula, denn Ich werde dir noch viel mehr Offenbarungen einhauchen. Gib dich Mir ganz hin und laß Meinen Finger Mein Wort dir einprägen. Komm, Mein Kind, und streichle Mich.

Ja, Herr.

Jesus will damit sagen: Sein großes Bild, das ich von Seinem heiligen Grabtuch habe, streicheln. Wenn ich meditiere oder mit Ihm spreche, habe ich
die Gewohnheit, meine Hand auf Sein Bild zu legen und Seine Wunden zu
streicheln, wie wenn ich die Blutspuren auslöschen wollte, um Ihn zu
besänftigen. Ich tue das, ohne weiter nachzudenken, weil meine Meditation
mich ganz in Anspruch nimmt.

* * *

Heft 16

20. 9. 1987

Vassula, Meine Erscheinungen und die Meiner Mutter in Garabandal soll-
ten für echt erklärt werden. Hör Mir zu, Vassula, jedesmal, wenn Meine
Mutter Meinen auserwählten Seelen erschien und sie mit ihrer Gnade
erleuchtete, stand Ich neben Ihr, aber kein Auge konnte Mich sehen.
Manchmal erschien Ich als Kind, um jene zu segnen, die Mich verherr-
lichten. Meine Tochter, Ich wünsche, daß diese Erscheinungsorte mehr
verehrt werden. Ich wünsche, daß der Heilige Stuhl Mich ehrt, indem er
diese heiligen Orte segnet. Ich will damit sagen, nicht nur Lourdes und
Fatima, sondern auch Garabandal. Ich komme, um die Erscheinungen in
Garabandal zu verherrlichen. Ich wünsche, daß Mein Heiliger Stuhl die-
sen Ort segne, um wieder richtigzustellen, was durch Meine Priesterseе-
len, die Mich verletzten, entstellt und falsch verkündet worden ist. Sie sol-
len die Zweifel aufgeben und die Mißbräuche verschwinden lassen, die
von jenen begangen worden sind, die den Erscheinungen trotzten. Wird
Mein Heiliger Stuhl das für Mich tun?

Herr, mein Gott, wie werden sie das alles erfahren?

Überlaß Mir diese Arbeit, Vassula. Ich werde schon ein Mittel finden,
damit sie es erfahren. Meine Tochter, Ich wünsche, daß jedesmal, wenn
Ich ein Zeichen, und sei es noch so klein, von Meiner Gegenwart gebe,
Mein Heiliger Stuhl Mein Zeichen verherrliche, indem er es segnet. Ich
will, daß die Welt von Meiner Gegenwart, von Meinen Schätzen, Meiner
Barmherzigkeit und Meinen göttlichen Werken Kenntnis nimmt. Ich
wünsche, daß Mein Heiliger Stuhl die Zeichen, die Ich gebe, um die Welt
zu nähren, großzügig verbreite. Ich will, daß Meine Erde fruchtbar sei.
Laßt die wenigen Blumen, die übrigbleiben, reißt sie nicht aus. Ich will,
daß diese Wüste bewässert werde. Wer wird Meinen Garten begießen?
Warum vernachlässigen sie Meine Blumen?

Geliebter Jesus, wenn ich mich nicht täusche, hat es sieben Jahre gebraucht, um
das Wunder von Fatima zu bestätigen. Mein Gott, ich sehe im voraus Verwei-
gerungen, Tadel und Schwierigkeiten, bevor sie einverstanden sind.

Blume, betrübe dich nicht, laß Mich dir helfen, Vassula, Ich erreiche
immer Meine Ziele.

21. 9. 1987

Mein Gott, wie sehr möchte ich, daß alle Dich anerkennen, um Dich zu lieben
und sich zu Dir zu wenden!

Gott schien zu seufzen, daß es so geschehen möge!

Wie sehr wünsche ich, daß die Welt sich bewußt werde, daß Du immer so gegenwärtig unter uns bist. Wie sehr liebst Du uns! Wie sehr wünsche ich, daß sie begreifen, daß wir nur vorübergehend auf dieser Erde sind und daß Du uns erwartest. Wie wünsche ich, daß sie sich gegenseitig lieben, daß sie ihren Haß aufgeben und ihren Egoismus, daß die einen für die anderen leben, die Sorgen gegenseitig tragen, daß sie Dich, unseren Vater, anbeten und sich vereinigen! Wie sehr wünsche ich, daß sie an Deine Zeichen glauben und nicht verborgen halten, als ob sie Dir damit eine Ehre erweisen würden. Wie wünsche ich, daß sie begreifen, wie sehr sie im Irrtum sind, und daß sie Deine Schätze sehen!

Vassula, deine Wünsche sind dir von Mir eingegeben, sie dringen in dich ein. Ich werde Meine glühende Flamme für immer in dir, Altar, bewahren. Verbreite Meine Worte: „Ich, der Herr, segne Meine Kinder von Garabandal."

Herr, ich verbreite sie, soviel es mir möglich ist. Ich brauche Kanäle, um noch weiter verbreiten zu können.

Vassula, Ich habe dir Zeugen gegeben.

Du meinst meine Freunde und David?

Auch andere.

Du meinst die Zeugen der Kirche, die Priester?

Ja, Vassula, sie sind deine Zeugen.

Ja, Herr.

Laß Mich Meine Worte dir aufdrücken.

Jesus, ich denke gerade an jenen Menschen, der absolut nicht glaubt, daß diese Offenbarung von dir kommt.

Ich weiß.

Aber warum, Herr?

Aus dem einfachen Grund, weil er sich weise dünkt.

O mein Gott, ich habe so viele Wünsche!

Bitte Mich nur!

Nur bitten?

Ja, Meine Geliebte, bitte.

Irgend etwas?

Irgend etwas!

Ich wünsche eine Änderung zum Besseren, mein Gott. Ich wünsche, daß das Herz der Menschen in Liebe zu Dir brenne und daß Milliarden Dich anbeten, daß alle niederknien. Ich wünsche, daß sie fühlen, was ich empfinde: wie sehr Du uns liebst und wie sehr Du nahe bei uns bist und wie sehr wir vertraulich mit Dir sein können, der Du ein Vater, ein Freund, ein Gott, alles in einem bist. Kannst Du nicht Dein Licht über ihnen leuchten lassen und sie aufwecken, wie Du es für mich getan hast? Ich will, daß sie das gleiche Glück, diese gleiche Vertraulichkeit, die ich mit Dir habe, mit mir teilen. Ich bitte Dich darum, Vater, sie sind auch Deine Kinder. Amen.

Vassula, das alles wird geschehen. Ich werde viele zu Mir führen. Trotz ihrer Bosheit werde Ich ihnen beistehen. Werde nicht müde zu kämpfen mit Deinem Gott. Wir?

Ja, Herr.

22.9.1987

Ein wenig bewußtes Wahrnehmen gefällt Mir! Meine Tochter, Ich bin zufrieden!

Jesus hat mir das gesagt, weil ich mich in Seiner Gegenwart konzentrierte, um Sein Erscheinen wahrzunehmen. Heute sind Seine Haare nach hinten gelegt.

Wenn Ich sehe, wie du versuchst, Meine Gegenwart wahrzunehmen, bin Ich verherrlicht. Wir wollen beten. Meine Tochter, beginne:

»O geliebter Schöpfer, Heiliger Geist, ich lobe Dich für die Werke, die Du über mich ausgebreitet hast. Ich lobe Dich für das Licht, das Du über mich ausgegossen hast. Ehre dem allmächtigen Gott. Amen.«

Jesus wußte, welche Mühe ich hatte, die richtigen Worte zu finden, um Ihn zu loben. Dieses Gebet ist nur für mich.

23.9.1987

Braut, höre nicht auf jene, die tief schlafen, denn sie wissen nichts, sie fühlen nichts, sie sehen nichts, sie hören nichts. Wie könnten sie es, da sie schlafen und deshalb ganz unbewußt sind.

Jesus hat mich die beiden Welten erkennen lassen: die eine, materielle und physische, die andere, unsichtbare und geistige.

Komm, Ich bin es, Jesus Christus, der geliebte Sohn Gottes. Wenn Ich wollte, könnte Ich dir noch mehr Beweise geben, aber Ich habe Meine Gründe, warum Ich Grenzen setze. Dich blind zu führen, gefällt Mir, es verherrlicht Mich! Sodann soll es auch eine Lehre sein für diejenigen, die die Weisheit blind macht. Ich will euch unschuldig und einfach. Wenn Ich dich auf diese eigenartige Weise führe, dann tue Ich es, damit Meine Ordensleute begreifen, daß Ich, der Herr, in Fülle gebe.

Meine Tochter, sage ihnen, daß es nicht schwer ist, an Meine übernatürlichen Werke zu glauben. Warum? Bin Ich nicht Gott und Geist? Seid wie Kinder und glaubt. Wer, unter Kindern, würde zweifeln, daß Ich es bin, der schreibt und auf diese Weise führt, wenn ihr ihnen Meine Werke zeigt? Seid unschuldig!

24. 9. 1987

Ich bin es, Jesus. Ich habe dich gesegnet und dich mit dem Wohlgeruch Meines Weihrauchs umgeben. Die Kirche wird wieder aufleben. Wir sind eins. Wenn Ich Meine Kirche vereinen werde, werde Ich nicht mehr länger warten. Fühlst du, wie Meine Seele nach dir seufzt? Ich werde dich holen, Meine Geliebte. Ich liebe dich.

Ich war glücklich, daß Jesus mir das gesagt hat, denn ich spüre, daß ich nicht mehr dieser Welt gehöre, die tatsächlich ein Ort der Verbannung ist.

Geliebte, auch Ich leide, dich in dieser Verbannung zu sehen, aber es wird nicht alles umsonst sein. Ich liebe Meine Schöpfung und du mußt Mir Meine Schöpfung zurückbringen. Ich leide darunter, dich auf der Erde zu sehen. Lebe für Mich, Meine Tochter. Du mußt dich erinnern, wie Ich Mich geopfert habe. Wirst du dasselbe tun für Mich, deinen Vater?

Mach mich Deiner würdig und zu allen Opfern bereit, Herr.

Geliebte, Ich, der Herr, Ich segne dich. Komm, alles wird nicht umsonst sein.

25. 9. 1987

Heute morgen habe ich wieder den Duft von Weihrauch wahrgenommen. Ich wußte, daß Jesus genau an diesem Ort stand.

Meine Ruhestätte, alles, was Ich von dir verlange, ist Liebe. Liebe Mich und verbreite Meine Worte, die heißen: „Ich, der Herr, Ich segne die Kinder von Garabandal, Ich liebe sie."

Ja, Herr, Dein Wille geschehe und Deine Wünsche mögen sich erfüllen.
Komm, fühle Mich, wir wollen alles teilen.

26.9.1987

Vassula, wir werden eine Seele befreien, die Mir sehr teuer ist und die den Flammen Satans sehr nahe ist. Sie gibt sich nicht Rechenschaft über den hinterlistigen Plan, den er gegen sie aufgestellt hat.
Wer ist diese Seele, Herr?
Es ist eine Meiner Bräute.
Eine Ordensfrau?
Ja, eine Ordensfrau. Von ihrer Eitelkeit eingenommen, hat sie Mich vernachlässigt. Geliebte, führe sie zu Mir zurück durch deine Liebe. Ich liebe sie, liebe Mich und sie wird befreit werden. Vassula, diese Werke sind geheimnisvoll für dich und für viele, aber glaube Mir, Ich bin Jesus und die Weisheit. Jetzt wirst du Mich loben. Fühle Mich, das verherrlicht Mich. Alles wird nach Meinem Plan erfüllt werden.
Jesus, es ist so schön, so mit Dir zu sein!
Vassula ...
Es ist schön, wunderbar!
Vassula, werde Ich dich je verlassen?
Wenn Jesus mir das sagt, könnte ich sterben, so schön ist es. Nur Gott kann auf eine solche Art sprechen.
Liebe Mich für jene, deren Herz erfroren ist für Mich. Altar, lebe für Mich, erfülle deine Flamme mit der Meinen. Altar! Vergiß nie, wie sehr Ich dich liebe. Bleibe entzündet, entflamme die Herzen, lösche Meinen Durst.
Geliebter Jesus, behüte mich bei Dir, denn ohne Dich bin ich verloren.
Du wirst neben Mir bleiben, hast du unsere Bande vergessen? Du bist durch ewige Bande an Mich gebunden.
Danke, Herr, daß Du Dich meiner annimmst, einer Null unter den Nullen, jener, die Dich verleugnet hat.
Ich bin sogar von Petrus verleugnet worden, trotzdem habe Ich auf ihn die ersten Fundamente Meiner Kirche gelegt, hast du das vergessen? Ich bin der Herr, der dich unaussprechlich liebt, und auf dich habe Ich Meine Worte aufgeprägt. Ich bin deine Kraft. Bewahre Mich in deinem Herzen, jetzt und für immer.

Ja, Herr, ich werde Dir treu sein.

Komm, wir wollen diesen Tag miteinander teilen, sei Meine Gefährtin.

27. 9. 1987

Gestern abend war es, als ob die ganze Hölle entfesselt wäre. Der Teufel war wütend. Er hat meine Seele so gequält, daß ich den Herrn gebeten habe, ohne mich fortzufahren. Ich habe Ihm gesagt, daß ich Ihn immer lieben werde, aber daß ich keine Kraft mehr in mir habe, um weitermachen zu können ... Ich habe meine Worte sofort bereut und habe Ihn gebeten, mich wegen meiner Unwürdigkeit in Ruhe zu lassen. Während ich ruhte, habe ich mich auf einem rauhen Weg gesehen. Ich war gefallen. Als ich ein wenig die Augen erhob, sah ich vor mir die Füße Jesu, Er war barfuß. Er hat sich gebückt und hat mich aufgehoben. Dann habe ich vor mir eine große Treppe gesehen, ungefähr hundert Stufen hoch. Ganz oben habe ich die Heiligen gesehen, die mir ein Zeichen gaben, hinaufzusteigen. Als ich umherschaute, sah ich ein Gesicht, das mir bekannt war. Es war ein Priester mit großem Humor, der mich italienisch ansprach. Ich habe Padre Pio erkannt! Neben ihm befand sich der heilige Franz von Assisi. Dieser näherte sich mir. Alle ermutigten mich, fortzufahren.

Jesus?

Ich bin es, Vassula, fürchte dich nicht.

Jesus, verzeih mir meine Schwäche.

Deine Schwachheit wird durch Meine Stärke vernichtet.

Pater Pio: Io sono con te, Padre Pio. („Ich, ich bin mit dir, Padre Pio", auf italienisch.)

Mein Gott, ist das alles wirklich wahr?

Ja, er ist mit Mir. Er ist durch Mich seliggesprochen. Ich bin mit dir, Meine Mutter und alle Heiligen ebenfalls.

Später bin ich zur Charismatischen Erneuerung gegangen. Ich wußte nicht, daß ein protestantischer Gottesdienst gefeiert wurde. Aus reiner Unkenntnis konnte ich nicht mitmachen, ich sehnte mich nach Stille. Ich fühlte mich schuldig, sehr schuldig wegen meiner Unkenntnis.

Vassula, mach dir keine Sorgen. Jeder Mensch hat seine Art, Mich zu verherrlichen und zu loben. Ich habe dir diese Art gegeben (indem du Meine Worte niederschreibst). Ich und du, du und Ich. Du mußt Mich still-

schweigend anbeten. Erinnere dich, Ich habe dir diese Unterweisung schon vor einigen Monaten gegeben (Heft 12). *Ich bleibe an deiner Seite.*

Ich fühlte Ihn so nahe, daß ich Ihn spürbar berühren konnte. Ich war wieder glücklich und im Frieden.

Mein kleines Kind, bin Ich nicht dein Bräutigam? Nun also, werde Ich dich nicht trösten, wenn du Trost brauchst? Komm zu Mir und Ich werde deine Lasten tragen, komm zu Mir und Ich werde dich trösten! Vertrau Mir, Meine Tochter, Ich bin dein geistlicher Führer, Ich bin dein Bräutigam. Ich bin derjenige, der dich am meisten liebt. Ich bin dein Schöpfer und dein Gott. Komm und wirf dich in Meine Arme und spüre Meine Wärme.

Jesus hat meine Seele in Harmonie und vollständigem Frieden »zurückgelassen«.

28.9.1987

Jesus rief mich, während ich Ihm sehnlichst zu begegnen wünschte. Er wünschte es ebenfalls. Ich weiß nicht, warum ich den Eindruck hatte, als wären schon Jahre vergangen seit dem letzten Mal, wo wir zusammen waren.

O komm, Geliebte! Wie ungeduldig habe Ich diesen Moment erwartet, um dir auf diesem Weg zu begegnen! Miteinander, Vassula, miteinander, du und Ich werden Garabandal heiligen, denn dieser Ort ist heilig, weil Meine Mutter und Ich dort erschienen sind.

Dein Wille geschehe, Herr.

Vassula, die Schüchternheit ist keine Sünde. Ich sage es dir.

Ich war froh, das zu hören, denn ich fragte mich, ob meine Schüchternheit nicht eine Sünde sei ... Plötzlich lechzte meine Seele nach Ihm.

Schau Mich an. Mein kleines Kind, nach Mir lechzen, verherrlicht Mich. Lechze nach Mir. Ich habe für dich den Preis Meines Blutes bezahlt. Vassula, warum suchst du einen geistigen Führer?

Ich weiß es nicht.

Mit Mir wirst du lernen, denn Ich bin Weisheit und Wahrheit. Komm zu Mir und Ich werde dich belehren. Vassula, Ich liebe dich. Sag diesem Pastor, daß Ich Meine Kirche wiederherstellen werde. Ich werde Meine Kirche neu beleben.

Vassula, triff dich mit ihm und sprich zu ihm. Streichle Mich, indem du ihm sagst, wie Ich dich gelehrt habe, Mich zu streicheln und Mich so zu verherrlichen.

Jesus meint: Ihn auf dem Bild des heiligen Grabtuches streicheln.

Liebe Mich, Vassula, denn die Liebe bewahrt vor der göttlichen Gerechtigkeit, wenn sie im Begriff ist, sich auf die Sünder zu stürzen.

Später.

Vassula, bist du glücklich, daß Ich dich befreit habe?

Ja, mein Gott, ich bin sehr glücklich, mit Dir zu sein. Ich fühle mich an Dich gebunden, und das macht mich glücklich.

Glaubst du jetzt, daß Ich Bande der Liebe mit dir habe?

Ich glaube es jetzt, Herr.

Mein kleines Kind, lobe Mich.

Ich lobe Dich, Jesus, ich liebe Dich und danke Dir.

Vassula, weißt du, daß Ich dir Zeichen gegeben habe, und daß Ich fortfahren werde, solche zu geben, um euch Meinen Namen bekanntzumachen, damit die Liebe, die Ich für euch alle habe, in euch sei und damit Ich in euch sein kann, aber viele Meiner Priesterseelen haben Mich vor den Menschen nicht bekannt.

Wie das, Herr?

Indem sie Meine Zeichen nicht anerkannten, haben sie Mich nicht anerkannt, Mich, ihren Gott. Habe Ich nicht gesagt, daß der Mensch, der Mich in Gegenwart der Menschen nicht anerkennt, auch von Mir in Gegenwart Meiner Engel nicht anerkannt wird. Habe Ich nicht gesagt, daß Ich fortfahren werde, euch Meinen Namen bekanntzumachen? Warum zweifeln sie, daß Ich mitten unter euch bin? In Meiner Barmherzigkeit gebe Ich euch Zeichen und Wunder, die ihr kaum beachtet. Ich muß es dir sagen, Meine Tochter: Sie haben den Schlüssel der Erkenntnis genommen! Sie selber werden nicht hineinkommen und lassen jene nicht eintreten, die es möchten!

Mein Gott! Du scheinst so zornig, Herr!

Vassula, die Zeit, Mich zu verherrlichen, ist gekommen. Sei wachsam und bleibe bei Mir, Ich liebe dich, Mein kleines Kind, sei eins mit Mir.

Ja, Herr.

Wir?

Ja, wir.

Komm.

29.9.1987

Mein Gott, Du scheinst betrübt zu sein wegen einiger Priesterseelen?

Vassula, sie sind für so viele Seelen verantwortlich. Nicht nur sie kommen zu Fall, sie ziehen so viele andere Seelen nach sich.

Aber, Herr, es muß doch auch gute darunter geben, die Dich lieben und die so arbeiten, wie Du es willst. Ich kenne einige.

Ja, Vassula. Es gibt viele, die Meine Lehren befolgen, die sich opfern, demütig leben, sich gegenseitig lieben und Meine Lämmer nähren. Sie sind das Salz der Erde, die Geliebten Meiner Seele. Sie sind Meine Abels, sie sind Balsam für Meine Wunden, sie lindern Meinen Schmerz. Leider gibt es unter ihnen auch Kains, die Pfeile Meines Leibes, treulos, geblendet von der Eitelkeit, böse und mit verachtungswürdigen Gewohnheiten. Sie sind die Dornen Meines Hauptes. Ihre Sünden sind zahlreich. Die Heuchelei beherrscht sie. Gegen diese entflammt sich Meine göttliche Gerechtigkeit. Nimm Meine Hand, Meine Tochter, bleibe bei Mir und Ich werde dir diese Dornen zeigen. Durch eine göttliche Kraft werde Ich dich bis in die Tiefen Meines Leibes führen. Ich werde dir die Lanzenspitze zu erkennen geben. Ich werde die Kains nicht verschonen, Vassula, denn was haben sie Mir anzubieten? Ihre Hände sind leer und sie haben Meinen Lämmern nichts anzubieten. Sie zeigen sich gern in der Öffentlichkeit. Sie lassen sich gern mit übertriebener Höflichkeit begrüßen. Sie sind wie Salz, das seinen Geschmack verloren hat. In Wahrheit sage Ich es dir, Meine Tochter, sie sind die Pharisäer von heute!

O mein Gott, das ist schrecklich!

Vassula, aus diesem Grund wird alles, was verborgen war, ans Licht gebracht und alles, was verhüllt war, wird enthüllt werden, denn das ist Mein Wille. Komm jetzt, vergiß Meine Gegenwart nicht.

Nein, Herr, ich sehe Dich als meinen heiligen Vater, meinen heiligen Gefährten, meinen heiligen Bruder. Ich sehe die heilige Jungfrau Maria als meine heilige Mutter. Ihr seid meine heilige Familie, wie kann ich Dich vergessen?

Meine Geliebte, Ich bin auch dein Bräutigam. Auf diese Weise wünsche Ich, daß du Uns liebst. Liebe Uns innigst. Vergiß aber nie, daß Wir heilig sind, wenn du Uns verehrst. Wir sind die Heilige Familie. Ich bin dein Gott. Sei wachsam.

Ja, Herr.

Wir wollen gehen.

Ja.

1.10.1987

Ich war den ganzen Morgen mit einer Person beschäftigt, die zu mir gekommen war, um zu versuchen, mir kosmetische Artikel zu verkaufen. Das war alles überflüssig und reiner Zeitverlust. Eine Freundin hatte sie mir geschickt.

Mein kleines Kind, Ich liebe dich leidenschaftlich. Ich bin dein Geliebter. Warum, Vassula? Zieh dich nicht von Mir zurück! Du hast es erraten.

Ich habe das Herz Jesu entflammt und von Liebe überfließend gefühlt.

Meine Liebe ist noch entflammt, und wenn sie es ist, dann erlaube Ich Mir, Liebe zu fordern. Ich will, daß du nur für Mich lebst. Ich will, daß du deine Augen auf Mich richtest. Schau Mich an, liebe Mich, umgib Mich mit Wohlgeruch, schmücke Mich, lobe Mich, verlange nach Mir, atme für Mich, lächle nur für Mich, sag Mir, wie sehr du Mich liebst, Mich, deinen Gott. Versuche, andere an Mich zu ziehen. Befriedige Meinen unersättlichen Durst. Ich habe Durst, Vassula! Mich dürstet nach Liebe, Mich dürstet nach Seelen.

Warum bringst du Mir Nebenbuhler? Bring Mir keine solchen mehr, tu es nicht! Lobe Mich. Ich habe dir in Fülle gegeben. Willst du Mich nicht belohnen für alles, was Ich dir gebe? Ich bin mit dir in Meinem Wonnegarten spazierengegangen, wir haben seine Schönheit geteilt. Ich habe Meine Freuden und Meine Schmerzen mit dir geteilt. Ich habe Mein Kreuz auf dich gelegt, wir teilen es miteinander. Wir teilen seine Ängste, seine Leiden und Schmerzen, wir teilen seine Liebe. Habe Ich dich nicht an Meine Brust gehoben, um dich zu nähren und zu heilen? Ich habe dich als Meine Braut genommen, die Mein Kreuz wie unser Brautgemach teilt. Willst du Mich anschauen?

Ich habe in das Antlitz Jesu geschaut.

Könnte Ich dich je verlassen, Blume? Ich bin derjenige, der dich am meisten liebt. Bleibe bei Mir. Schau, hör zu, Ich will unsere Bande jetzt noch enger spannen.

Als hätte Er plötzlich eine Idee, unterbrach sich Jesus, um mir unsere Knöchel zu zeigen, die aneinander gebunden waren.

Ich will dich noch näher. Ich will dich eins mit Mir. Wer war der erste, um dich zu umarmen?

Wie, Herr?

Ich war der erste, der dich geweiht hat und die Augen auf dich gerichtet hat. Vassula, Ich habe dich für Mich erschaffen. Laß Mich dich daran erinnern, wer du bist. Du bist nur Staub und Asche. Durch Mein unendliches Mitleid habe Ich dich auferweckt von den Toten. Erinnere dich immer daran.

Der protestantische Pfarrer ist zu mir gekommen und ich habe ihm die Offenbarung gezeigt. Von Anfang an hat er nicht daran geglaubt. Außerdem hat er abgestritten, daß die heilige Jungfrau unsere heilige Mutter sei, und er hat mir gesagt, er habe nie von Erscheinungen etwas gehört. Er hat mir noch gesagt, daß er an keines der heutigen geistlichen Werke glaube. Er ist gegen die Heiligenbilder. Wahrscheinlich hat er gedacht, ich sei nicht normal.

Vassula, Ich bin reich, aber sehr wenige kennen Meine Schätze! Wurde Ich nicht verachtet, als Ich im Fleische war? Schaute man Mich nicht mit Geringschätzung an? Hat man Mich nicht wie einen Gotteslästerer behandelt? Bin Ich nicht verworfen worden wie der Stein, den die Bauleute verworfen haben, und der zum Eckstein geworden ist? Ehre Mich, indem du die Verachtung, die Abtötung annimmst. Verdemütige dich, sei wie Ich. Erinnerst du dich? Habe Ich dir nicht gesagt, daß du Mir mitten unter dem Elend dienen sollst? Habe Ich dir nicht gesagt, daß du keine Ruhe finden wirst? Nimm an, was Ich dir anbiete. Hab keine Angst vor der Abtötung. Ich werde zwei Tropfen vom Blut Meines blutenden Herzens auf deinem Herzen zurücklassen.

Jesus schien sehr traurig, als Er mir das sagte. Mein Schmerz war nichts im Vergleich zu Seinem. Ich wollte Seinen Schmerz lindern und den meinen vergessen.

Sie werden es vollständig bedecken. Durch Meine Hand geheiligt, lebe unter Meinem Licht. Lerne verworfen zu werden.

Ich fühlte die heilige Jungfrau neben mir.

Heilige Maria?

Maria: Ich bin die heilige Maria, zünde eine Kerze an für mich, Vassula, und sühne seine Schuld. Bitte Jesus, ihm zu verzeihen. Wirst du das für mich tun?

Ich werde es tun, heilige Maria.

Maria: Sühne, meine Geliebte. Zweifle nicht an den Werken Jesu. Ehre Uns.

Ich werde es tun, heilige Maria.

2. 10. 1987

Ich bin es, Jesus. Alle sollen wissen, daß jedes Bild von Mir und Meiner Mutter verehrt werden soll, denn sie stellen Uns dar, wie Mein Kreuz Mich darstellt. Alle sollen wissen, daß Mein heiliges Grabtuch tatsächlich echt ist. Mit ihm wurde Ich zugedeckt. Vassula, gesegnet von Mir, tritt in Mein Herz ein. Laß Mich dich darin verstecken und ruhe darin aus. Komm, komm zu deinem Vater.

Ich fühlte, wie Gott mich einhüllte. Ich war von Ihm umgeben und fühlte mich glücklich ... Ich bin gegangen, um Fotokopien meiner Hefte zu machen. Während ich mich im Laden befand, versuchte ich — zu meiner Überraschung — die heilige Jungfrau zu trösten. Je mehr ich an die Begegnung mit dem protestantischen Pfarrer dachte, desto unglücklicher war ich. Ich versuchte, meine Tränen zurückzuhalten. Ich trug eine Sonnenbrille für den Fall, daß ich in Tränen ausbrechen würde. Wie ist das möglich? Ich habe nie gelernt, daß Christen unsere Mutter nicht verehren! Der protestantische Pfarrer schien unbeugsam in seinen Überzeugungen ... Dabei sprach er von Einheit ... Wie ist das möglich, wenn man eine solche Sturheit zeigt. Mein Gott! Und Du willst die Einheit. Wenn Du sie nicht mit Deiner Hand beugst, sehe ich hierfür keine Möglichkeit. Ich werde Sühne leisten für diesen protestantischen Pfarrer, wie die heilige Jungfrau es von mir verlangt hat ...

Als ich den alten Mann sah, der im unterirdischen Parkhaus arbeitete, hatte ich so Mitleid mit ihm, daß ich wieder Tränen in den Augen hatte. Ich empfand so Mitleid mit ihm. Warum mußte er in seinem Alter unter dem Erdboden arbeiten, die Abgase der Autos einatmen? O mein Gott, warum hast Du mich so empfindsam gemacht? Ich kann es nicht mehr ertragen.

Ich erinnerte mich, daß ich vergessen hatte zu frühstücken. So oder so konnte ich doch nichts hinunterschlucken. Um nicht schwach zu werden, ging ich, um einen Kaffee zu trinken. Ich erinnere mich nicht, ihn getrunken zu haben, denn ich dachte ständig an die heilige Jungfrau und an Jesus, die so verletzt wurden. Der Kaffee hatte einen bitteren Geschmack. Gott hat uns oft gewarnt, daß — wenn wir uns nicht ändern — ein Strafgericht folgen wird: dasjenige, das ich in meiner Vision gesehen habe. Das heutige Sodom wird wiederum zusammenbrechen.

5.10.1987

Ich werde für den protestantischen Pfarrer Sühne leisten, wie die heilige Jungfrau es von mir verlangt hat. Später, am Nachmittag, hat meine Kusine Ismini mich angerufen, um mich zu fragen, ob ich nicht mit ihr und ihrem Mann nach Turin kommen wollte. Ich dachte, daß ich endlich das heilige Grabtuch sehen könnte, das sich in Turin befindet. Jesus hat alles geregelt …

Meine Kusine hat uns gesagt, daß sie jedesmal, wenn sie nach Turin gehe, im gleichen Hotel wohne. Ich habe entdeckt, daß dieses Hotel nur 500 Meter von der Kathedrale entfernt ist, wo sich das heilige Grabtuch befindet. Auch hier hat mir Jesus die Sache erleichtert.

Am Nachmittag habe ich in Turin die Kathedrale des heiligen Grabtuches besucht. Es war eindrucksvoll. Man hatte das heilige Grabtuch unter der Kuppel der Kathedrale ausgesetzt. Ich glaubte, den heiligsten der Orte zu sehen. Friede und Heiligkeit herrschten in diesem Dom, ich habe sie in mir verspürt, es war wunderbar.

Später bin ich ins Hotel zurückgekehrt. Als meine Kusine am Abend zurückkam, nachdem sie ihre Einkäufe getätigt hatte, eilte ich zu ihr, um ihr zu sagen, woher ich kam, und es ihr zu erzählen. Sie aber wollte mir nicht zuhören, denn auch sie hatte mir etwas Wunderbares zu sagen. Sie sagte mir, daß sie ganz in der Nähe des Hotels die schönste Statue der heiligen Jungfrau entdeckt habe. Sie sei nur einige Meter von unserem Hotel entfernt, in einer kleinen Straße in Richtung eines ziegelsteinfarbenen Gebäudes. Sie sagte zu mir: „Vassula, ich bin schon mehrere hundert Male, seit Jahren, auf dieser Straße und am gleichen Ort vorbeigegangen, ohne je diese herrliche Statue gesehen zu haben! Aber so ist es, die Mutter Gottes ist »vor unserer Nase« und wir sehen sie nicht!"

Sie begann, mir diese Statue zu beschreiben und wie sie sie gesehen habe. Zuerst sagte sie mir immer wieder, wie groß diese Statue sei: mehr als drei Meter hoch, und daß sie ein so schönes junges, liebevolles Gesicht habe. Sie habe die Hände und die Arme offen, wie wenn sie die ganze Welt umarmen möchte. Ihr Gewand sei ganz gefaltet, bekleidet sei sie mit einem blauen Mantel. Um sie herum seien zwei große, lange, seidene Vorhänge von einem leuchtenden Scharlachrot, wie Scheinwerfer, die alles im Licht hervortreten ließen. Ich sagte zu meiner Kusine, daß ich an diesem Ort nur ein einfaches Foto gesehen hatte, das vom Verkehr beschmutzt worden war, und sehr kurze Vorhänge, nicht über 70 cm groß, aus roter und gelber Farbe, und ebenfalls schmutzig, sonst nichts anderes, keine glänzende Statue. Sie sagte mir, daß ich wahrscheinlich schlecht hingeschaut habe. Ihr Mann, der in einiger Entfernung hinter ihr ging, habe sie gewarnt, vorwärts zu schauen, denn beim Gehen schaute sie in die Luft und riskierte, von einem Auto überfahren zu werden.

Am anderen Tag wollte die Kusine mich mitnehmen, um mir diese schöne Statue zu zeigen. Ich sagte zu ihr, daß sie zuerst mit mir kommen solle, um das heilige Grabtuch zu sehen. Wir sind also dorthin gegangen und haben einem Teil der Messe beigewohnt. Dann gingen wir, um die Statue zu sehen. Es war jedoch nichts anderes dort als das Foto und die gelbroten Vorhänge, die ich gesehen hatte. Keine Spur einer Statue! Meine Kusine war schockiert und verstand überhaupt nichts mehr!

Aber durch eine Gnade Gottes habe ich begriffen. Dieses rote Gebäude, das gar nicht nach einer Kirche aussah, war tatsächlich eine Kirche. Gerade unter der Stelle, wo meine Kusine die Statue geschaut hatte, war eine kleine Türe. Wir haben sie aufgestoßen und dabei entdeckt, daß sie zu einer herrlichen Kirche führte, wo man gerade hl. Messen feierte. Das war die Kirche, in der ich, auf Wunsch der heiligen Jungfrau, Sühne leisten sollte für den protestantischen Pfarrer, indem ich eine Kerze anzündete und Jesus bat, ihm zu verzeihen. Diese Kirche ist dem heiligen Dominikus geweiht, der die Eingebung erhalten hat, den Rosenkranz zu beten. Die große und so schöne Statue war meiner Kusine also erschienen, um uns in diese Kirche zu locken. Es war übrigens gerade das Rosenkranzfest (die Vorabendmesse des Festes), was wir nicht wußten.

Jesus, ist das alles richtig?

Ja, Vassula, es ist genau so, wie du es erzählt hast. Ich werde dich zu mir erheben, sobald deine Mission beendet ist. Meine Seele lechzt nach dir. Höre auf Meine Mutter.

Maria: Vassula, sage Ismini, wie sehr ich sie liebe. Mein Kind, ich habe ihr dieses Bild von mir selber gegeben, um euch aufmerksam zu machen und euch in meine Kirche zu führen. Meine Geliebten, wie sehr liebe ich euch! Ehret Uns, meine Geliebten. Leistet Sühne für eure Brüder. Erinnert euch, wie nah Wir bei euch allen sind. Entmutige dich nie, denn ich bin bei dir. Stütze dich immer auf Jesus. Meine Tochter, denke an das Leiden Jesu: Lebe für Ihn und verherrliche Ihn.

Ich kann das alles nur mit deiner Hilfe und mit der Hilfe von Jesus tun. Ich will Euch ehren.

Maria: Ich liebe euch alle! Segne Ismini, Ich habe sie gesegnet, sie und ihren Mann in meiner Kirche.

Ich danke dir, heilige Maria.

Maria: Ich segne dich.

5.10.1987

Verzeih mir, Herr, meine totale Unwürdigkeit, mein Versagen und das Fehlen alles Guten, denn das beleidigt Dich.

Ich verzeihe dir vollständig.

Ich liebe Dich sehr, lieber Herr.

Jedesmal, wenn du Mir sagst: „Ich liebe Dich", schließe Ich Meine Augen vor deinem Elend. Ich gehe darüber hinweg und hindere Meine göttliche Gerechtigkeit, dich zu strafen, Vassula, denn du bist in der Tat unaussprechlich elend. Du besänftigst Meinen Zorn, wenn du Mir sagst, daß du · Mich liebst.

Jesus schien mir ernst und ich hatte Angst vor Ihm.

Ich habe Angst vor Dir.

Ich bin Liebe, habe doch keine Angst vor Mir.

O Jesus, wenn ich nur nicht so böse und undankbar wäre!

Ich habe Mitleid mit dir, und aus Mitleid zürne Ich dir selten.

Ich weiß, daß ich nicht einen Tropfen Gnade für mich verdiene. Du bist zu gut zu mir gewesen, geduldig, Du warst nie zornig auf mich. Du hast mich nur geliebt mit meinen Fehlern. Du hast mich verwöhnt.

Vassula, so ist Meine Barmherzigkeit.

Jesus?

Ich bin es.

Mein Gott?

Ich bin es.

Ich bitte Dich, lehre mich, Dich mehr zu lieben und so, wie Du es wünschest, damit Du mich verschonest und ich Dich ehre.

Mein kleines Kind, Ich bin dein göttlicher Meister, der dich unterrichten wird. Zweifle nie an Meinem Verzeihen.

Nein, Herr, ich werde nicht zweifeln. Mach mich Deiner würdig wegen Deiner Gnade und Deiner Annäherung zu mir. Gestatte mir, Dich zu verherrlichen. Verbiete mir, zu sündigen und Dich beständig durch meine Sünden zu beleidigen, Geliebter! Jesus, ich danke Dir. Vater, ich liebe Dich.

Ich wünsche, dich bei Meinem Kreuzweg zu sehen.

O Jesus, wie das? Ich will es schon, aber wie? Mit wem? Wer wird mich führen? Pater James ist nicht bei mir!

Meine Augen füllten sich vor Verzweiflung mit Tränen.

Spare deine Tränen für die Zeit auf, in der du Beleidigungen über Meine Mutter hören wirst.

O Jesus, hilf mir!

Meine Tochter, stütze dich auf Mich. Laß Mich dich belehren. Bereite Mir Freude, indem du folgsam bist wie jetzt. Komm, sei bei Mir, Ich liebe dich.

Ich liebe Dich, Jesus, erbarme Dich meiner Unwissenheit.

Ich habe Mitleid. Sei Meine Wonne und sage: „Erlaube mir, Dein Opfer zu sein, das Opfer Deiner brennenden Liebe. Ich wünsche Dich anzubeten, Dich und Dich allein, ausgebreitet auf Deinem Kreuz mit Dir, ohne je nach links noch nach rechts zu schauen. Ich wünsche, Deinen Durst zu löschen, indem ich Seelen für Dich gewinne. Ich will Opfer Deiner Liebe sein. Ich liebe Dich." Sag es!

Ich habe es gesagt.

Von jetzt an wirst du nie mehr Mein Herz verlassen, Vassula. Wähle: dein Leben oder das Leben eines Opfers? Wähle!

Jesus, ich will nicht, daß Du mich verläßt. Ich will mit Dir, an Deiner Seite sein.

Dann hast du gut gewählt. Du wirst Mir ähnlich sein, sei ein Opfer der Liebe. Meine Blume, du wirst unter Meinem Licht blühen.

Ich danke Dir für alles, was Du mir gibst, und für das Mitleid, das Du für mich hast.

Besitze Meinen Frieden, Meine Tochter, vergiß nie Meine Gegenwart.
Erlaube Mir, in dir auszuruhen, denn dort ist Meine Wohnung.
Jesus, Du macht mich glücklich und ich lerne von Dir.
Meine Blume, Ich bin dein Meister und dein Gott. Komm. — Wir?
Ja, Herr.

6. 10. 1987

Ich fühle mich arm und bin es. Ich stelle Gott nicht zufrieden wegen meiner Unwissenheit und weil ich langsam bin von Begriff. Ich bin mit mir selber nicht zufrieden. Er hatte recht, als Er mir sagte, ich sei „bei weitem" das elendeste Seiner Geschöpfe. Ich verabscheue es inzwischen, zu erzählen, wie das alles begonnen hat, weil ich mich dabei ertappe, von mir selber zu reden, und das ist häßlich, sehr häßlich. Aber Freunde und andere wollen wissen, wie das begonnen hat. Ich war deshalb verpflichtet, mich oft zu wiederholen. Je mehr ich vorwärtsschritt, um so mehr verabscheute ich es, unweigerlich etwas über mich sagen zu müssen. Deshalb entschloß ich mich, in Zukunft nicht mehr zu erklären, wie das begonnen hat, um zu vermeiden, von mir zu reden! Ich denke, daß die Leute sich bei anderen Personen darüber erkundigen können. Wenn sie nicht neugierig sind, werde nicht ich ihre Neugierde befriedigen. Wenn sie lesen wollen, weil sie glauben, wird Gott sie erleuchten.

Ich werde nicht mein eigener Zeuge sein. Ich werde alles in den Händen Gottes lassen. Er macht das Unmögliche möglich. Ich werde also in Zukunft nur noch Sein Stift und Sein Blatt sein, Seine Sekretärin, eine Sekretärin, die von Ihm unterrichtet wird, um Ihn zu lieben und Seine Worte aufzuschreiben. Ich werde Seine Tafel sein.

Ja, sei Meine Tafel und laß Mich Mein Wort auf dir eingravieren. Sei jedoch weich genug, damit Mein Wort tief auf dir eingraviert sei.

Ich hatte vergessen, daß ich am Boden saß, anstatt auf den Knien zu sein. Er hat mich angeschaut und mich daran erinnert. Ich kniete nieder.

Ich liebe dich, Vassula, beide, du und Ich, wir teilen Mein Kreuz. Hör Mir zu, du bist die Geliebte Meiner Seele, hast du das noch nicht begriffen? Spüre, fühle, wie Ich, dein Gott, dich liebe! Mein Kind, Meine geliebte Braut.

Ich fühlte, wie Jesus mich in Sich einhüllte.

272

Höre, Vassula, alle Himmelsräume hallen wider von Meinem Schrei. Mein Wunsch ist unerschütterlich, er hat eure Ohren erreichen müssen: Ich wünsche Biegsamkeit. Wie könnt ihr euch vereinen, wenn ihr unbeugsam seid? Ich wünsche Meine Kirche zu vereinen. Werdet ihr Mich fühlen und auf Meine Stimme hören?

Mein Gott, warum machst Du Deine Botschaft nicht den Obrigkeiten der Kirche bekannt?

Höre, Vassula, Ich habe Mein Antlitz bereits Meinen geliebten Brüdern offenbart.

Auf wen machst Du Anspielung, Herr?

David und Pater James.

Symbolisch: Zwei verschiedene Kirchen und ich, das macht drei Kirchen: die anglikanische, die katholische und die orthodoxe.

Jesus, erleuchte sie, damit sie Deine Wünsche erfüllen, wirke in ihnen und führe sie.

Ich werde es tun, Meine Tochter. Verschönere Meine Kirche, liebe Mich. Die Kirche wird aufleben!

Ich habe ein sehr schönes Bild von Jesus erkannt: Er gab sich majestätisch, verherrlicht, triumphierend wie ein König. Er zeigte mir Seine Finger in Form eines »V«, das Zeichen des Sieges.

8.10.1987

Jesus?

Ich bin es.

Jesus, ich möchte Sühne leisten für alle Beleidigungen unserer heiligen Mutter gegenüber. Ich ertrage es nicht, zu hören, wie Deine Geschöpfe sie beleidigen, besonders von seiten Deiner Diener (Priester ...). Ich würde gerne meinen Kopf zu Boden rollen sehen, um sie zu verteidigen.

Vassula, Ich werde dir zu verstehen geben, wie sehr die Liebe leidet, wenn sie diese Beleidigungen hört. Man möge wissen, daß Ich, der Herr, Meine Mutter ehre. Jene, die sie beleidigen, mögen wissen, daß sie die Königin des Himmels ist, und daß Ich, der Herr, einen Kranz auf ihr Haupt gesetzt habe, einen Kranz von zwölf Sternen. Sie herrscht, Geliebte, und das ist in Meinem Wort geschrieben. Ich ehre Meine Mutter, und wie Ich sie ehre, müßt auch ihr sie ehren. Ich liebe euch, Meine Mutter und Ich, Wir segnen euch.

Herr, der protestantische Pfarrer hat geleugnet, daß sie unsere heilige Mutter ist und daß wir sie verehren müssen. Als ich ihm sagte, daß Du es vom Kreuz herab gesagt hast, hat er mir geantwortet: das gelte nur für Johannes, und daß nirgends in der Heiligen Schrift steht, daß sie auch unsere Mutter ist und wir ihre Kinder sind.

Aber, Meine Tochter, Ich sage dir wiederum, daß Meine Mutter auch eure Mutter ist. Ihr seid ihre Kinder. Das ist in Meinem Wort geschrieben und Ich wiederhole es für jene, die es nicht wissen: Die Schrift sagt ...

Wo, Herr?

Im Buch der Geheimen Offenbarung: Wenn Satan in der Verfolgung Meiner Mutter gescheitert ist, wird er, in der Wut gegen sie, Krieg führen gegen den Rest ihrer Kinder, jene, die die Gebote Gottes beobachten und Mein Zeugnis bewahren.

Herr, ich danke Dir für Deine Hilfe.

Vassula, Ich habe es dir gesagt, Ich bin immer vor dir. Bleibe klein, damit Ich Meine Werke erfüllen kann. Ich liebe dich.

Ich liebe Dich, Herr, und ich danke Dir.

10. 10. 1987

Jesus?

Ich bin es.

O Jesus, ich wußte nicht, daß es Christen gibt, die die heilige Jungfrau nicht verehren. Ich wußte nicht, was sie gegen sie empfinden. Ich wußte nicht, daß es einen so großen Unterschied gibt unter den Christen. Ich wußte nicht, daß es so ernst ist.

O Vassula, es ist schlimmer als du denkst!

O Jesus, warum ist es so ernst?

Vassula, weil Mein Leib zerrissen worden ist. Ich will Meinen Leib geeint!

Werden sie denn unsere heiligste Mutter verehren, wenn sie geeint sind?

Kind, sie werden es tun.

Darf ich unter „sie werden es tun" verstehen, daß es so sein wird?

Ich werde sie beugen. Ich werde ihre Knie beugen und sie werden Meine Mutter ehren und verehren.

Ja, Jesus.

Mein kleines Kind, Ich werde Meine Kirche aufleben lassen. Komm. Wir?

Ja, Herr.

12.10.1987

Anläßlich eines Besuches bei jemandem habe ich eine wissenschaftliche Zeitschrift entdeckt, die dem menschlichen Verstand wissenschaftliche Lösungen unterbreitet, die jedes geistige Werk entmutigen müssen. Man behauptete darin, daß heutzutage alles Übernatürliche eine »natürliche« Erklärung habe. Als Erklärungsmöglichkeiten gaben sie an: die gespaltene Persönlichkeit (Schizophrenie), das Unterbewußtsein, die Gedankenübertragung, der Hypnotismus, der kollektive Hypnotismus oder die Autosuggestion. Sie sagten z.B., daß jene, die die Wundmale tragen, sich diese selber, durch Autosuggestion gegeben hätten. Ferner: Sie seien schizophren oder hätten sexuelle Komplexe. Wissenschaftler dieser Art scheinen für alles eine logische Erklärung finden zu wollen. Ginge es nach ihnen, gäbe es keine großen Propheten wie Isaias, ihr Fall würde in der wissenschaftlichen Kartei figurieren. Bald gäbe es keine stigmatisierten Heiligen mehr, die nicht eingereiht werden könnten unter der Bezeichnung: Schizophrenie, Induktion auf sich selbst, oder Autosuggestion. Für mich ist es klar, daß sie gegen Gott kämpfen und zu beweisen versuchen, daß Er nicht allmächtig sei.

O mein Gott, warum?

Vassula, sie sind zahlreich, jene, die nicht an Mich glauben.

Aber ich bitte Dich um eines, und ich meine es wirklich. Ich bitte Dich, all diese Theorien und Lehren zu zerstören, denn sie versuchen, Dich zum Verschwinden zu bringen. Es sind Deine Feinde. Warum läßt Du sie sich vermehren? Vernichte sie, sonst werden sie unseren Glauben zerstören. Bitte, tu es.

Ich habe bemerkt, daß ich Gott sagte, was Er zu tun habe. Ich war zu weit gegangen.

Ich werde es tun. Betrübe dich nicht, zweifle nie, glaube, werde nicht müde zu schreiben. Geliebte, deshalb komme Ich, weil Ich euch nicht verloren sehen will, verstehst du jetzt, Vassula? Mein kleines Kind, Ich werde über dich wachen, daß du nie fällst.

Und die anderen? Ich will auch nicht sehen, daß die anderen fallen. Ich wünsche, daß Du sie unterstützest, wie Du mich unterstützest.

Vassula, Ich werde euch allen zu Hilfe kommen.

Gott schien zufrieden zu sein.

O mein Gott, verzeih mir meine anspruchsvollen Bitten. Ich bin impulsiv, aber ich ertrage die Ungerechtigkeit nicht. Verzeih mir, so direkt gewesen zu sein.

Ich verzeihe dir, Kind.

Ich hatte noch andere Dinge zu sagen.

Sag es.

Ich möchte Dir sagen, daß im gegenwärtigen Stand der Dinge diese Personen nie zu überzeugen sein werden, nicht in ihrem letzten Atemzug. Höchstens werden sie Deine Werke unter dem Titel einreihen: »Ungeklärt«. *Sie werden aber nie sagen: „Das und jenes kommt von Gott."*

Ich werde sie überzeugen. Meine Macht ist größer als die ihre. Ich werde euch allen zeigen, daß Ich allmächtig bin. Meine Allmacht wird überall gesehen werden, wo immer ihr euch befindet. Kein Auge wird es leugnen können. Kein Mensch wird leugnen können, daß dieses Zeichen von Mir kommt. Geliebte, was wird dann aus ihren Theorien werden? Wie werden dann diese Wissenschaftler sich fühlen? Was werden sie mit ihrer ganzen Weisheit anfangen? Ich werde ihnen zeigen, was ihre Weisheit ist im Vergleich zu Meiner Weisheit. Ich werde aus dieser Welt auslöschen, was sie Weisheit nennen. Das ist einer der Gründe, warum Ich Mich deiner bediene, indem Ich dir Meine Worte einpräge: Um Meinen Plan voraussagen zu können. Ich, der Herr, Ich bin immer und Ich werde immer sein. Es ist nicht an euch, Mich zu sehen, als ob Ich nicht bin. Ich bin!

O Gott, Geliebter, den ich anbete, wie sehr wünsche ich, daß Dein Plan für jetzt, für heute oder die kommende Woche sei.

Ich werde Meinen Plan erfüllen, Vassula, wie Ich immer vollendet habe, was Ich begonnen hatte. Mein kleines Kind, wir wollen beten: »Geliebter Vater, ich liebe Dich. Ich danke Dir für Deine Barmherzigkeit. Mach mich Deiner würdig, damit Du Dich meiner bedienen kannst. Gebrauche mich nach Deinem Wunsch. Ich liebe Dich. Amen.« *Geliebte, Ich segne dich. Schau Mich an.*

Ich habe hingeschaut.

Du lächelst.

Ich habe gezögert, den Rest zu schreiben.

Schreib es.

Und Du zeigst mir Deine Grübchen, wenn Du lächelst.

Ich liebe dich.

* * *

Nachwort

Braucht es wirklich ein Nachwort für ein Werk wie dieses? Die Worte dieses Buches sprechen von selbst. Sie brauchen keine Erklärung und keinen Vermittler. Sie sind einfach und entwaffnend. Sie sprechen uns von Gott und sagen, daß es Gottes Worte sind. Worte Gottes — eine andere Offenbarung?

Es gibt nur *eine* Offenbarung Gottes, einzig und endgültig: das Evangelium Christi. Alles, was Jesus gelehrt, alles, was Er während Seines irdischen Lebens getan hat, ist für immer eingegangen in das heilige Gedächtnis der Kirche. Aber das Leben der Kirche ist viel reicher und tiefer, als es uns dünkt. Es strömt über die sichtbaren Grenzen hinaus.

In diesem Sinne sind die Worte des Johannes-Evangeliums — Vassula hat sie zufällig gefunden — wohl die bedeutsamsten: „Es gibt noch vieles andere, was Jesus getan hat. Wenn man alles aufschreiben wollte, so könnte, wie ich glaube, die ganze Welt die Bücher nicht fassen, die man schreiben müßte" (Joh 21, 25).

Die Worte und die Taten Jesu, die die Evangelisten und die Apostel nicht in ihre Bücher aufnehmen konnten, bleiben im ewigen Evangelium. Derselbe heilige Johannes sagt in seiner Offenbarung: „Dann sah ich einen anderen Engel hoch in der Luft fliegen. Er hatte eine Botschaft, eine neue, ewige Botschaft den Menschen mitzuteilen, die auf der Erde sind . . ." (Offb 14, 6).

Diese »neue, ewige Nachricht« kommt vom gleichen Jesus, der in Seinem Evangelium zu uns spricht. Er unterhält sich vertraulich mit jedem: Wer Ohren hat, hört Ihm zu. Es ist kein anderes Evangelium und kein anderer Jesus. Denn „Jesus Christus ist derselbe gestern, heute und in Ewigkeit" (Hebr 13, 8).

Die ganze Kirchengeschichte ist voll von Berichten über persönliche Offenbarungen, mystischen Erfahrungen, unaussprechlichen Botschaften. Denn es hat immer Auserwählte gegeben, Männer und Frauen, an die sich Christus, Seine heilige Mutter oder die Heiligen direkt wandten. Ein Beispiel unserer Tage ist der Fall VASSULA, der aber einzig ist in seiner Art.

Als Vassula eines Tages durch eine persönliche Offenbarung aufgeweckt wurde, begann sie die Worte niederzuschreiben, die Jesus selber ihr diktierte. Diese Worte stehen nicht im Widerspruch mit der Heiligen Schrift und der Tradition. Man soll sie nicht wie gewöhnliche Texte lesen. Man muß sie in einer inneren Stille lesen. Hier muß man die Stille der Ewigkeit spüren. Es ist das Zwiegespräch einer Seele mit ihrem Herrn. Dieser Dialog entwickelt sich im Geheimnis des Glaubens. Dieses Geheimnis ist wie das Licht, das jeden Menschen erleuchtet, der in diese Welt kommt. Es drückt sich in einfachen Worten aus: Liebe, Friede, Freude. „Ich liebe dich, du gehörst Mir." — Man muß diese Worte hören, die von der Ewigkeit herkommen. Man muß sie in seinem Herzen hören, man muß sie im Gebet hören. Die Worte in diesem Buch müssen Fleisch annehmen, sich in uns verkörpern. Dieser Dialog muß unser Dialog werden, das Gebet Jesu muß unser Gebet werden, es muß unser Herzschlag sein.

»Geliebter Vater, reinige mich im Blut Deines Sohnes. Vater, reinige mich mit dem Leib Deines Sohnes. Geliebter Vater, halte fern den bösen Geist, der mich jetzt versucht. Amen.«

Denn diese Botschaft ist ein Gebetbuch, ein ununterbrochenes Gebet.

Vladimir Zielinski

* * *

Anhang

Graphologische Interpretation

Graphologische Interpretation der Schrift von Vassula
(durch J.A. Munier, Graphologischer Beirat SGEGGOF, Schriftexperte am Gerichtshof von Paris)

Ich habe die Botschaften von Vassula Herrn J.A. Munier unterbreitet, einem patentierten Graphologen von bestem Ruf. Ich hatte ihm nur den Vornamen dieser Frau, die er nicht kannte, angegeben und ihr Alter: 47 Jahre.

Er gab der Analyse folgenden Titel:
Graphologische Interpretation, ohne jegliche vorausgegangene Auskunft (und ohne Berücksichtigung des Textes, wegen Unkenntnis der englichen Sprache)

Interpretation der Großbuchstaben   *(diktiert durch die Hand Jesu)*
— Gewaltige tellurische Kraft.
— Enthusiasmus mit einer Beigabe von Hedonismus, d.h. die eine Art von Wohlbefinden und Glück hervorzurufen scheint.
— Durchdrungen von einer Kraft, die sie übersteigt.
— Bereichert durch unsichtbare Kräfte, auf die sie mit ursprünglicher Einfachheit reagiert. Dabei gibt es bei ihr in anderen Bereichen auch Anzeichen, die von einer zarten Feinheit zeugen.
— Überzeugt von der Macht des Unsichtbaren, die sie mit Intensität wahrnimmt.
— Sie ist wie ein Transformator zwischen einer Übermittlungszentrale und einer Verstärkeranlage. Hat eine mystische Glaubenskraft.
— Empfindet eine Art ruhigen Enthusiasmus in Fülle.
— Ist wie emporgehoben, genährt von einer unsichtbaren und unzerstörbaren Kraft.
— Mutet etwas fremdartig an, wenigstens vom normalen menschlichen Standpunkt aus.
— Sehr fleißig: fügsame(r) Schüler(in).
— Ist wie in einer Art von Zweit-Zustand, gleichgültig für die äußere Welt.
— Sie kann sehr gut unsichtbare Welten wahrnehmen, wie ein Medium.

— Sehr große konzentrierte Kraft. Reiche Introversion.
— Gehört nicht sich selber. Eine gewisse Steifheit. Große Selbstkontrolle, wahrscheinlich in der äußeren Haltung. Hat etwas Imponierendes an sich.

Zusätzliche Interpretation graphischer Einzelabschnitte in der kleineren Schrift
— Persönlichkeit, die in ihrer eigenen Welt lebt.
— Ist nicht von Sinnen.
— Ist zumindest ziemlich intelligent.
— Folgt ihrer eigenen Logik.
— Fähig zu einer gewissen Integration.
— Zeugt von vornehmer Zartheit, Liebenswürdigkeit und Güte.
— Verfolgt ein Ziel. Ganz auf dieses Ziel ausgerichtet.
— Empfindet eine Inspiration von hohem Niveau.
— Ihr Leben strahlt ein Ideal aus.
— Nichts anderes im Leben zählt wahrhaftig für sie.

Neue Analyse von Herrn J.A. Munier nach einem von Vassula selbst geschriebenen Text *(normale Schrift) mit Unterschrift*   3.3.1990
— Gerade Einfachheit. Eine Art einfachen Ernstes, ohne Übertreibung. Große Offenheit. Keine Schau.
— Ruhiges Temperament. Persönlichkeit, die ihre physischen Zustände ziemlich gut zu beherrschen scheint. Das nervliche Gleichgewicht scheint ausgezeichnet zu sein.
— Intelligenz von gutem Niveau: klar, nüchtern, mit dem Spürsinn für die wesentlichen Werte. Besitzt ein ausgewogenes Urteilsvermögen. Fähig zu intelligentem Scharfsinn, zu aufmerksamer Genauigkeit. Ohne Verwirrung. Fähig auch zu einer ernsten kritischen Auseinandersetzung. Bestrebt, objektiv zu bleiben, sich nicht täuschen zu lassen, bei klarem Verstand zu bleiben, ohne sich Illusionen zu machen. Fähig zu positiver intellektueller Neugierde, von überdurchschnittlicher Qualität.
— Soziale Persönlichkeit, die kein Aufsehen macht, von einfachem Verhalten. Tritt als wertvoller Gesprächspartner auf, hinter einem ganz normalen Aussehen. Ernsthaft, ohne Spannung. Hat eine Art von ruhiger Strenge, nichts Gekünsteltes, von einer feinen Sensibilität. Hie und da vielleicht ein Hauch von Schalk oder von liebenswürdiger Phantasie, wie um sich zu entspannen.

— Ausgezeichnetes sittlich-moralisches Niveau. Fest überzeugt von dem, was sie glaubt. Ruhiger, entschlossener Wille, ihre Schwächen zu überwinden. Persönlichkeit, die eine Würde und auch einen guten Willen ausstrahlt, die sehr wertvoll sind.

— Bemerkenswerte Eigenschaften: Kann Abstand nehmen von den Geschehnissen, die sie bewegen, ebenso auch von ihren Gewissenszuständen. Sie besitzt weit mehr als bloß ein »reiches Unterbewußtsein«. Sie kann gleichzeitig hier und im Übernatürlichen gegenwärtig sein ... Alles hat seinen Platz: Erregbarkeit, Verstand, sie und die anderen, und das alles dank ihres ausgeglichenen Charakters.

* * *

Faksimile der Handschrift von Vassula:
die Großbuchstaben von Jesus diktiert,
die Kleinbuchstaben ihre normale Schrift

you all back to Us and make out of you
all, divine beings ♡ I bless you, I am
with you ♡ I bless You too Holy Mother. Amen.

Ah Vassula ! realize, realize what   20. 11. 89
I have given you ! come I and you, you and
I, have Me as First, daughter, all I ask
from you is love, I, Jesus Christ Beloved
Son of God and your Saviour am on My
way back to you, see ? I am already on
the Path of My Return, soon you shall start
hearing My footsteps clearer and clearer,

for I am approaching you all, I love you
all ΙΧΘΥΣ ⤳ be one ♡

22. 11. 89

Please Lord, speak to me through Scriptures.
(I open the Bible at random and it reads:)

" The Holy Spirit will come upon you." Luke 1 : 35

daughter, remind the world of My Presence,
announce My Message to the ends of the
world ♡ pray, I am listening *... I shall
help you : "please Father reveal to me
Your Love for in revealing Your Love, You
are revealing me Your Holy Face, shine on

* I hesitated to find the words so the Lord came to
my rescue.

Alles zum Lobpreis Jesu und Mariens

Ich möchte an dieser Stelle meinen besonderen Dank an alle aussprechen, besonders meiner Familie, meinem Seelenführer und allen meinen treuen Freunden, die die Veröffentlichung dieses Werkes in die Wege geleitet haben. Insbesondere möchte ich auch Herrn Abbé René Laurentin für seine aufklärende Unterstützung danken, und ebenso Herrn Francois de Guibert, Direktor des Verlages O.E.I.L., der dieses ungewöhnliche Manuskript sogleich zum Druck (in französischer Sprache) übernahm.

Das Nachwort eines russischen Freundes, Herrn Vladimir Zielinski, ist für mich wie eine prophetische Aussage.

Vassula

Der Text, der hier vorliegt, ist eine möglichst getreue Übersetzung des englischen Originaltextes. Auf ausdrückliches Verlangen von Vassula hat man einige Abkürzungen oder Ergänzungen vorgenommen, um den zu persönlichen Charakter gewisser Botschaften zu respektieren oder den Sinn gewisser Stellen verständlicher zu machen.

* * *

„Geht hinaus zu allen Völkern und lehrt sie,
folgendes Gebet zum Vater zu sprechen:"

Barmherziger Vater,
laß diese, die hören und immer wieder hören
und doch nicht verstehen
jetzt Deine Stimme hören und verstehen,
daß Du der Allerheiligste bist.

Öffne die Augen derer,
die sehen, aber doch nicht erkennen,
damit sie jetzt mit ihren Augen
Dein heiligstes Antlitz und Deine Herrlichkeit
sehen.

Lege Deinen Finger auf ihr Herz,
damit ihr Herz sich öffne
und Deine Treue begreife.

Um all dies bitte ich Dich,
gerechter Vater,
auf daß alle Völker
bekehrt und geheilt werden
durch die Wunden Deines geliebten Sohnes
Jesus Christus,
Amen.

Dieses Gebet wurde Vassula von Jesus gegeben.

Bücher, die wir sehr empfehlen

Umkehr — Heiligung

Textauswahl von Sr. Lucia OCD

Die »Umkehr zu Gott« wird in diesem wertvollen Buch anhand von Kirchenlehrern, Päpsten, Heiligen und Großen der Gegenwart dem suchenden Menschen nahegebracht. Das Ziel ist die Heiligung, die den Menschen zur »vollen Freiheit in der Kindschaft Gottes« führt und ihm die allein wahre und vollkommene Freude zu vermitteln vermag.

240 Seiten, DM 9.80

Gott — Richtung und Wegweiser unseres Lebens

Maria Wilky

Ein wunderbares Buch, das uns auf einen sicheren Weg zu Gott hinführt. Es sind Anleitungen, die zeigen, wie wir auch in schwierigen Lebenssituationen aus der Kraft Gottes schöpfen können. Ein sehr wertvolles Buch, das in allen Lebenslagen jedem Trost und Hilfe ist.

160 Seiten, DM 8.80

Der Fürst aus Davids Hause

J. H. Ingraham

Die Schilderung des Lebens Jesu aus damaliger Sicht. Adina, eine jüdische Tochter, die zur Zeit Jesu in Jerusalem weilt, schildert in Briefen alle Ereignisse ihrem Vater nach Ägypten. Die Gestalt Jesu wird lebendig und anziehend dargestellt. Das Buch liest sich spannend wie ein Roman und kann daher auch Jugendliche von Jesus begeistern. Eine gute Lektüre für jung und alt. 320 Seiten, DM 15.80

Medjugorje in der Heilsgeschichte

Ljudevit Rupčić

Völlig überarbeitet. Bereits in der 2. Auflage erschienen! Der bekannte Theologe schenkt uns mit diesem tiefschürfenden Buch einen klaren Blick auf die Heilsgeschichte. Maria erscheint darin als die »Prophetin des Neuen Bundes«, die von Gott in unsere Zeit gesandt ist, um den Menschen beizustehen. Rupčić geht auf die Ereignisse in Medjugorje deutlich ein. Er behandelt ausführlich das »Besondere von Medjugorje«. Abschließend theologische und medizinische Untersuchungsberichte. 208 Seiten, 10 Bilder, DM 19.80

Das Gnadengeheimnis Mariens

Ludwig Maria Grignion — A. Back

Mit einer Einführung von P. Andreas Back

Aus dem Inhalt: Marias besondere Stellung im Heilsplane / Die Ganzhingabe an Maria durch eine besondere Weihe / Die Gestaltung unseres Lebens in völliger Abhängigkeit von Maria / Pflege und Wachstum des Baumes des Lebens / Die Weihe / Die Vorbereitung / Die Weiheformel / Gebetsanhang.   160 Seiten, DM 9.80

Rettet die Welt

Heilandsruf an die miterlösenden Seelen

J. Lebreton SJ / H. Monier-Vinard SJ / Prof. Drexel / Prof. Lakner

Das Buch enthält eine außergewöhnliche Offenbarung Jesu für die Rettung der Welt. Sie richtet sich an jene, die mit Jesus und Maria in tiefer Liebe durch das Kreuz verbunden sind, um durch Opfer und Sühne die Welt mit Gott zu versöhnen. Es ist ein ganz besonderes, ja einmaliges Buch, das von den Getreuen Jesu verstanden und angenommen wird. Mit tiefgreifenden Worten versuchen hier Jesus und Maria die treuesten Seelen für das große Rettungswerk zu ermutigen.   368 S., DM 18.—

Prophetin Gottes — Helferin der Armen Seelen

B. Günther / Maria Josefa Lindmayr

Pater Bonifatius Günther schildert das Leben der großen Mystikerin von München. Er bringt wortgetreu viele ihrer Aufzeichnungen und Visionen, die den Leser faszinieren. Auch viele ihrer Armen Seelen-Erscheinungen werden berichtet. In diesem Buch findet man große Schätze wahrer Gottesschau und echt katholischer Mystik. Die geschilderten Erlebnisse geben einen tiefen Einblick in die Welt der Übernatur und vor allem in das Wirken der göttlichen Vorsehung, die jeden Menschen führt und begleitet. Die Schilderung ihrer Visionen ist sehr eindrucksvoll.

280 Seiten, DM 20.—

MIRIAM—VERLAG · D-7893 JESTETTEN

Tel: 07745/7267;   Fax: 409